Collection « Crime et Société »
dirigée par Michel Auger

Frères de sang
de Peter Edwards
est le deuxième titre
de cette collection.

Frères de sang

Peter Edwards

Frères de sang

Des Cotroni à « Mom » Boucher

essai

Préface de Michel Auger

Traduit de l'anglais par François Chevalier

ÉDITIONS TRAIT D'UNION
284, square Saint-Louis
Montréal (Québec)
H2X 1A4
Tél. : (514) 985-0136
Téléc. : (514) 985-0344
Courriel : editionstraitdunion@qc.aira.com

Traduction française : François Chevalier
Mise en pages : Édiscript enr.
Révision : Marie Desjardins
Maquette de la couverture : Olivier Lasser

Données de catalogage avant publication (Canada)
Edwards, Peter, 1956-
    Frères de sang : des Cotroni à « Mom » Boucher
    (Crime et société)
    Traduction de : Blood brothers
    Comprend des réf. bibliogr.
    ISBN 2-89588-014-X

    1. Cotroni (Famille). 2. Mafia – Canada – Histoire. 3. Crime organisé – Canada – Histoire. 4. Motards (Gangs) – Canada – Histoire. 5. Mafia – Québec (Province) – Montréal – Histoire. I. Titre. II. Collection.
HV6453.C3E3814 2002   364.1'06'0971   C2002-941394-X

DISTRIBUTEURS EXCLUSIFS

POUR LE QUÉBEC ET LE CANADA
Édipresse inc.
945, avenue Beaumont
Montréal (Québec)
H3N 1W3
Tél. : (514) 273-6141
Téléc. : (514) 273-7021

POUR LA FRANCE ET LA BELGIQUE
D.E.Q.
30, rue Gay-Lussac
75005 Paris
Tél. : 01 43 54 49 02
Téléc. : 01 43 54 39 15

Nous remercions le Conseil des Arts du Canada de l'aide accordée à notre programme de publication.

Nous bénéficions d'une subvention d'aide à l'édition de la SODEC.

La traduction de *Frères de sang* de Peter Edwards a été rendue possible grâce à l'appui financier du Conseil des Arts du Canada.

Pour en savoir davantage sur nos publications, visitez notre site www.traitdunion.net

© ÉDITIONS TRAIT D'UNION et Peter Edwards
Dépôt légal : 3e trimestre 2002
Bibliothèque nationale du Québec
Bibliothèque nationale du Canada
ISBN 2-89588-014-X
Tous droits réservés pour tous pays

Préface

Depuis presque quatre générations, le patronyme de Cotroni fait partie de l'histoire du Québec. Déjà, alors que je sortais à peine de l'adolescence, le nom de cette famille de criminels était connu du grand public, même si, officiellement, ni la police ni les autorités n'en faisaient mention. Pour les journaux, Vincent Cotroni était un homme d'affaires bien connu.

C'était vrai. Mais il faudra attendre les années 1960 avant que l'on commence à décrire véritablement son style de vie et à préciser la nature de son véritable travail.

En ce temps-là, les Cotroni étaient liés à la politique, non pas aux grands débats de société mais à la politique comme elle se pratiquait alors au Québec. Ils étaient des travailleurs d'élections. C'est en aidant les partis politiques que les gens de la pègre obtenaient des faveurs des gouvernements au pouvoir. Impliqués dans le jeu, la prostitution et les cabarets, les personnages liés au milieu criminel avaient besoin des faveurs des élus. C'était donnant, donnant.

Lorsque la Mafia américaine s'installe à Montréal au début des années 1950, les Cotroni occupent une place de choix dans le milieu local. Vincent Cotroni ne tarde pas à se faire connaître et à établir des alliances avec Carmine Galante, le rude patron américain envoyé au Canada par Joe Bonanno pour mettre de l'ordre chez les malfrats.

Cabaretier, Cotroni était aussi l'un des pionniers de la popularisation de la chanson française au Québec, alors que les spectacles des établissements montréalais étaient uniquement américains et évidemment de langue anglaise.

Les Cotroni ont fait l'objet d'enquêtes, de reportages et ont été les vedettes de plusieurs grandes affaires criminelles du

Québec. On a écrit beaucoup sur eux, et ils ont aussi fait l'objet de plusieurs grands reportages, tant à la radio qu'à la télévision.

Il faudra attendre l'ouvrage de Peter Edwards avant de pouvoir découvrir l'histoire complète de cette famille montréalaise.

Jusqu'à la publication originale de Frères de sang en langue anglaise, plusieurs étapes de la vie de cette famille turbulente avaient été abordées par divers auteurs, mais jamais comme le journaliste du Toronto Star a pu le faire.

Peter Edwards connaît son métier de journaliste d'enquête. Il est un bon conteur et sait mettre en évidence les grands moments de la carrière des quatre frères Cotroni.

L'auteur s'attarde peu à Michel Cotroni, qui n'a jamais fait parler de lui, contrairement à ses frères Vincent, Giuseppe et Frank, dont la carrière est bien décrite par mon collègue de Toronto.

Cette nouvelle édition augmentée de toute l'histoire récente des activités de Frank Cotroni et de son entourage permet de comprendre pourquoi les Cotroni sont devenus des vedettes du crime.

L'auteur compare aussi la position et l'importance des Cotroni sur l'échiquier nord-américain et mondial de la Mafia. Il démontre la corruption, les trafics divers et le blanchiment d'argent des caïds.

Enfin, Peter Edwards relate un certain déclin de l'empire des Cotroni et la montée des motards dans le monde criminel canadien. Il explique comment Hells Angels et mafiosi peuvent s'entendre pour fixer les prix de la drogue afin de maximiser leurs profits. Voici donc un livre unique sur l'histoire criminelle, par un journaliste qui s'y connaît et qui a le don de l'écriture vivante, directe ; un journaliste renseigné qui rend bien sa matière. Cet ouvrage sera extrêmement utile à tous ceux qui cherchent à comprendre ce qui se passe dans les coulisses du crime.

MICHEL AUGER

Mes plus sincères remerciements
à Chuck Broad et à Ken Edwards.

*Pour Barbara, Sarah, James et ma mère,
avec amour.*

Présentation des personnages

Joseph Bonanno (Joe Bananas). Chef de la famille new-yorkaise avec laquelle le clan Cotroni était associé.
Salvatore Bonanno (Bill). Fils « bon chic bon genre » de Joe Bonanno.
Tommaso Buscetta. Le plus célèbre repenti de l'histoire de la Mafia. Il vécut brièvement à Toronto et à Montréal.
George Cherry. Personnalité de la boxe montréalaise, reconnaissant aux Cotroni de lui avoir donné sa chance.
Vito Ciancimino. Ancien maire de Palerme, Sicile, et associé du blanchisseur des Cotroni, Michel Pozza.
Francesco Cotroni (Santos, Frank, dit le Gros). Frère de Vic et de Pep Cotroni, et dernier espoir des Cotroni. Il voulait déménager à Toronto.
Giuseppe Cotroni (Pep). Plus vieux que Frank et plus jeune que Vic. Beaucoup d'ambitions éventuellement lésées. Intéressé par la drogue, les valeurs mobilières et la farine à pizza.
Nicodemo et Maria Micellota Cotroni. Parents des terribles frères Cotroni. Ont légué leurs prénoms à de nombreux petits-enfants.
Vincenzo Cotroni (Vic, dit l'Œuf). Ancien chef de la Mafia de Montréal, directeur de succursale d'une famille de New York. Conciliateur, au sens canadien du terme.
Claude Faber. Lieutenant de Frank Cotroni, membre de la famille par alliance. Terriblement efficace, mine de rien.
Tony Frank. Ancien gangster, issu du quartier qui a produit Vic Cotroni et ses frères. De l'époque où on pouvait être un important gangster sans rien devoir aux Américains.
Carmine Galante (M. Lilo). Ancien gros calibre de la famille Bonanno de New York et passeport pour la gloire de Vic Cotroni. Il a propulsé la bande montréalaise dans l'orbite américaine.

Louis Greco. Éminent associé sicilien de Vic Cotroni, qui l'a aidé dans les années 1950.

Giacomo Luppino. Ancien don de Hamilton, beau-père de Paolo Violi.

Stephano Magaddino (dit l'Entrepreneur). Vieux don de Buffalo, cousin jaloux de Joe Bonanno. Son ombre s'étendait jusque sur le sud de l'Ontario.

Eddie Melo (dit l'Ouragan). Garde du corps torontois de Frank Cotroni. Ancien boxeur et organisateur du local 75 de l'Union internationale des employés d'hôtels et de restaurants.

Ciro Niegri Nieri. Associé de Tony Frank, un gangster des années 1920. Deviendra délateur.

William Obront (Willie Obie). Blanchisseur des Cotroni, officiellement grossiste en viandes. Assurait la communication avec la pègre juive.

Johnny Papalia (Johnny Pops, dit l'Exécuteur). Truand hamiltonois connu pour sa prose acide et ses dispositions orageuses. A eu sa tête mise à prix à 15 000 $.

Pacifique (Pax) Plante. Célèbre incorruptible des années 1940 et 1950 à Montréal.

Michel Pozza. Blanchisseur lié avec les ailes sicilienne et calabraise, ainsi qu'avec la Sicile.

Palmina Puliafito. Sœur de Vic Cotroni et femme d'affaires douée.

Phil Rastelli (dit le Rouillé). Chef de la famille Bonanno à son déclin. Ancien Montréalais, il était prisé des Cotroni.

Nick Rizzuto. Rival caustique de Paolo Violi. A séjourné à Montréal et au Venezuela.

Réal Simard. Chauffeur et tueur à la solde de Frank Cotroni.

Domenico Violi. Père de Paolo Violi et truand calabrais des premières heures, ayant déménagé à Parma, dans l'Ohio.

Paolo Violi. Successeur présumé de Vic Cotroni. Calabrais de naissance, nationaliste canadien de circonstance.

I
La montée des Cotroni

> *Il est plus important ici d'avoir un ami que d'être dans son droit.*
>
> Vieil adage sicilien

Chapitre 1

Mort du parrain

> *Qu'est-ce que la Mafia ?*
> Vic Cotroni

Il pleuvait à verse sur la rue Jean-Talon à Montréal le jour des funérailles de Vincenzo Cotroni. Cela n'empêcha pas la famille, les amis, les forces de l'ordre et de nombreux curieux d'assister à une spectaculaire cérémonie d'adieu. Vincenzo (Vic) Cotroni avait pourtant été un modèle de discrétion, ne laissant rien paraître de sa réussite. Le jour de ses funérailles, une fanfare de 17 musiciens escortée de 23 landaus débordants de fleurs souligna son départ de ce monde.

Les résidants de la Petite-Italie de Montréal qui entendirent le chant funèbre, cet après-midi-là de septembre 1984, savaient que Vic Cotroni n'avait pas besoin de se vêtir de façon particulière, d'élever la voix ou de faire quoi que ce soit pour démontrer sa puissance. Le petit arrière-grand-père d'à peine 1 m 65, arthritique et souffrant d'insuffisance cardiaque, avait été assez puissant pour faire la fortune d'un homme ou pour le faire disparaître d'un simple signe de tête, de la main, ou de quelques mots discrètement prononcés. Mais Cotroni préférait la médiation à la violence. Sa finesse autant que sa capacité d'inspirer le respect lui avaient permis de s'offrir un luxe inouï dans la Mafia: un décès de cause naturelle. Au cimetière de Notre-Dame-des-Neiges, certains de ses acolytes n'avaient pas été aussi avisés, chanceux ou bien entourés, et avaient été descendus dans la fosse, le corps criblé de balles, méconnaissables.

Exploit extraordinaire de Vic Cotroni que d'avoir forcé le respect de ses ennemis, jusqu'à s'éteindre calmement, à l'âge de 74 ans. Ce n'était certes pas une consolation pour sa fille Rosina, qui sanglotait à fendre l'âme au bord de la tombe, un crucifix entre les mains. Elle ne pouvait pas croire que son père, qui avait sans doute été le plus important Canadien dans la Mafia, était mort.

On porta aux nues les qualités de père de famille de Vic Cotroni: il avait agi « comme un père pour plusieurs » et s'était acquitté « d'une mission spéciale dans la vie ». Ses proches furent réconfortés d'apprendre que Vic, qui avait vécu entouré de tueurs professionnels, croyait dans l'au-delà. Ils apprirent qu'à la seconde même où il succombait au cancer, Vic Cotroni, étrangement, regardait à la télévision, tel un signe, la visite du Saint-Père en sol canadien. Vision dont ne bénéficia certes pas la sœur du défunt, la femme d'affaires Palmina Puliafito: souffrant d'un ulcère aigu à l'estomac, elle fut transportée d'urgence à l'hôpital dans les heures suivant la mort de son frère. Quant à leur frère cadet, Francesco (Frank, dit Le Gros), il croupissait au centre Parthenais de Montréal pour une affaire de contrebande de cocaïne de trois millions de dollars.

Frank Cotroni s'était vu refuser une permission d'une journée pour assister aux funérailles. Lorsque, enfin, les autorités avaient consenti à ce qu'il se rende au salon funéraire de la rue Jean-Talon, le frère de Vic avait décliné l'offre. Un de ses associés explique que c'était une question d'honneur: « Les enfants de Frank et plusieurs de ses proches seraient là, et Frank est un homme fier. Personne ne veut voir sa photo dans le journal les menottes aux poings, arrimé à un *screw* bâti comme une armoire à glace. »

Les autorités policières considéraient Vic Cotroni comme le plus important membre canadien de la parentèle mafieuse de Joseph Bonanno (Joe Bananas) de New York. L'organisation de Cotroni était l'ultime cauchemar des nationalistes canadiens, navrés de constater que leur monde interlope était assujetti à l'économie américaine. Une part monumentale de ses profits se trouvait engloutie par les sièges sociaux au sud de la frontière. La police considérait Vic Cotroni comme le chef d'une *decina*, soit une « branche » de l'organisation Bonanno, ce qui apparentait le truand à une sorte de directeur de succursale.

Il s'agit là d'une situation typiquement canadienne. La montée en force des Cotroni est le reflet grinçant, narquois de la dépendance de l'économie canadienne face aux États-Unis. Toutefois, là où d'autres directeurs de succursale se seraient plaints de politiques « assassines » de la part du bureau chef, Vic Cotroni préférait se taire : dans son cas, il ne s'agissait pas d'une figure de style. Comme tout bon directeur de succursale, Vic Cotroni exerçait un pouvoir considérable sur son territoire, mais finissait par se plier aux diktats du bureau chef de la métropole. Fidèle à son Italie natale, il savait qu'en termes de *realpolitik* du crime, le véritable pouvoir se trouve à New York. On le croyait fin politique, quand il s'agissait pour lui d'une recette de survie. D'instinct, il évaluait la limite à ne pas dépasser dans la poursuite de ses intérêts, ce qui lui a permis de tenir jusqu'à un âge avancé. Fidèle aux Bonanno pendant un quart de siècle, il aurait, selon les autorités, amassé une fortune dans le jeu, l'extorsion, la prostitution, le prêt usuraire, le trafic de drogue, et en faisant entrer aux États-Unis certains des plus redoutables tueurs du monde du crime.

Si l'entreprise de Cotroni se compare à une succursale, c'était néanmoins la ligue majeure selon les standards canadiens. Tout jeune homme aspirant à servir sous ses ordres devait subir un apprentissage de cinq ans avant d'être considéré membre de la famille. Il faisait alors partie de quelque chose de gros. En examinant le compte en banque d'un des quatre principaux blanchisseurs de Cotroni, la police découvrit que celui-ci avait permis de réintroduire 83 millions de dollars dans le circuit. À l'apogée de sa mainmise sur les maisons de jeu, la police estime que ses patrons américains devaient recevoir, bon an mal an, quelque 50 millions de dollars à titre de dividendes.

L'empire de Vic Cotroni touchait des politiciens, des héroïnomanes et des tueurs, mais tout autant des gens ordinaires. Son nom évoquait le scandale pour nombre d'officiers de police, de politiciens et d'hommes d'affaires respectés. Aussi, lorsque les membres du FLQ manœuvrèrent pour affranchir le Québec du reste du Canada, ils jugèrent Vic Cotroni digne de mention dans leur manifeste. L'influence du célèbre truand ne se limitait pas au côté patronal des affaires, mais s'étendait aux syndicats de la construction, de l'hôtellerie et de la restauration. À cette époque, avaler une pizza signifiait ni plus ni moins enrichir les entreprises de Cotroni et de ses associés. Et terminer le repas par un *spumoni* les enrichissait encore. Ce monopole de l'alimentation par la Mafia atteignit son apogée l'année du centenaire du Canada, alors que les administrateurs de Cotroni s'arrangèrent pour obtenir une partie de la restauration rapide à Expo 67, remplissant des milliers, sinon des millions d'estomacs de hot-dogs… avariés!

Il n'entre pas dans le profil d'un directeur de succursale d'être extravagant et Vic Cotroni ne faisait pas exception à la règle. Son visage, sans être beau ou laid, était empreint de dignité. N'inspirant pas non plus la crainte, c'était le visage grave de l'homme qui en sait beaucoup et qui en dit peu. Même las des affaires de ce monde, son regard brûlait d'une intensité qui pouvait être considérée comme un signe de vive intelligence ou de sagacité reptilienne.

Vic Cotroni avait été surnommé «l'Œuf». Nul ne sait si cela voulait évoquer son mutisme ou la forme ovale de son crâne. L'orthographe de son nom reste également une énigme. Dans les rapports judiciaires, on lit: Cotroni, Coutroni, Controne, Catrino, Citroni et Catroni. L'inscription sur sa pierre tombale permet de croire qu'il préférait Cotrone. Toutefois, autant sa famille que les autorités s'étaient mises d'accord sur l'appellation Cotroni, le canular l'ayant emporté sur la vérité. Quelle qu'en fût l'orthographe, le nom était synonyme de puissance dans le milieu. Bien que l'homme parlât doucement, ses paroles portaient loin. Un organigramme de la police lui reconnaissait des liens criminels en Italie, au Mexique, au Brésil, au Venezuela, aux États-Unis et au Canada, d'Edmundston à Vancouver. Aussi, lorsque Cotroni parlait, on écoutait. Lors d'une conversation enregistrée à son insu, le truand avait un jour rappelé au puissant chef de bande ontarien Johnny The Enforcer Papalia qu'il pourrait facilement le faire tuer s'il ne réglait pas une dette. Le caïd avait simplement murmuré: «Je sais.»

Vic Cotroni n'était pas homme à faire étalage de ses émotions, de ses sentiments et de sa vie privée. On le savait toutefois assez passionné pour entretenir une relation extraconjugale, et il était le père d'un fils illégitime faisant lui-même carrière dans le crime. Cotroni partageait son temps entre un luxueux penthouse sur les contreforts de Westmount, le bastion montréalais des bien nantis, et une propriété à environ une heure de Montréal, près de Lavaltrie, où un jardinier s'occupait quotidiennement de ses serres, de ses vignes et de l'entretien général de la propriété.

À l'image de son propriétaire, la maison était solide, cossue, sans luxe apparent. Dès qu'on en franchissait le seuil, cependant, on se retrouvait dans un luxueux décor de marbre et de chêne blond, sans compter six salles de bain – dont cinq en marbre et une munie d'un double urinoir – et une salle de conférence pouvant accommoder 30 personnes éclairée par une douzaine de lustres de cristal. Au sous-sol se trouvait une table de billard de marque Brunswick, solide, massive. Le manoir avait été conçu pour abriter et entretenir des invités respectables et, si les murs pouvaient parler, ils en auraient long à raconter sur le crime organisé au Canada. Mais s'ils pouvaient parler, on peut aussi penser qu'il y a longtemps qu'ils auraient été rasés.

Vic Cotroni paraissait trop inoffensif, honorable, voire – pour certains qui ne l'auraient pas observé attentivement – trop innocent pour être le dépositaire des tragiques malversations de la Mafia. Cette innocence apparente relevait plus de l'adresse psychologique que de l'ineptie, l'homme ayant déjà conseillé à un de ses subalternes d'imiter sa performance à la barre des témoins. « Fais le stupide », avait-il conclu. À ceux qui osaient poser la question, le *capo* répondait qu'il n'était qu'un vendeur de pepperoni sans éducation, mais qui avait eu de la chance. « Qu'est-ce que la Mafia ? » avait-il demandé un jour à un reporter. Et répondu : « J'ai fait fortune dans les clubs et dans le jeu. Le reste, c'est des histoires. »

Malgré cette simplicité d'occasion, Cotroni, au déclin de sa vie, ne pouvait échapper à ses responsabilités de parrain de Montréal. Un statut qu'il a emporté dans la tombe, comme s'il était le seul à posséder suffisamment de diplomatie et de force pour concilier les Calabrais, Siciliens, anglophones et francophones qui composaient sa fédération du crime. Au terme de son inhumation, un membre de l'escouade antigang de la Communauté urbaine de Montréal déclara à un reporter : « Il va falloir surveiller qui s'amène en ville, c'est encore New York qui décide. » La remarque aurait peut-être amusé Cotroni. « Si je suis un si terrible criminel, avait-il ironisé, un jour, comment se fait-il que je ne sois pas en prison ? »

L'aîné des Cotroni était un pur produit de la Ndrangheta, une sous-culture du crime issue des vicissitudes de l'ancien monde, qui avait prospéré dans le terreau fertile de l'Amérique. Né en 1910 à Mammola, petite ville de Calabre, dans le sud de l'Italie, Vic Cotroni était fils de charpentier dans une région où les perspectives d'avenir étaient rares et le crime un fait de la vie.

Le terme « Mafia », dans son acception stricte, fait référence au crime organisé dans la partie ouest de la Sicile. On l'emploie indifféremment de nos jours pour parler de la Ndrangheta, ou « honorable société » de Calabre ; de la Camorra, une société criminelle napolitaine née dans les prisons de cette ville, et, enfin, de la Cosa Nostra – traduit littéralement par « notre chose » –, un hybride nord-américain de ces deux groupes. La frontière entre ces sociétés était suffisamment vague à Montréal pour que Vic Cotroni parvienne à regrouper Calabrais, Siciliens, membres de la Cosa Nostra et quiconque, en fait, faisait profession de s'enrichir en marge de la loi.

La Ndrangheta est née au siècle dernier d'une réaction de la paysannerie à des changements politiques risquant de la départir du peu qu'elle possédait. La Ndrangheta était alors un phénomène rural plus ou moins organisé, faisant dans le vol de bétail, le contrôle des points d'eau, la contrebande et l'intimidation. Mais surtout, elle se présentait comme un motif de fierté réelle, ou par personne interposée, pour les membres les plus méprisés de la société. On comprendra que les activités dont il s'agit n'étaient pas très lucratives, les montagnards de l'Aspromonte n'ayant pratiquement rien à voler.

Le nouvel État italien, fondé en 1870, comptait une myriade de lois complexes ayant pour effet de confondre les non-spécialistes. Leur application anarchique incita les résidants du Mezzogiorno, notamment les Calabrais et leurs voisins siciliens, à se méfier des réformateurs qui « voulaient leur bien ». Comme les paysans n'avaient aucun poids politique leur permettant de contenir les envahisseurs, ils se replièrent sur eux-mêmes ou quittèrent le pays. Impuissants à refaire le monde, les villageois étaient du moins déterminés à ne pas se couvrir de ridicule en travaillant comme des ânes pour joindre les deux bouts.

Au cœur de la Ndrangheta se trouve l'*omertà*, un code de conduite contradictoire selon qu'on s'adresse à des membres de la famille ou à des étrangers. En vertu de ce code, il était parfaitement acceptable pour une famille comme celle des Cotroni de vivre de rackets tels la prostitution et la pornographie, tout en veillant jalousement sur les femmes de leur clan. Le principe sous-jacent de l'*omertà* est l'*uomo*, ou la « capacité d'être homme ». Les mafiosi, ou ndranghetistes, éprouvaient un sens aigu de leur propre valeur et une incapacité totale à se plier à la loi des autres.

L'éthique machiste de la Ndrangheta était profondément enracinée chez Vic Cotroni. Le jour où il fut approché par une équipe de tournage de la CBC pour la série *Connections*, il crut avoir affaire à des tueurs à gage chargés de le liquider. Instinctivement, il protégea ses parties génitales, dans une tentative désespérée de sauver sa virilité, à défaut de sa vie. Dans le monde des Cotroni, le meurtre était une affirmation de virilité sur celle d'un autre homme, ainsi qu'une exigence pour forcer la crainte et le respect. Comme l'affirmait un membre d'une famille mafieuse : « La loi est d'abord une force ; elle ne peut jamais être séparée de la force. »

Chapitre 2

Débuts

> *Je sais qui sont les véritables ennemis publics : ce sont des hommes respectés du public. Coiffés d'un haut-de-forme, ils sont en position d'autorité dans la société.*
>
> J. J. Penverne,
> incorruptible des années 1930.

Vic Cotroni avait 14 ans lorsque ses parents, Nicodemo et Maria Micellota Cotroni, ont immigré à Montréal. La famille avait profité d'un mouvement d'émigration calabrais à la fin de la guerre. Après une escale à New York, les Cotroni s'étaient dirigés vers le nord et avaient abouti à Montréal dans un modeste appartement à l'angle des rues Ontario et Saint-Timothée. La rangée de maisons juxtaposées courait d'une rue à l'autre, chaque porte ouvrant directement sur la rue, sans jardin où se reposer ou laisser jouer les enfants. Les adultes se réfugiaient dans les tripots et les bordels du quartier, dont un des plus infâmes était situé juste à l'angle de la rue des Cotroni.

Ce secteur a été le premier quartier italien de Montréal, un lieu délabré aux loyers modestes et à l'atmosphère de violente criminalité. Déjà le Mile End, plus au nord, commençait à devenir la destination favorite des Italiens. Situé aux alentours de l'actuelle rue Jean-Talon, le nouveau secteur s'enorgueillissait d'une église paroissiale italienne, dite de la Madonna della Difesa, et de magnifiques espaces verts où certains s'adonnaient à la culture artisanale de la vigne, loin de l'atmosphère fétide des taudis surpeuplés de Saint-Timothée.

Montréal était le point de chute de la majorité des immigrants européens qui arrivaient au Canada. Partout au pays, l'industrie avait un besoin pressant d'une main-d'œuvre docile et bon marché pour ses chemins de fer, mines et fonderies. Bien que le gouvernement cherchât surtout à attirer des ressortissants de l'Europe de l'ouest et du nord, Suédois, Finnois, Anglais et Allemands, les agences maritimes comprirent l'avantage de faire venir des ressortissants de l'est et du sud de l'Europe, y compris de la Calabre. Les *senserias*, ou primes que ces sociétés recevaient des employeurs nord-américains en échange d'une main-d'œuvre bon marché, faisaient qu'on ne s'embarrassait ni de la Loi canadienne de l'immigration, ni d'honorer les promesses faites aux immigrants. Selon le recensement de 1921, le secteur italien du nord-est comptait 13 922 résidents, la plupart originaires de la Calabre. Bien que leur nombre fût appréciable, il ne faisait pas le poids à côté des 34 484 immigrés irlandais ou des 42 817 Montréalais désignés comme « hébreux ».

Sur le marché du travail, les nouveaux arrivés devaient s'attendre à se faire escroquer par la Main noire, un précurseur de la Mafia. Même les plus puissants n'étaient pas à l'abri de telles menaces. En 1904, Antonio Cordasco (le Roi), officiellement banquier, agent maritime et agent de main-d'œuvre, reçut à son bureau de Montréal une lettre de menace sur laquelle figurait une main noire indiquant les lettres M et A, accompagnée d'un cercueil, de deux têtes de mort et de ce qui ressemblait à un serpent sous un soleil brûlant.

Cordasco, de son côté, ne se privait pas non plus pour profiter du climat de tension existant entre ses frères méditerranéens et les « *captains of industry* » anglo-celtiques. La concurrence était féroce pour la *senseria* et les jeunes Calabrais qui débarquaient au Canada. Ils appréhendaient stoïquement un accueil hostile de sa population, autant que de son climat. Pour ces êtres issus d'une culture de la confrontation honorable, et dont le système d'honneur était fondé sur les liens de parenté et le respect mutuel, un emploi représentait quelque chose pouvant être temporairement apprécié, mais qu'ils ne tenaient pas pour acquis. De toute façon, incertains de pouvoir rester au pays assez longtemps pour en apprendre la langue et la culture, ils n'avaient d'autre choix que de s'en remettre à des entremetteurs tels que Cordasco, qui évoluaient avec une égale aisance dans l'ancien et le nouveau monde. Comme l'a écrit l'historien Robert Harney : « Si vous pouviez considérer votre patron et votre banquier comme des protecteurs, vous ne seriez pas loin de connaître la fin de l'exploitation. »

Pavant la voie à des hommes comme Vic Cotroni, Cordasco offrait sécurité et puissance dans un monde hostile. Il accumula d'énormes profits, soit en approvisionnant les sites de travail en sardines, anchois et petits pains à des prix scandaleux, soit en s'emparant des économies de ses compatriotes dans les pensions et les bars qu'il administrait. Il offrait aux travailleurs une protection contre le nouveau monde, tout en leur évitant d'être assimilés. Comme l'annonçait une publicité de l'époque dans un journal italien : « Pour vous faire respecter au travail ou en cas d'un accident, ou pour tout autre inconvénient, prière de vous adresser personnellement, par lettre ou par télégramme, à Antonio Cordasco. »

La Mafia avait prospéré en Italie parce que la loi était hors de portée du citoyen ordinaire. Celui-ci en avait perdu le respect. Ces conditions étaient réunies à Montréal bien avant l'arrivée des Cotroni. En 1909, une Commission royale d'enquête sur la malversation municipale avait révélé toute une gamme de méfaits, dont une tentative par des policiers de soudoyer un gamin et sa petite sœur pour qu'ils les renseignent sur leur mère, laquelle devait témoigner contre eux dans une cause à caractère sexuel. Puis un dirigeant de la Montreal Light, Heat and Power Consolidated affirma qu'un conseiller municipal avait tenté de soutirer 10 000 $ à la société pour sa campagne électorale. Pour sa défense, le conseiller fit valoir que la société d'électricité avait elle-même tenté de le corrompre en lui offrant des titres et de l'argent comptant. D'une façon ou d'une autre, il régnait aux plus hauts niveaux de la structure municipale une odeur de corruption à vous décaper les narines.

Les Cotroni sont arrivés au Canada en pleine prohibition américaine, sous l'égide de la Loi Volstead. Au début, les autorités canadiennes avaient fermé les yeux sur les activités de vente illégale d'alcool aux États-Unis. Après tout, les entrepreneurs canadiens ne faisaient que s'adapter à ce qui était largement considéré être une loi absurde et inapplicable. Malheureusement, on aurait dû penser que les trafiquants ne se contenteraient pas d'enfreindre la loi d'un seul côté de la frontière. D'abord, ils acheminèrent de l'alcool en Ontario, qui avait également des lubies volsteadiennes. Puis, tant qu'à faire le voyage aux États-Unis, les passeurs se dirent qu'ils feraient aussi bien d'en rapporter soie de contrebande, bijoux, tabac, narcotiques, voitures et vêtements de coton. Les manufacturiers américains en profitèrent pour brader leur surplus de production, tout en maintenant les prix élevés aux États-Unis. D'autres se plaignirent de ce qu'ils considéraient être une piraterie institutionnalisée. Le Canadien moyen, qui faisait des aubaines, ne semblait pas trop se soucier que les entreprises canadiennes y perdissent au change. L'importation illicite de produits au Canada coûtait à l'économie canadienne entre 10 et 15 millions de dollars par année en taxes non perçues ; aux manufacturiers, entre 30 et 40 millions de dollars en commandes non placées, et aux travailleurs, entre 15 et 25 millions de dollars en salaires perdus. Les amendes pour trafic étaient si minimes que cela en était un scandale national. Quant aux biens confisqués, ils disparaissaient comme par enchantement, ce qui fit dire à un procureur de la Couronne que le bureau montréalais de la douane était probablement « un des plus importants comptoirs de liquidation de marchandises volées au Canada ».

Lorsque les Cotroni arrivèrent à Montréal, en 1924, la ville était au cœur d'une tourmente judiciaire qui avait mené à une enquête sur la malversation policière. Autant l'enquête que le procès qui avait suivi laissaient espérer que la lumière serait faite sur un milieu insolent, puissant et prospère, qui tenait solidement sous son emprise policiers, politiciens et forces judiciaires.

Le principal protagoniste de cet épisode était Tony Frank, un redoutable truand à qui les autres criminels devaient verser une dîme pour avoir le droit de pratiquer à ses côtés. Vaguement socialisante, celle-ci était censée les faire bénéficier de la vaste gamme de contacts légaux que Frank se vantait de détenir. En effet, le bandit d'origine sarde hantait les corridors du palais de justice de sa ville d'adoption, tiré à quatre épingles et souvent en compagnie d'avocats et de juges. Frank était également un pilier de la rue Cadieux, où s'affairaient prostituées, revendeurs de drogue et bootleggers. À l'occasion, on pouvait le voir en compagnie de Frank Gambino (alias Mike Capuano), son associé, un personnage bourru dont les accusations au criminel allaient du simple méfait à la tentative de kidnapping, de la tentative de meurtre au crime proprement dit.

Frank comptait également parmi ses proches Mike Valentino (alias Jack Foster) et le gorille Salvatore Arena, qui fréquentaient l'Ancien Club des musiciens, au 141 de la rue Cadieux, et le Club social italien situé au 315-A, boulevard Saint-Laurent. Aucun membre de cet exécutif de l'ombre n'était physiquement présent lorsqu'une demi-douzaine de malfrats se réunirent sur la rue Ontario, près de Moreau, le 1er avril 1924, à quelque deux kilomètres à peine de la nouvelle résidence des Cotroni. L'ascendance du conseil des sages de Tony Frank était toutefois palpable, tandis que les canailles s'apprêtaient à attaquer un véhicule blindé convoyant les salaires d'une importante entreprise.

Les voleurs avaient payé Frank 200 $ pour pouvoir utiliser la fameuse Winchester du caïd, et un fusil à canon scié dont ils avaient remplacé les plombs par des losanges pour qu'ils déchiquettent mieux leurs victimes. Leur force de frappe était augmentée d'un revolver d'ordonnance américain de calibre 38 de 1881 et d'une paire de colts 45 automatiques. En outre, ils se croyaient prémunis contre l'adversité par la prétendue capacité de Frank de leur éviter la prison. Celui-ci leur avait affirmé que, s'ils se faisaient pincer, « ils seraient immédiatement libérés ». Un des membres du commando, Ciro Niegri Nieri (alias M. Linden et Edward Harris) révéla que Frank leur avait promis de les « emmener en automobile par Ottawa et Toronto, jusqu'à Windsor » et, advenant qu'ils soient arrêtés ou quoi que ce soit, qu'il « ferait jouer ses contacts pour leur éviter tout ennui ». Le hold-up avait été soigneusement planifié, quoique l'on ne puisse pas dire que leur premier souci fût d'épargner des vies. En effet, Nieri finirait par avouer que le plan initial prévoyait « d'entrer dans la banque et de tirer dans le tas ».

Nieri était accompagné cet après-midi-là d'une intéressante brochette de criminels du Québec, de l'Ontario et de l'est des États-Unis. Cette savoureuse diversité constitue un hommage au progrès de l'automobile et du génie civil, ainsi qu'à l'établissement de liens d'affaires plus étroits entre le Canada et les États-Unis. Si le chemin de fer a permis au Canada de devenir une nation, on peut penser que l'autoroute a favorisé l'expansion du milieu montréalais en lui facilitant l'accès à la ville de New York, éloignée de Montréal d'à peine 600 kilomètres. Cet accès rapide au plus important marché nord-américain serait quelques années plus tard un remarquable facteur de succès pour Vic Cotroni. Des cautions généreusement allouées, des voitures rapides et des autoroutes bien repassées signifiaient qu'un voleur acquitté à Montréal le lundi pouvait se trouver derrière un pistolet à New York ou à Toronto le mardi pour faire une casse, puis se trouver le surlendemain sur la rue Cadieux pour faire son rapport au patron. Bien que les Canadiens aient plongé corps et âme dans le *American way of life*, rien n'indique que nos voisins aient eu un quelconque contrôle sur la bande canadienne. La présence du chauffeur Léo Davis (alias Waimon), un juif né à Paris, donne une idée de la puissance montante de la bande de Montréal. Davis n'avait aucun antécédent criminel connu lorsqu'il décida de plier bagages pour sortir femme et enfant de leur misère new-yorkaise. La jeune famille se dirigea vers le nord, brûlant de faire fortune dans l'eldorado éthylique canadien.

Le caïd Nieri pratiquait les trafics en tous genres : cocaïne, morphine, opium, marchandises volées et proxénétisme, exerçant son art dans l'État de New York, à Montréal et dans le milieu florissant de Hamilton, en Ontario. Il était accompagné ce jour-là de Mike Serafini (alias Mike Knight, Anderson), bien connu des forces policières de Sudbury, Ottawa et Toronto, et expulsé de Toronto en 1924 pour port d'arme prohibée ; d'Adam Parillo (alias Adam Howard), arrêté à Bridgeport, Connecticut, et à diverses reprises dans l'État de New York ; et de Harry Stone (alias Peter Ward, Warren, Powell), que l'on disait originaire de Chicago et qui cumulait les inculpations pour trafic et contrebande d'opium, et bris de condition. Le seul de la bande qui fût canadien de souche s'appelait Louis Morel, un ancien policier, vedette du sport, dont les activités criminelles comprenaient le trafic de drogue, le vol et la participation à une fraude électorale à Montréal.

La bande comptait également une Québécoise, Emma Lebeau (alias Emma Lebœuf, Ciro), une prostituée qui se considérait comme la petite amie de Nieri. Elle l'avait rencontré au Club social italien du boulevard Saint-Laurent et affirmait qu'il lui avait promis de l'épouser, de sorte qu'elle n'aurait plus à vendre son corps à des étrangers. En attendant, il l'avait envoyée se constituer une dot dans un bordel de North Bay, en Ontario, puis dans un foutoir guère plus raffiné, au 321 de la rue Cadieux.

Le jour dit, une fusillade avait éclaté, tandis que les pillards s'enfuyaient avec les 142 288 $ du fourgon blindé, laissant un jeune garde sur le pavé se vider de son sang. Stone avait également été fauché. On abandonna son corps sur la banquette arrière d'une voiture de tourisme dans le nord de la ville. Des amateurs de balcon, l'œil vif, mirent la police sur la piste de Nieri et de Lebeau qui s'étaient terrés dans une pension du secteur ouest. Paniqués à l'idée de devoir écoper pour les autres, les fiancés balancèrent leurs complices en échange d'une remise de peine. Nieri rapporta ainsi à la police la réaction très professionnelle de Gambino face à la mort de Stone : « Qu'est-ce qu'on se fout que Stone soit mort ! On a le *cash* ! »

Nieri causa tout un émoi en révélant la nature et l'ampleur des décisions prises rue Cadieux :

Q – N'êtes-vous pas allé à Toronto faire un hold-up dans une bijouterie ?
R – Oui, Monsieur, avec Serafini, en croyant que je serais protégé si je payais un pourcentage de 10 %.
Q – À qui deviez-vous payer ce pourcentage ?
R – À Tony Frank, à M. Gambino et à M. Valentino.
Q – Et, de fait, ils vous ont ramené, je crois ?
R – C'est exact.
Q – Ils ont été payés pour ça ?
R – Oui.
Q – Avez-vous participé d'une manière ou d'une autre au hold-up d'un magasin sur le boulevard Saint-Laurent ?... Je crois qu'il s'agissait d'un Hébreu.
R – Oui. C'était une idée de M. Gambino. Il a eu 10 % pour la protection et 10 % pour le tuyau.
Q – Avez-vous aussi participé au vol, disons au braquage du camion de la Lowneys ?
R – Oui. Et notre protecteur a également reçu 100 $ pour ça.
Q – Qui était ce protecteur ?
R – Tony Frank, Gambino et Valentino.
Q – Avez-vous remis l'argent à Tony Frank ? Ou sinon, à qui d'autre ?
R – À Tony Frank, en mains propres.

Bien qu'il fût clair que Frank, Gambino et Valentino n'avaient pas participé à l'attaque du fourgon, le procureur R.L. Calder fit valoir qu'ils étaient néanmoins coupables de meurtre, étant donné le caractère organisé du crime. « Permettez-moi de vous faire remarquer, avait-il dit, avec quel sang-froid l'opération a été menée, et comment ces gens qui s'attaquent à la société le font de façon décontractée, comme s'ils allaient au travail, en envisageant calmement les profits à faire et les vacances qui s'en viennent. »

Le Tout-Montréal était en haleine, curieux de voir si les contacts de Frank suffiraient à lui éviter la potence. Ce ne fut pas le cas. Frank, Gambino, Morel et Serafini furent exécutés à la prison de Bordeaux le 24 octobre 1924. Valentino et Davis virent leur peine commuée à la dernière minute. Valentino purgea le restant de sa peine dans l'aile psychiatrique de Bordeaux, ceci jusqu'à sa libération, en 1939. Il prit alors sa retraite à Little Current en Ontario, où il géra un petit restaurant sans prétention. Davis fut aussi libéré en 1939 sous la pression du lobby juif américain, lequel faisait valoir qu'il n'avait été qu'accessoire dans la tragédie. Il fut déporté au New Jersey où sa famille vivait grâce à l'assistance publique. Le plus jeune de ses fils avait alors 15 ans, étant né l'année même où Davis avait échappé à la potence.

Pendant ce temps, le juge Louis Coderre de la Cour supérieure avait achevé son enquête sur le Service de police de la ville de Montréal. Ce qu'il avait trouvé le laissait pour le moins perplexe. Les témoignages au procès de Tony Frank montraient que les policiers étaient souvent invités à la table de bandits notoires et que la crème des policiers montréalais, avertie longtemps à l'avance du grabuge qui se préparait, n'avait pas levé le petit doigt. Coderre en conclut que le service de police souffrait de déficience grave en matière de leadership, de propension à l'intrigue, de mesquinerie chronique à l'interne et d'un manque flagrant de discipline. Malgré le démantèlement du gang de Tony Frank, Coderre inscrivit dans son rapport : « Le vice est déployé dans la ville, telle une hydre qui semble assurée de l'impunité. »

Certains changements de nature cosmétique furent apportés, mais rien pour menacer les affaires courantes de la horde. Le nom de la rue Cadieux fut changé pour celui de « de Bullion » après qu'une pièce de théâtre de New York l'eût rendu célèbre. Sur cette même artère, des crimes continuaient d'être commis. Les passants se faisaient toujours héler depuis les bordels avoisinants, tandis que les demoiselles exhibaient leurs charmes à quelques dizaines de mètres des fourgons de police. Parmi ceux qui finissaient par succomber à ces sirènes, plusieurs se retrouvaient la tête lourde, délestés de toute référence à l'empire britannique. Mais les clients n'étaient pas les seuls à se faire avoir. J. A. Robillard, juge en chef au Tribunal de la jeunesse, en était arrivé à la conclusion suivante : « On trouve de plus en plus de jeunes filles de quatorze et quinze ans dans des établissements où se tiennent nuitamment de véritables orgies païennes, situation dont ne peut que pâtir le statut de la femme canadienne. » Au milieu des années 1930, Montréal avait repris son rythme d'enfer, la police française lui attribuant la troisième place parmi les villes les plus corrompues de la planète, immédiatement après Port-Saïd et Marseille. On est en droit de se demander si cette attitude de tolérance devant l'« inéluctabilité du crime » aurait été la même si la femme québécoise avait eu le droit de vote, ainsi que sa consœur ontarienne.

Les circonstances de l'établissement des Cotroni à Montréal en 1924 demeurent un mystère. Peut-être, comme l'infortuné Léo Davis, espéraient-ils profiter du *boom* de l'industrie des spiritueux ? Quoi qu'il en soit, la loi sur l'alcool, dans leur pays d'adoption, devait paraître bien étrange aux Cotroni. Dans les années 1920 et 1930, ceux-ci défilaient systématiquement devant les juges pour divers délits relatifs à la boisson. Nicodemo eut des démêlés avec la justice à la suite d'une altercation avec une dame inspectrice des alcools, ainsi que pour possession illégale d'alcool, vol et recel de marchandises volées, tandis que Vincenzo, son plus vieux, s'appliquait à étoffer son casier judiciaire avant d'avoir atteint la majorité. Père et fils étaient inscrits aux dossiers de la cour comme charpentiers, Nicodemo faisant état en 1937 d'un revenu hebdomadaire de 35 $, pour un avoir total évalué à 1 500 $. Il était le chef d'une famille de huit, son épouse lui ayant donné trois autres fils : Giuseppe, Michel et Frank, et deux filles : Palmina et Marguerite.

Adulte, Vic Cotroni ne pesait que 61 kilos, élégamment répartis sur une charpente svelte à la poitrine large qui s'épanouissait vers de puissantes épaules rappelant celles du joueur de hockey Gordie Howe. Cotroni tira avantage de ces atouts en s'engageant sous le nom de Vic Vincent dans le circuit de la lutte professionnelle. Il y rencontra Armand Courville qui allait devenir son ami et complice, et dont le neveu serait un jour tueur à gages pour le clan Cotroni.

En sa qualité de Vic Vincent, Cotroni s'émancipa de son quartier pour s'enfoncer plus avant dans le monde sauvage et immodéré des tripots et autres *blind pigs* du centre-ville montréalais. Ces établissements faisaient partie d'une industrie du vice dont les bénéfices, tels qu'estimés par le maire Adhémar Raynault en 1936, s'élevaient à 200 millions de dollars par année. Durant la prohibition, Montréal était la seule ville sur le continent où l'on pouvait légalement boire de l'alcool. Comme le rapporte l'historien du jazz John Gilmore : « L'alcool est le philtre de jouvence de l'industrie des boîtes de nuit ; il paie le salaire de ses travailleurs. À Montréal, l'alcool coulait avec plus de libéralité que partout ailleurs en Amérique du Nord. » Les bandits resserrèrent leur emprise sur l'industrie des boîtes de nuit, tandis que les musiciens apprenaient à garder le nez sur leur instrument au moindre signe de violence dans les boîtes contrôlées par la pègre.

Pour Vic Cotroni, la Dépression fut une époque d'expansion financière et professionnelle. Une photo d'archive montre un jeune homme réservé, soigné de sa personne, vêtu d'une chemise blanche et d'une cravate de soie, portant un élégant veston croisé à rayures et larges revers, comme les appréciaient également les bandits et les banquiers.

À la fin des années 1930, le casier criminel de Cotroni s'était enrichi de nouvelles inculpations pour possession de fausse monnaie et participation à une milice chargée d'intimider les électeurs le jour du vote. Au cours des élections municipales dites de la « batte de baseball », les voyous chassaient leurs rivaux des salles de comités pour garnir les urnes en faveur de leurs propres candidats.

Le plus sérieux motif d'inculpation auquel Vic Cotroni dut faire face à cette époque fut celui du viol d'une jeune Italienne. Maria Bresciano avait refusé sa demande en mariage. Tandis que Vic se trouvait en liberté provisoire, on retira l'accusation, la jeune femme ayant finalement accepté de l'épouser. Le sociologue italien Pino Arlacchi fait remarquer que le machisme dans le système de la Ndrangheta existe en tension continuelle avec l'idéalisation de la virginité et le sentiment de honte sexuelle chez la femme. « Sauf entre membres d'une même famille, les deux sexes étaient sans arrêt en violente opposition: l'*uomo di rispetto* ("homme digne de respect") devait démontrer sa virilité en toute occasion, même si cela exigeait qu'il fît violence à une femme ou qu'il la prenne de force.»

Le Canada s'étant engagé dans la Seconde Guerre mondiale, Ottawa craignait une alliance sacrilège entre fascistes et truands d'origine italienne. La Gendarmerie royale du Canada soumit discrètement au gouvernement fédéral une liste de quelques centaines de noms de sympathisants possibles à la cause du Duce, et les arrestations commencèrent. Une vague anti-italienne déferlait sur le pays. La petite histoire relate le cas de ce Torontois emprisonné pendant deux années pour avoir eu la mauvaise idée, avec des sympathisants fascistes, de jouer au *bocce*, un jeu de boules italien. Le service de renseignements avait constitué une liste exhaustive des mafiosi ontariens. Malgré un démenti formel des politiciens, le dossier révélait qu'Ottawa considérait le comportement mafieux comme une menace à la sécurité nationale. Giovanni Durso, résidant au 200 de la rue Hess Nord à Hamilton, est décrit dans un rapport secret de la GRC comme un «Italien trempant dans les affaires criminelles et un membre de la Mafia»; Charles Calogero Bordonaro de Hamilton est fiché comme un «leader de la maffia (sic) de Hamilton»; et Dominique Belcastro, Thomas Rasso et Dominic Longo comme des «membres d'un gang international». Curieusement, alors que le service de renseignements canadien attribuait à une douzaine de résidants ontariens le statut de «membres de la Mafia», rien n'est dit, concernant les centaines de Montréalais internés durant la guerre, de leurs liens possibles avec la Mafia. La plus proche approximation à cet égard se trouve dans des lettres envoyées au gouvernement, datées de juin 1942, et dans lesquelles on suggère que Luigi, Michele, Vincenzo et Giuseppe Soccio soient remis en liberté à la condition qu'ils «n'appartiennent, ou n'aient aucun lien avec quelque société secrète, bande, gang ou organisation criminelle que ce soit».

La différence de traitement entre les communautés italiennes du Québec et de l'Ontario peut paraître déconcertante, surtout depuis que le procès de Tony Frank avait jeté un éclairage troublant sur les liens étroits unissant les mafias ontarienne et québécoise. Mais on comprend mieux cette omission en constatant que les individus fichés par la GRC étaient presque tous des sympathisants fascistes d'origine sicilienne liés aux Fils d'Italie. Il s'agit d'un renseignement relativement facile à obtenir, même pour un policier anglophone de Montréal. L'omission des criminels d'origine calabraise comme Vic Cotroni était plus le fait de l'incompétence relative du service de renseignements qu'un signe de passivité du milieu. Mais pour Vic Cotroni, c'était une aubaine. Comprenant que le crime est une plante d'ombre qui s'épanouit à l'abri des feux de l'actualité, il évitait soigneusement la notoriété. Les circonstances finiraient bien par lui permettre d'élever le crime à des sommets auxquels Tony Frank n'aurait jamais osé rêver.

Pas très chaud à l'idée de servir sous les drapeaux, quelle qu'en soit la couleur, Cotroni préférait investir dans les boîtes de nuit fréquentées par les politiciens et les criminels de carrière. Il s'arrangea pour éviter la prison, ce qui était un exploit, et non pas le signe qu'il avait pris sa retraite.

Chapitre 3

M. Lilo

> *Une nouvelle vision! Un nouvel espoir! Une nouvelle âme pour le Canada.*
>
> L'Honorable John G. Diefenbaker
> à l'auditorium municipal de Winnipeg,
> le 12 février 1958.

Les circonstances attendues se sont présentées à Vic Cotroni sous la forme trapue et renfrognée de Carmine Galante. Le truand de Brooklyn, qui mesurait à peine 1 m 62, jetait sur son entourage une ombre large et menaçante. Il pouvait l'emporter sur des hommes plus puissants que lui par la simple force de sa personnalité, alors qu'en prison un psychiatre l'avait diagnostiqué psychopathe. C'était un homme de contrastes et de paradoxes : il s'exprimait dans un patois rappelant les films de série B, mais affectionnait également saint Augustin, Platon et Descartes. Bigleux, le crâne déplumé, il adorait ses enfants, sa pipe et ses cigares Don Diego (d'où son surnom « M. Lilo », comme dans « cigarillo »). Il croyait aux vertus de la simplicité, et s'appliquait avec le plus grand art à résoudre d'épineuses contradictions à coups de revolver. Le fait de tremper dans d'innombrables affaires de drogue à l'international ne l'empêchait pas de se considérer comme un fervent catholique et un patriote américain. Dans sa conception du monde, la Mafia était un rempart contre les forces du mal, la norme en matière de loyauté et de fair-play.

Galante (de son vrai nom, Camillo Galante, bien qu'on ait également inscrit « Galente » dans les registres de la cour jusque dans les années 1960) est né le 12 février 1910 dans les quartiers miséreux de East-Harlem. Son père, pêcheur de métier, était arrivé enfant à Brooklyn, depuis Castellamare del Golfo, en Sicile. Cette ascendance était un point de départ appréciable pour un aspirant gangster : Joe Bonanno et ses comparses, Stephano Magaddino de Buffalo, Joe Profaci de Brooklyn et Joe Aiello de Chicago étaient tous originaires de ce coin de pays. Fidèle à ses racines, le jeune Galante fréquentait déjà à dix ans le tribunal de la jeunesse, qui le classa délinquant irrécupérable. À 17 ans, il fut promu à Sing-Sing pour coups et blessures, et, à 20 ans, acquitté du meurtre d'un policier, il fut écroué pour vol avec aggravation. La sentence imposée à Galante fut de 12 ans de prison : une fillette de six ans et un détective avaient été blessés dans ce hold-up lamentablement bâclé.

Libéré sur parole en 1939, Galante trouva le milieu traditionnel italien métamorphosé. Les bandes existaient toujours, mais se trouvaient sous la coupe de ce qu'on appelait « la Commission », un organisme qui réglementait le crime à la façon, pensait-il, d'une chambre de commerce. Il s'agissait, en gros, de ne pas interférer avec les opérations des familles. Membre de la Commission, Joe Bonanno explique : « La Commission, en tant qu'agent d'harmonie, pouvait arbitrer des différends... Mais elle était respectée dans la mesure où chaque membre la respectait. Plus que tout, la Commission était une sorte de forum. » La nouvelle société était clairement pyramidale, la manœuvre enrichissant forcément l'échelon supérieur. En échange, on attendait des leaders qu'ils fournissent une protection contre les tracasseries policières et en cas d'arrestations. Pour ceux qui croupissaient néanmoins derrière les barreaux, la Commission devait s'occuper de leur famille. Les soldats ordinaires ne recevaient aucun traitement, tenus de se débrouiller au moyen de leurs propres rackets. Bonanno alléguait que sa « famille » comptait des cordonniers, des tailleurs, des barbiers, des boulangers, des travailleurs d'usine, des prêtres et des politiciens, et que seuls quelques-uns étaient réellement engagés dans des activités criminelles.

À sa sortie de prison, Galante offrit immédiatement ses services aux familles de Bonanno, Profaci, Vito (DonVito) Genovese et de Lucky Luciano. Genovese lui donna sa chance et lui permit de s'élever un peu dans la hiérarchie du crime. Le malfrat se trouvait en Italie, tentant d'échapper à des accusations de meurtre et de s'immiscer dans les bonnes grâces de Benito Mussolini. Or, le « *Condittore Massimo* » ne supportait plus les articles pamphlétaires de Carlos Tresca, un compatriote de Genovese, éditeur à la langue acérée du périodique italo-new-yorkais, *The Hammer*.

Inventif de nature, Galante y alla d'une initiative diplomatique de son cru, le 11 janvier 1943 à 21 h 40, alors que la 5e avenue était plongée dans un black-out partiel, pour cause d'économie nationale d'énergie. Tresca rentrait à la maison, lorsqu'un homme à la forte carrure, son couvre-chef enfoncé sur le crâne, s'approcha de lui. Celui qui rôdait depuis un certain temps aux alentours de la 15e rue sortit un 38 de son blouson et fit feu. Une seconde plus tard, le journaliste gisait sur le sol, la joue arrachée et le poumon perforé. Satisfait, l'étranger disparut dans une berline de couleur sombre.

L'enquête mena directement à Galante. Ce dernier fut interrogé par un détective sur ses allées et venues le soir du meurtre :
– Où étiez-vous le soir du crime ?
– J'ai vu *Casablanca*, le film, et une fille aussi, répondit Galante.
– Ah !... Excellente performance de... John Wayne, je crois, lança l'inspecteur, pince-sans-rire. Comment l'avez-vous trouvé ?
– Pas très bon.
– Et la fille, comment s'appelait-elle ?
– Je ne sais pas. Elle n'était pas très bonne non plus.

De la part de tout autre, cela aurait pu passer pour de la répartie. Or, le malfrat n'était pas réputé pour son esprit. Bien que Galante ne parvint même pas à se rappeler le célèbre « *You must remember this* », le policier, frustré, dut le relâcher faute de preuve.

La cote de Galante grimpa dans le milieu. L'expert en braquage d'épicerie devint le chauffeur de Joe Bonanno, avec en prime le prestige de celui qui s'est fait tout seul. À la fin des années 1940, Galante commença à regarder vers le nord. Il y vit la possibilité de profits faramineux, si seulement quelqu'un pouvait mettre un peu d'ordre chez ces noceurs de Canadiens.

L'axe nord-sud entre le Canada et les États-Unis avait gagné en importance depuis les années 1920. En 1950, aucun marché n'était plus important pour les capitaines d'industrie que celui des États-Unis. Les filiales américaines de l'automobile, de l'électronique et de la fabrication d'électroménagers poussaient comme des champignons, ce qui donnait de sérieuses ambitions à Carmino Galante. Il entreprit d'appliquer la formule aux diverses entreprises de Joe Bonanno.

Carmine Galante est arrivé à Montréal en 1953 avec une valise bourrée d'argent et des objectifs napoléoniens. Cette escapade nordique lui permettait de se soustraire à la publicité intempestive provoquée par les audiences télévisées du Comité d'enquête sénatorial américain sur le crime organisé, comité présidé par le sénateur du Tennessee, Estes Kefauver. Cette curiosité déplacée avait déjà chassé les bookies («*bookmakers*») au Canada et Galante entendait bien s'assurer que le groupe Bonanno aurait sa part du pactole. Mais plus encore, il souhaitait faire de cette ville portuaire une des plaques tournantes du trafic international de la drogue. Les États-Unis avaient pris des mesures draconiennes et il était devenu quasi impossible d'introduire la came directement à New York. Montréal, dotée d'une solide tradition dans le commerce et la distribution de produits divers, était devenue une des villes préférées des trafiquants corses qui en appréciaient l'ambiance européenne et la langue familière.

Galante voulait de l'action, ce qui pouvait être synonyme d'abondance ou de mort violente. À quelques rares bandits montréalais favorisés par la chance, il offrit le paradis, soit la suprématie espérée sur d'anciens rivaux avec, en prime, un accès au marché américain. Quant aux autres, ils tomberaient dans l'oubli, voire dans la fosse. En 1953, les paris étaient ouverts.

Galante installa ses quartiers dans une firme d'électronique. Quand il s'aventurait en ville, souvent sans garde du corps, c'était en compagnie de personnages tels Frankie Carbo, le fameux *don* (parrain) de la boxe américaine. Efficace, Galante ne tarda pas à extorquer des sommes substantielles des tripots, maisons de jeu, bordels, boîtes de nuit, spectacles forains et avorteurs, manœuvrant pour étendre son influence à l'industrie du camionnage et aux comptoirs de viande. En moins d'une année, il était devenu le personnage le plus redouté du milieu montréalais, mettant un terme définitif à ce qu'un policier a nommé avec nostalgie « l'ère des *gentlemen gamblers* ».

À cette époque, l'influence de Vic Cotroni sur le milieu montréalais était manifeste. Le mafioso était perçu comme une éminence grise des arts de la scène, qui avait contribué à lancer la carrière de nombreux chanteurs québécois. Au *Faisan doré*, dont il était le propriétaire, juges, avocats et politiciens se pressaient pour applaudir des chanteurs aussi célèbres que Charles Aznavour et Tino Rossi. Le lieu était également l'adresse postale du trafiquant d'héroïne français Antonio D'Agostino, mieux connu du milieu montréalais sous le nom de Michel Cisco.

Vic Cotroni en arriva sans doute à travailler avec Galante par l'entremise de son ami Louis Greco, un imposant propriétaire de pizzeria qui avait fait treize ans de prison pour vol à main armée. Greco était vite devenu le premier sous-chef de Galante. À Montréal, il dirigeait le secteur ouest à partir de sa gargote. On pouvait l'y surprendre, vadrouille à la main, laver lui-même le sol. Comme Galante, Greco était un traditionaliste sicilien habitant dans une maison de la classe moyenne et menant une vie qui ne donnait aucune idée de sa puissance ou de sa richesse. Vic Cotroni bénéficia de la promotion de son ami Greco, au point où il eut l'honneur d'être le parrain d'un des enfants de Galante. Plus tard, ce dernier allait faire de même avec l'un des siens. Les observateurs du milieu, fussent-ils obtus comme des planches, ne tardèrent pas à comprendre que Vincenzo le Calabrais était quelqu'un.

L'ancien cartel du crime avait pu avoir ses entrées grâce au soutien, ou du moins à la non-ingérence de membres complaisants de la bonne société montréalaise, dont des politiciens, des policiers et des membres de la presse. Mais en 1954, deux jeunes avocats et un juge ont pu faire des élections municipales une cause morale en arrivant exactement au bon moment. Un mois avant les élections, le juge François Caron déposait un rapport longuement attendu sur le crime organisé. Le document de 300 pages était ponctué de récits sulfureux dont les journaux firent leurs choux gras. Les lecteurs frissonnèrent d'indignation en découvrant que les maisons de jeu prospéraient au nez de policiers corrompus et de notables consentants, et que les filles se voyaient accorder un avis de 24 heures avant les descentes de police.

Le Rapport Caron fut le cheval de bataille de l'un de ses recherchistes, l'avocat Jean Drapeau, qui briguait la mairie en qualité de candidat réformiste, membre du justement nommé « Comité de moralité publique ». L'aristocratie mafieuse sortit son arsenal de campagne : pots-de-vin, battes de baseball et balles, pour venir à bout de ce téméraire bien-pensant. La police, qui avait fait une descente dans la somptueuse demeure de Frank Petrula à Beaconsfield, y découvrit dans un coffre mural dissimulé dans la salle de bain, un carnet de notes expliquant la façon dont on avait dépensé 100 000 $ pour vaincre le parti de Jean Drapeau. Le carnet faisait également mention d'une demi-douzaine de journalistes soudoyés par la Mafia pour blanchir les criminels et salir les réformateurs.

Le gang du nord-est de Vic Cotroni fit ce qu'il croyait être son devoir démocratique : remplir les urnes de bulletins de vote truqués, quand il ne terrorisait pas franchement l'opposition. Mais le nouveau venu remporta facilement l'élection et nomma à la tête du service de police son collaborateur Pacifique (Pax) Plante qui avait aidé le juge Caron à établir le rapport. Petit homme maigre arborant de grosses lunettes à monture d'écaille, Plante, selon le mot du journaliste Stuart Keate, avait l'air « d'un troisième violon ou de l'heureux propriétaire d'un salon de beauté ». Mais dès que Plante fut en poste à l'escouade de la moralité, personne, depuis Vic Cotroni jusqu'au plus petit organisateur de bingo, ne fut à l'abri de sa passion pour la loi et l'ordre.

L'ère Drapeau ne suffit pas à mettre la bande hors d'état de nuire, mais elle l'avait contrariée. En 1955, les ministères de l'Immigration et du Revenu, de même que la GRC, convoquèrent Galante pour qu'il leur explique de quoi il vivait. Ce dernier ne parvenant pas à satisfaire leur curiosité, il fut déporté. Son beau-frère, Antonio Marullo, débarqua dans les heures qui suivirent pour prendre l'affaire en main ; il fut également déporté.

Quand revint le temps des élections, en 1957, l'Américain Salvatore (Little Sal) Giglio était en poste et la famille avait épuisé ses réserves de patience. Pendant la campagne électorale, le président de la Ligue d'action civique, le docteur Ruben Lévesque, fut sauvagement battu. Puis, alors que Drapeau jurait à la télévision qu'il ne se laisserait pas intimider, des voyous saccagèrent son bureau de campagne. Une nuit, alors qu'il retournait chez lui, Drapeau remarqua deux individus dans une berline stationnée près de sa maison. Soudain, les phares s'allumèrent et la puissante voiture bondit vers le piéton effaré. Celui-ci parvint *in extremis* à se réfugier dans son garage, lequel était doté d'une porte à commande électrique, une rareté en 1957.

Les criminels ne furent pas les seuls à s'en prendre à Drapeau. Maurice Duplessis, le Premier ministre du Québec, avait combattu les communistes, les syndicalistes et les témoins de Jéhovah, mais avait probablement jugé contre-productif de s'attaquer à la pègre. Durant la campagne de 1957, il mit à la disposition du clan anti-drapeau son énorme force politique, se lançant dans ce que son biographe Conrad Black – pourtant sympathique à sa cause – décrit comme « la campagne la plus déshonorante jamais menée par l'Union nationale, toutes époques confondues. Le cocktail de violence, de calomnie et de bonne vieille corruption était une injure à la probité des citoyens ».

L'assaut fut trop intense pour les réformateurs. Drapeau dut céder la place à un ancien député libéral, Sarto Fournier, qui avait fait campagne pour une ville « ouverte, mais honnête ». Choqué, blessé, Drapeau protesta qu'il avait été privé de la victoire par une « meute de loups » qui avait rempli les urnes de 20 000 bulletins de vote truqués et avaient financé leur campagne avec de l'argent sale. Plante fut réaffecté au service du contentieux, puis mis à la porte. Il s'exila dans un petit village du Mexique, où l'on dit qu'il vécut en compagnie de ses deux dobermans en craignant pour sa vie.

Il fallait s'y attendre, les rackets reprirent de plus belle. Sal Giglio collectait des tripots 200 $ par semaine plus un quart des profits, à titre de taxe d'affaires ! Les *blind pigs*, ces débits de boisson clandestins, enrichissaient la famille de 300 $ par semaine plus un quart des profits, et les prostituées, de 35 $ par semaine pour avoir le privilège de vendre leurs corps à des étrangers. Dans un effort dérisoire de relations publiques, on invita les filles à cesser de faire le trottoir et les barmen des débits clandestins à servir des drinks plus honnêtes. Puis Giglio reprit le vieux réseau de trafic d'héroïne de Galante, travaillant plus étroitement avec ses associés, Lucien Rivard et Vic Cotroni. Ce n'est toutefois pas l'héroïne qui ramena aux États-Unis le petit chef de gang au regard noir, mais un banal lot de cigares et cigarettes. La police le surprit en possession de 240 cigares cubains et de 800 cigarettes américaines qu'il avait oublié de déclarer. Profitant de l'aubaine, Ottawa déclara Giglio indésirable et lui accorda 48 heures pour quitter le pays. Giglio fut le dernier Américain envoyé au septentrion défendre les intérêts des Bonanno. Après sa déportation, le rôle reviendrait pour la première fois à un Canadien. Ce petit pas pour le nationalisme canadien allait être un pas de géant pour la carrière de Vic Cotroni.

Certains événements se déroulant outre-mer contribuèrent à faire de l'année 1957 une année charnière dans la vie de Vic Cotroni. En octobre de cette année-là, à Palerme, en Sicile, Galante, Joe Bonanno et le légendaire Lucky Luciano rencontraient le *capo* sicilien Salvatore (Ciaschiteddu) Greco et l'étoile montante de la mafia locale, Gaetano Badalamenti. Tommaso Buscetta était également présent. Buscetta travaillerait plus tard avec Frank, le frère cadet de Vic, avant de devenir le plus célèbre transfuge de l'histoire de la Mafia. La rencontre eut lieu dans un décor de rêve, ce qui accentuait le caractère trivial, voire sordide de la conversation des mafiosi. Les hommes tinrent conseil au très chic hôtel des Palmes – où le tapis rouge est déroulé en permanence et où le personnel, courtois, sait rester de marbre – notamment au Spano, son restaurant de classe internationale. Ils discutèrent de la meilleure façon d'étendre le trafic international d'héroïne et de résoudre les différends qui ne manqueraient pas de survenir.

Le cartel dont ils jetaient alors les bases allait devenir la célèbre « filière française ». L'opium en provenance de Turquie devait être acheminé à Marseille pour y être transformé en héroïne, avant d'être expédié aux États-Unis via Montréal. On s'attachait les Corses en leur offrant un accès illimité au marché américain, et Cuba servirait d'entrepôt pour l'héroïne destinée au marché américain. La machination allait avoir une portée considérable, non seulement pour les millions de Nord-Américains prisonniers des ghettos, et dont la vie serait ruinée par l'héroïne, mais également pour la Mafia qui s'engageait dans des opérations d'envergure sans précédent. Le programme exigeait un resserrement des liens entre Montréal et New York. Quiconque y prendrait part pouvait envisager un éventail de richesses, lequel pouvait aussi bien se transformer en cauchemar. Quelle que fût l'issue du pari, Vic Cotroni et Galante n'y seraient certes pas indifférents.

Chapitre 4

Qui gagne gros risque gros

> *Je t'aime bien. T'es un gars tranquille.*
> *Tu dis rien de ce que tu fais à personne.*
>
> Giuseppe (Pep) Cotroni
> encourageant un homme
> qui dit vouloir se lancer en affaires.

Le trafic d'héroïne pouvait rapporter gros, très gros ! On pouvait acheter un kilo d'opium brut en Turquie pour 35 $. Une fois raffiné, dilué et revendu dans les rues de Harlem, sa valeur passait à 225 000 $. Mais cet eldorado n'était pas sans risques. Les condamnations comportaient des peines sévères. En général, les juges n'entendent pas à rire avec la désintégration du tissu social, tandis que les crimes moraux comme le jeu ou la prostitution leur paraissent plus facilement imputables à des cas de conscience. La perspective de croupir au fond d'une geôle pendant des années pouvait ébranler les criminels les plus endurcis, voire les rendre bavards. En outre, l'appât du gain poussait des soldats normalement obéissants à tenter leur chance, et à faire cavalier seul hors de la structure familiale.

Giuseppe (Pep) Cotroni, le frère cadet de Vic, n'était pas né de la dernière pluie. Optimiste de nature, il s'était construit une vie somme toute agréable en se livrant à ses petits trafics personnels, notamment la vente massive d'héroïne à New York. Les policiers qui le filaient – pourquoi pas ? – l'avaient un jour surpris en train d'acheter 20 cravates à 15 $ pièce, sans sourciller. On l'avait aussi entendu se vanter : il pouvait, si ça lui chantait, passer ses après-midi à compter des billets de 1000 $. Avec Galante et son frère Vic, il était copropriétaire du chic restaurant *Bonfire*, dont on croyait que Frank Petrula, l'ancien patron porté disparu, avait été assassiné par les membres de la nouvelle administration.

Mais Pep Cotroni ne subjuguait pas aussi facilement tous ses adversaires. En 1958, dans son luxueux chalet de Sainte-Adèle, on avait trouvé de la strychnine dans une bouteille d'anisette. La liste des suspects était trop longue pour que la police pût interpeller qui que ce soit. S'agissait-il de proches de Petrula, vexés du traitement subi par leur patron, ou ami? De membres des familles déplorant que Pep Cotroni ne prenne pas suffisamment de précautions dans la conduite de ses affaires, ce qui risquait d'en faire tomber plus d'un? L'histoire est une tombe.

Quelle que fût la situation, Pep Cotroni n'était pas du genre à rater une occasion de faire du fric. Or, il y en avait des silos à engranger avec la filière familiale. Lorsqu'un étranger dans la trentaine le contacta, affirmant qu'il souhaitait l'aider à développer son affaire, le caïd alluma. L'étranger, qui portait des lunettes noires jour et nuit, était accompagné d'Eddy Smith, un bandit à la petite semaine.

– Pourquoi moi? demanda Pep, méfiant.
– On sait que tu fais pas mal de choses, précisa Smith. Tu peux peut-être nous aider.
– Comment t'appelles-tu?
– Dave Costa.
– Nationalité?
– Italienne.
– Et tu es d'où?
– De East Holland.
– La came, tu connais?
– D'après toi?...

Après cette éloquente entrée en matière, Pep jugea qu'il pouvait y aller d'un petit laïus général sur le trafic des narcotiques. Les hommes discutèrent de la méthode marseillaise d'évaluer la came par la chaleur, le point de fusion variant selon la pureté. Puis, de fil en aiguille, Pep leur expliqua comment le joindre à différents endroits en utilisant un code. Cotroni lançait un numéro de téléphone que les lascars devaient traduire en soustrayant deux de chacun des chiffres, à l'exception des un et des zéros. Il y avait aussi une façon de les écrire : les zéros étaient représentés par un trait vertical et les autres chiffres par différentes figures géométriques.

Pep finit par suggérer que Costa se rende à New York chercher une « trappe », un véhicule aménagé pour passer la came. La Chevrolet deux portes ou décapotable, dont les accoudoirs se transformaient aisément en caches, avait nettement la cote chez les passeurs. Un statisticien chevronné aurait pu remarquer qu'un nombre anormalement élevé de Chevrolets traversait la frontière vers les deux heures du matin, quand la sécurité se relâche.

Cotroni tiqua légèrement lorsque Costa parla d'une commande d'à peine deux kilos. D'un ton bourru, il laissa entendre qu'il valait mieux être régulier, car un type qui lui devait 30 000 $ avait déjà été liquidé. Engloutissant la moitié d'un gâteau avec sa gorgée de café, il précisa qu'il n'était pas très amateur de crédit. « Il peut arriver qu'on ne puisse pas faire autrement, déclara-t-il. Parce que tu vas avoir un client, un bon client qu'on ne pourra pas laisser tomber. Soit il aura pas l'argent, ou il aura besoin de la came, puis tu devras apprendre à te servir de ton pif. C'est juste là que tu vas savoir qui tu peux "truster", et qui tu peux pas "truster". »

Quelques jours plus tard, Cotroni annonça qu'il ne souhaitait ni continuer ni se mettre à dos les *capi* new-yorkais. Il mentionna quelques types, des *dealers* avec des noms comme Bootsie, Angie, pour expliquer que seuls cinq individus contrôlaient le trafic de la came à New York. « Tu dois penser, dit-il à Costa, qu'en te pointant dans le décor, tu saques instantanément ces types de 150, 200 000 $. »

Costa protesta: il avait 14 000 $ avec lui et il méritait sa chance. Cotroni reluqua l'enveloppe et se radoucit. Après réflexion, il élabora un plan qui devait leur permettre d'agir sans que le sache Frank (Chow) Mancino, un *dealer* de Brooklyn allergique à la compétition. « Si tu veux qu'on s'arrange, précisa Pep, retourne à New York, va voir Chow et dis-lui que ça n'a rien donné, que je ne suis plus dans la *dope*, que j'ai l'air bizarre, tout ce que tu veux. En 48 heures, je saurai si tu l'as fait ou pas. Si tout est *okay*, reviens me voir discrètement, et on fera affaire. »

Chow Mancino connaissait son monde. Il était allé « à l'université » ; autrement dit, il s'était fait de puissants contacts à l'intérieur. Un peu de temps dans le bon bloc de la bonne prison équivaut pour un jeune criminel à un passage au Harvard Business School pour un homme d'affaires. Pep Cotroni engagea donc Costa à se méfier de l'homme. Quand il était passeur entre Montréal et New York, celui-ci avait déjà doublé Cotroni de 100 000 $! Depuis ce temps-là, de dire le concerné, il n'osait plus mettre les pieds à Montréal.

À New York, Costa et Smith trouvèrent Mancino sur l'avenue Marcy, à Williamsburg, l'ancien quartier brooklynois de Joe Bonanno. Il habitait une banale maison de briques à quelques pas de celle, tout aussi banale, de Carmine Galante. Sur son toit, occupé à nourrir ses pigeons, Mancino sembla gober l'histoire de ses visiteurs. À Montréal, Cotroni fut plus qu'heureux de conclure l'affaire. « La prochaine fois, dit-il, vous savez où vous adresser. »

En privé, Cotroni expliqua à Costa que son copain Smith, un bon gars, ne faisait pas l'affaire comme passeur. Il ne lui semblait pas assez alerte pour se rendre compte s'il était suivi ou si on avait planqué des micros dans sa chambre. En plus, il n'était pas discret. Un trafiquant ne perd pas son temps à se pavaner et, surtout, il se la ferme. « Tu sais aussi bien que moi qu'on ne peut pas se permettre ça. Je t'aime bien. T'es un gars tranquille. Tu dis rien de ce que tu fais à personne. Et tu comprends ce qui se passe : on n'a pas besoin de tout t'expliquer. »

Pep avait raison ; Costa savait parfaitement ce qu'il faisait. La discrétion était sa force. En réalité, il s'appelait Patrick Biase, agent du bureau américain des narcotiques, travaillant avec la GRC. En juin 1959, il coffrerait Pep Cotroni dans le plus important coup de filet de l'histoire canadienne des stupéfiants.

L'aura de Vic Cotroni était telle à l'époque qu'on ne croyait pas à l'arrestation de son frère. Des mythes commencèrent à circuler là-dessus. Certains membres du milieu doutaient de l'hypothèse d'une attaque directe de l'organisation Cotroni. Ils penchaient plutôt pour l'expression tragique de la volonté du maître. Un truand notoire de la hiérarchie affirma des années plus tard qu'un agent fédéral avait averti Vic Cotroni de l'arrestation imminente de son frère. Le parrain aurait gardé le silence, acceptant que Giuseppe paie pour avoir violé la loi, non pas celle de l'État mais la sienne. On dit qu'en vieillissant, l'aîné serait devenu plus sensible à la détresse des jeunes, et qu'il aurait été contre le trafic de la drogue. Ses affaires, en effet, marchaient assez bien pour que des sources de revenus plus traditionnelles, comme le jeu ou l'extorsion, le contentent. Cette théorie, peu crédible, donne toutefois la mesure de l'homme. Mais selon l'explication d'un officier de police, il est plus vraisemblable que les opérations de Cotroni aient été à ce point diversifiées qu'il en aurait perdu le contrôle. Pep, qui avait dix ans de moins que son frère, travaillait sur la ligne de feu. « Je suis sûr que Vic faisait prendre tous les risques à son frère. Vic était le patron et ses frères devaient aller au front ; leur rôle était de s'assurer que l'aîné ne soit jamais impliqué dans quoi que ce soit. »

Pep Cotroni dut avoir un choc en apprenant qu'à chacune de leurs rencontres, Biase portait, sanglé à la jambe, un émetteur radio de la taille d'un paquet de cigarettes qui transmettait leurs conversations à un poste d'écoute de la GRC. Et comme si ce n'était pas suffisant, la poursuite serait sous la responsabilité d'un jeune procureur zélé : Jean-Paul Sainte-Marie. Celui-ci tenait à ce que Pep Cotroni écope d'au moins 14 ans de prison, plus dommages punitifs.

S'adressant au jury, le procureur Sainte-Marie décrivit l'accusé comme un trafiquant de drogue d'envergure internationale, ayant des liens avec Cuba, de même qu'avec l'Europe et New York. Malheureusement, il ne put pas faire comparaître Eddy Smith, un témoin clé de l'audience ayant obtenu de témoigner devant une cour itinérante dans un hôtel de New York. Il craignait – avec raison ! – de mourir s'il s'était présenté à Montréal. Le jour suivant, la cour – à l'exception peut-être de l'accusé et de son avocat – fut stupéfiée d'apprendre de la bouche même de Cotroni, hagard et épuisé, qu'il plaidait coupable !

Fière de l'arrestation de Pep Cotroni et de son complice René (Bob) Robert, officiellement serveur dans une spaghetteria, la police claironna qu'elle avait piégé deux trafiquants de drogue parmi les plus importants du continent. Sainte-Marie compara les activités de Cotroni à des meurtres en série, réclamant une peine exemplaire : « On réserve normalement la peine de mort à ceux qui causent volontairement la mort. Or, le trafiquant de drogue est aussi tueur que l'assassin. Son infâme commerce détruit la vie, non seulement celle de centaines de toxicomanes, mais également de leurs familles. Malheureusement, la peine maximale pour ce genre de délit est de 14 ans d'emprisonnement. » Sainte-Marie se fit plus insistant : la prison ne suffisait pas. Il réclama la « plus importante amende possible » pour ce délit : « Nous avons tenté, sans succès, de récupérer les 28 800 $ qu'il a reçus de notre agent. Je souhaite que la cour lui impose une peine qui affecte réellement l'homme ; car peu importe la peine d'emprisonnement, c'est le statut financier qui prime chez ce genre d'individu. »

Quand le juge Wilfrid Lazure le condamna à dix ans de pénitencier, Pep Cotroni resta impassible. Mais il ne put s'empêcher de grimacer à l'annonce d'une amende de 60 000 $, avec ordre de rendre les 28 800 $ versés par l'agent. « Votre réseau s'étend en Orient, en France, en Italie et aux États-Unis, déclara le juge. Vous avez déjoué les forces policières en ayant recours à des méthodes dignes d'un service d'espionnage. Rapidement, vous êtes devenu un baron de la drogue... » Faisant référence aux frais encourus par l'opération conjointe de la GRC, du FBI et du département du Trésor américain, il conclut qu'il l'aurait « condamné au fouet » s'il l'avait pu.

« Le trafic des stupéfiants est une des plaies de la société, ajouta Lazure. Les dommages sont incalculables, et j'ai entendu dire que le trafic entre Montréal et New York se chiffrait non pas à des millions de dollars, mais à des centaines de millions de dollars. C'est incroyable. » À tête reposée, Lazure avoua avoir été subjugué par la plaidoirie de Sainte-Marie : « Il n'est pas dans mes habitudes de féliciter un procureur. Mais je m'incline devant la façon dont la preuve a été présentée par Me Sainte-Marie, assisté du procureur spécial, Ezra Leithman. » Cette remarque pourtant banale devait s'avérer lourde de conséquence.

En effet, en avril 1960, cinq mois à peine après avoir été reconnu coupable de trafic de stupéfiants, Pep Cotroni se retrouva sur le banc des accusés, cette fois pour avoir vraisemblablement organisé le plus gros vol de banque au pays. Et pour aggraver son cas, Jean-Paul Sainte-Marie allait de nouveau être procureur dans cette affaire. Le vol s'était produit dans la petite communauté de Brockville, en Ontario. En rentrant au travail, un beau matin de mai 1958, les employés de la Brockville Trust & Savings avaient découvert une ouverture dans le plafond, et pas la moindre empreinte digitale à l'endroit où se trouvaient neuf millions de dollars en espèces et en titres. Des experts canadiens, américains, suisses et d'Interpol avaient immédiatement été dépêchés sur les lieux.

La perte de Pep Cotroni, dans ce cas précis, fut causée par l'erreur d'un de ses hommes : pour des raisons connues de lui seul, René Martin aimait avoir sur lui son livret bancaire lorsqu'il faisait une banque. Celui-ci avait dû tomber de sa poche car un employé trouva le livret dans les décombres. Martin n'aurait pas parlé, mais le demi-million de dollars du lot de Brockville trouvé chez lui fut suffisant. On le savait associé à Cotroni et on ne tarda pas à lier les deux hommes à Gabriel Graziani, un blanchisseur faisant des affaires en Europe, en Amérique du Sud et au Moyen-Orient. La Suisse recevait également sa part de ce genre de larcin.

Pep Cotroni avait utilisé des titres volés pour payer un immigré sicilien qui redécorait sa taverne, un établissement situé à l'angle des rues Ontario et de Bullion, dans l'ancien fief de Tony Frank où sa famille avait longtemps habité. L'immigré travaillait aussi comme serveur dans un *blind pig* appartenant à Cotroni. Maintenant, il craignait pour sa vie. « Je préfère ne pas vous donner mon adresse », déclara-t-il à la cour par les soins d'un des rares interprètes ayant accepté de traduire sa pensée. « Des bandits sont à mes trousses. »

La police de Montréal devait veiller sur lui en permanence. À la cour, il déclara avoir échappé de justesse à une fin regrettable. René Robert, l'homme de main de Pep Cotroni, l'avait invité à faire une balade en voiture, mais l'ingénieur, flairant le piège, s'était planqué chez un barbier jusqu'à l'arrivée de la police. « J'étais sûr qu'il allait m'arriver quelque chose si je montais dans la voiture de M. Robert. » Déjà, il avait été battu par Pep Cotroni après avoir été interrogé par la police. À cette occasion, le malfrat lui aurait offert 10 000 $ en ajoutant sur un ton sardonique : « Tiens, tu as besoin de vacances. Va te faire voir ailleurs. »

Le témoin n'était pas le seul de la communauté italienne de Montréal à s'inquiéter. Les éditeurs du *Cittandino Canadese*, un hebdomadaire en langue italienne, reçurent la visite de deux malabars susurrant qu'il n'était pas « honorable » d'écrire ainsi sur les démêlés de leur patron avec la justice. Un autre périodique, *Il Corriere Italiano*, ne faisait aucune mention de l'affaire des titres. Qu'importe ? Nick Chamara, le propriétaire du *Cittandino Canadese*, ne se laissa pas démonter : « La publicité est ma meilleure protection », affirma-t-il.

Une fois de plus, Sainte-Marie fut remarquable. Il persuada la cour que Cotroni était bien trop dangereux pour être libéré sous caution. Ses efforts valurent une sentence de sept années à Cotroni; il encaissa sans commentaire. Ayant affirmé qu'un verdict de culpabilité contribuerait à mettre fin au trafic de titres volés, il dut admettre que seulement trois des 15 millions de dollars subtilisés avaient été recouvrés. Souhaitant faire amende honorable, Sainte-Marie entama des procédures pour saisir tous les avoirs de Pep Cotroni, de façon à ce que le bandit se retrouve totalement démuni à sa sortie de prison.

À Brooklyn, les choses n'allaient pas tellement mieux pour Carmine Galante, le principal associé de Vic Cotroni. Celui-ci avait été assigné à une chambre fédérale de mise en accusation, après que la police eût fait irruption dans un important congrès mafieux sur une ferme d'Apalachin, New York. C'était le 14 novembre 1957 : 58 truands avaient été embarqués par la police, tandis que plusieurs autres, dont les Montréalais Louis Greco et Pep Cotroni, s'étaient dispersés dans la nature, défiant les barrages de police jusqu'à la liberté.

En 1958, Galante redoubla de malchance. Avec 36 autres personnes, il fut inculpé pour trafic de stupéfiants à grande échelle. Un assistant procureur avait allégué que Galante était « intimement lié à la grande majorité des barons de la pègre américaine ». Galante tenta d'échapper à ses procureurs en filant à Montréal, mais revint clandestinement à New York mener une vie de pacha. On le pinça en juin 1959 sur le Garden City Parkway.

On élimina plusieurs témoins clés au procès; d'autres se suicidèrent; en cour, plusieurs jurés subirent des attaques verbales et physiques. Après que 75 témoins eurent été entendus et que les deux parties aient conclu leur plaidoyer, le président du jury, un homme de 68 ans, fut poussé dans une cage d'escalier et il se fracassa la colonne. Le procès fut annulé.

Au cours d'un second procès, un coaccusé lança une chaise à un avocat de la poursuite. Un autre dut être bâillonné et menotté, laissant à son avocat le soin de faire valoir qu'il n'était pas apte au procès pour cause d'aliénation mentale. Quand, enfin, en 1962, on parvint au verdict, personne ne s'en tira avec moins de 12 années d'emprisonnement – pour un grand total de

276 années de pénitencier. Galante écopa de 20 ans, plus une amende de 20 000 $ pour injures au tribunal. Le juge fédéral Lloyd F. MacMahon déclara : « Si dans le cadre d'un procès sur le crime organisé, nous permettons à la partie défenderesse de compromettre ses droits en faisant échouer le procès ou en provoquant délibérément des erreurs donnant lieu à cassation, aussi bien alors abolir les tribunaux et laisser les gangs criminels diriger le pays. »

L'importance des peines montrait nettement que le trafic international de stupéfiants était un business beaucoup plus risqué que l'extorsion ou le jeu, les rackets favoris de la Mafia. Quant à Galante, son avenir semblait définitivement compromis aux plus hauts échelons de la Mafia. Il commencerait à purger sa peine à 52 ans. On imaginait mal qu'il pût un jour se refaire dans le milieu. Vic Cotroni avait perdu un bienfaiteur, presque un frère. Il ne devait plus en mener large.

Chapitre 5

Garder le fort

Je vais vous montrer qui dirige ici.
Frank Cotroni

Vic Cotroni ne laissa planer aucun doute sur son intention de rester, malgré l'emprisonnement de son frère Pep et de son ami Galante, et malgré les tracasseries de l'administration Drapeau. Sans étaler leur réussite dans le *Report on Business*, les truands aiment bien laisser savoir qu'ils sont en affaires. Vic Cotroni ne faisait pas exception à la règle : il bâtit une maison, une résidence secondaire, symbole de son statut renouvelé dans le milieu.

Vic Cotroni présidait une sorte de conseil d'administration du crime siégeant dans le district de Saint-Léonard. Son influence s'étendait à la pègre juive de l'ouest et aux Canadiens français du nord et de l'est de la ville. Cotroni dirigeait aussi diverses entreprises manifestement légitimes, laissant les tâches compromettantes à ses hommes de main, dont le propriétaire d'une casse et un important entrepreneur.

Au début des années 1960, les personnalités du monde interlope qui ne faisaient pas affaire avec Vic Cotroni étaient rares. Sachant garder ses distances, celui-ci appréciait qu'on lui témoignât du respect et ne montrait aucun besoin d'affection. L'occasion se présenterait à nouveau d'étendre un peu plus son emprise, car personne n'a jamais dit que les directeurs de succursales ne pouvaient pas avoir d'ambition.

À une époque où les nationalistes canadiens se faisaient du mauvais sang avec l'ampleur de l'investissement américain,

Cotroni savourait la prospérité que lui avaient apportée ses amis du sud. Le petit homme à la voix lointaine, mais qui ne manquait pas d'imposer le respect, se déplaçait en limousine et possédait plusieurs résidences, dont une à Lavaltrie, sur le fleuve Saint-Laurent, à une heure de Montréal. Loin des curieux et de la route, la demeure dominait le fleuve. À l'intérieur, tout n'était que marbre rose ou blanc, ronce aux délicates nervures. Le marbre couvrait le sol et l'allée de 12 mètres menant à la piscine et au patio. La pièce de résistance de la somptueuse demeure était une salle de conférence munie d'une table en noyer massif, faite à la main. Si Cotroni avait appris des Américains l'efficacité en matière de crime, les armoiries encastrées dans sa table de maître témoignaient de ses origines. Le mot « Italia » se trouvait également gravé dans les dossiers des deux chaises d'honneur. La salle donnait sur le Saint-Laurent et sur une terrasse portée par des poutres d'acier de 60 centimètres – de celles qu'on utilise parfois dans la construction des ponts. Au-dessous, se trouvait un bloc d'alimentation auxiliaire, au cas où l'approvisionnement de 400 ampères viendrait à manquer. Un système semblable secondait la chambre froide – de la grandeur d'un petit bureau, avec crochets à viande d'un côté et étagères de l'autre. La cuisinière Galardo était également de celles qu'on s'attend à trouver dans un bon restaurant, pas dans une résidence privée.

C'était la maison d'un homme aimant la perfection. La salle de bain de marbre du rez-de-chaussée comptait deux urinoirs. Une table de billard professionnelle Brunswick occupait la vaste salle de jeux du sous-sol, dont les murs étaient munis d'enceintes haute-fidélité encastrées. À l'époque, Cotroni était marié à Maria Bresciano, de qui il avait eu une fille ; mais il est clair que, dans cette résidence, Maria demeurait à l'arrière-plan. Sa maîtresse canadienne-française, une Montréalaise qui lui avait donné un fils, se faisait également discrète.

Rien n'avait été négligé pour accommoder des invités de marque. La chambre à l'étage était la réplique exacte de la chambre des maîtres, de façon à ce que personne ne se sente déconsidéré. Toutes les chambres avaient vue sur le fleuve. Chacune était munie d'une vaste roberie dans laquelle se trouvait un petit secrétaire, et d'une salle de bain de marbre blanc avec pèse-personne et distributeur de papier hygiénique encastré. Entre les chambres, un boudoir aux allures de salon de maison ordinaire, mais qui paraissait petit chez un Cotroni. Quant à la chambre des maîtres, on y accédait par un escalier à angles, après avoir traversé un autre petit salon sous des lustres de cristal valant au bas mot des dizaines de milliers de dollars.

Souhaitant montrer que sa fortune était aussi celle de ses gens, Cotroni donnait généreusement aux églises et aux organismes de charité du nord de Montréal. On peut penser que, pour un tel homme, cette générosité n'était pas exempte de calcul. Il est toujours bon d'avoir des amis quand on travaille dans sa branche. Question travaux pratiques, Cotroni avait l'art de faire exécuter le sale boulot par les autres. Il revenait à son frère Frank, plus jeune que lui de 20 ans, de faire respecter sa loi. Né au Québec, Frank parlait mieux le français que l'italien. Vic se disait que cela permettait de se rapprocher des bandes canadiennes-françaises.

Ce rôle particulier au sein de la famille avait amené Frank et quelques associés à se retrouver au club de nuit chez Paree, le 4 novembre 1960, aux petites heures du matin. Quelques années plus tôt, on allait chez Paree voir des spectacles de cabaret et entendre des stars du jazz, tels Charlie (Bird) Parker et Woody Herman. Mais en novembre 1960, le jazz avait cédé la place au rock, et la vogue du cabaret aux spectacles de variétés télévisés. Les couples, qui autrefois avaient dansé des nuits durant au son de Nick Martin et de son orchestre, préféraient regarder le *Ed Sullivan Show* à la maison. Quant aux jolies danseuses de jadis, elles avaient été remplacées par des effeuilleuses du nom de Joy, Dasher, Sheba ou Baby Doll, qui ne manquaient pas d'offrir leurs services aux cœurs solitaires. Les musiciens jouaient *Night Train* et *Honky Tonk* sans beaucoup d'ardeur, plutôt que de tâter du bebop ou du jazz. On en arriva à les remplacer par de la musique enregistrée.

L'industrie des boîtes de nuit vivait une époque trouble. La réforme menaçait les relations traditionnellement profitables de la pègre avec sa clientèle nocturne. Les truands cherchaient à contrôler un syndicat représentant les travailleurs de club et les artistes qui s'y produisaient. Or, de nouvelles ententes entre les services de police de la ville et de la banlieue rendirent plus difficile de brouiller les pistes en passant d'un secteur à l'autre. La réforme menaçait de coûter à certains leur permis d'alcool, et il fallait redoubler d'ardeur, dans ce contexte, pour espérer faire des profits avec la protection.

Ce matin-là, Frank Cotroni ne s'était pas rendu chez Paree pour épiloguer sur le déclin culturel du centre-ville, mais par affaire. Auprès des policiers, il avait la réputation d'être plus impulsif que son frère, et surtout de ne pas faire preuve d'un jugement aussi sûr. On le retrouvait habituellement au front, dans le feu de l'action. Ce matin-là, chez Paree, il se trouvait en liberté conditionnelle pour possession d'une arme à balles perforantes.

Dans le club, un piano fut fracassé, un téléviseur projeté par-dessus le bar et de l'alcool répandu partout. Frank et ses musiciens démolirent à coups de battes de baseball tout ce qui leur tomba sous la main, causant quelque 30 000 $ de dommages, tandis que, sur un air connu, leur fougueux leader de 29 ans hurlait : « Je vais vous montrer qui c'est qui est le boss... Y vont payer, je vous le dis... même si je dois attendre jusqu'à la fin de mes jours. »

La prison du centre-ville de Montréal était remplie des rejets traditionnels de la rue, dont un, particulièrement violent, qui avait lancé une caisse de bière au visage d'un policier. Dans la cellule se trouvait aussi une flopée d'étudiants de l'université McGill, plus ou moins rassurés. On les avait bouclés parce que la petite fête à laquelle ils participaient avait mal tourné. Les étudiants se disaient victimes d'une erreur judiciaire : un autre groupe de fêtards, selon eux, avait commis les actes de vandalisme qu'on leur reprochait. Un de ces étudiants était particulièrement mal en point, frissonnant dans des relents de vomi, lorsque la bande de Cotroni, venant de se faire arrêter chez Paree, était entrée. L'étudiant, devenu rédacteur en chef d'un quotidien influent, se rappellerait, des années plus tard, comment les membres du gang s'étaient comportés ce matin-là. Frank Cotroni s'était approché de lui, parlant doucement, comme pour le réconforter. Puis il avait retiré sa veste de lainage fin et en avait recouvert le jeune homme, lui procurant un étrange et chaleureux sentiment de sécurité. Libérés le matin suivant, afin de pouvoir retourner en classe, les étudiants donnèrent un coup de téléphone de la part de Cotroni à un avocat. Ce faisant, sans s'en douter, ils illustraient un des grands principes du comportement mafieux : dans la vie, un petit service en attire un autre, mais souvent beaucoup plus grand.

Chez Paree, la mêlée générale avait incité les autorités à faire le ménage dans le milieu. Réélu maire en 1960, Jean Drapeau fit appel aux autorités fédérales, deux ans plus tard, pour mettre un peu d'ordre dans les élections. Le groupe Cotroni avait dépensé un million de dollars pour éjecter l'austère réformateur, et investi 690 000 $ additionnels pour introduire les flippers, alors illégaux. Le plan ne fonctionna pas. Peu importe : Vic Cotroni attendrait la bonne occasion, tandis que sa fortune et son influence continuaient de prospérer. Il semblait croire que ses liens avec les Américains seraient plus durables que ces réformes velléitaires.

II

Le maintien au pouvoir

> *Ici, une question se pose : Est-il préférable d'être aimé, d'être craint, ou bien le contraire ? Je ne doute pas que tout prince aimerait être les deux ; mais comme ces qualités sont difficilement conciliables, si vous devez faire un choix, je dirais qu'il est beaucoup plus sûr d'être craint que d'être aimé.*
>
> Niccolò Machiavelli, *Le Prince*.

Chapitre 6

Le patron débarque

> *C'est une belle ville. C'est tout ce que je peux vous dire.*
>
> Le parrain Joseph (Joe Bananas) Bonanno expliquant pourquoi il souhaite déménager à Montréal.

Au Panthéon de Vic Cotroni, dominant même Carmine Galante, alors en prison, régnait Joseph (Joe Bananas) Bonanno, un homme vaniteux affichant l'assurance hautaine d'un leader de *soap opera*. Bonanno grandit à Castellamare del Golfo, en Sicile, nourri du désir de mener des hommes, et fier que son père ait choisi d'embrasser la Mafia plutôt que la prêtrise. « Il aurait pu être plus égoïste et préférer sa propre tranquillité au sacrifice », assurait Bonanno. « Il a plutôt choisi d'aider sa famille. » Bonanno avait 36 ans lorsqu'il participa, en 1931, à mettre en place la « Commission » de la Mafia avec quelques-uns de ses pairs, dont Lucky Luciano et Al Capone.

Cependant, en 1964, le « Volcan » (nom donné par Bonanno à la ville de New York) montrait d'inquiétants signes d'activité, tandis que Bonanno était accusé d'avoir ourdi le meurtre de trois autres dirigeants de la Commission. Il était bien connu que Bonanno méprisait ses coreligionnaires de la Commission ; alors que lui-même était déjà un *don*, certains volaient encore des voitures ou trafiquaient de l'alcool. Cette fois, pourtant, Bonanno se trouvait marginalisé : la Commission obéissait plus volontiers à son cousin, Stephano (The Undertaker) Magaddino de Buffalo, et aux New-Yorkais, Thomas Lucchese dit «Three-Finger Brown» et Carlo Gambino. Les relations étaient particulièrement tendues entre Bonanno et son cousin Magaddino, un septuagénaire affublé d'un cou de taureau évoquant un mélange de Benito Mussolini et de Elmer Fudd. Bonanno le considérait comme un paranoïaque qui «broyait du noir en plein jour», et comme un pitoyable mafioso: «Ce n'était pas un guerrier. S'il avait le choix, il évitait la violence. C'était un être mesquin, à la fois lâche et servile.»

Le mépris de Bonanno et son désir de contrôler la Commission permettent-ils de croire que le caïd ait planifié la mort des trois hommes? Serait-il allé jusqu'à tuer son cousin? Bonanno qualifierait un jour cette accusation de «stupidité», de «pure foutaise», et conclurait avec l'argument massue: «Croyez-en Joe Bonanno.» Mais c'était néanmoins l'accusation portée par un jeune truand ambitieux du nom de Joe Columbo, qui disait avoir été approché pour exécuter les trois hommes.

La Commission exigea des comptes à Bonanno et à son associé Giuseppe Magliocco (alias Joe Malyak). Magliocco, un mastodonte de 140 kilos souffrant de tension artérielle, y alla d'une confession qui lui valut une amende de 50 000 $. Il eut toutefois la vie sauve. Joe Bonanno, qui se considérait au-dessus du jugement de ses pairs, s'effaça. Il vécut sur la côte ouest sous le nom de J. Santone, et décida enfin de rendre visite à son subalterne, Vic Cotroni.

Les perspectives qui s'offraient à Cotroni étaient terrifiantes: il ne pouvait ni se permettre de défier la Commission, ni offenser Bonanno, son principal lien avec le marché américain et, de fait, son patron. Il en coûterait des vies, ainsi que de l'argent, pour peu que l'on permette aux rivalités personnelles de Joe Bonanno de prendre le dessus et d'entraîner le milieu dans une vendetta. Le moins qu'on puisse dire, c'est que Bonanno débarquait dans la vie de Cotroni comme un cheveu sur la soupe.

Accueilli dans la métropole par les agents de l'immigration, Bonanno, en compagnie de son épouse, déclara qu'il comptait faire affaire au Canada, en investissant dans la fromagerie G. Saputo & Sons Ltd. Ce disant, il produisit une lettre de Giuseppe Saputo datée du 20 mai 1964, dont le papier à entête précisait: «Spécialités italiennes: mozarella, ricotta, caciocavalli, butirri, fromage à pizza, fromages importés.»

Cher Monsieur Bonanno,

Nous sommes heureux de confirmer ici la teneur de nos discussions, à savoir que vous vous êtes montré intéressé à investir dans nos entreprises, spécialisées dans la fabrication et la vente de fromages.

Vos conseils nous ont été précieux ces dernières années et votre intérêt pour notre entreprise nous tient à cœur. Comme vous le savez, la famille Saputo détient des parts dans trois sociétés : la G. Saputo & Sons, la Crémerie Consenza inc et les Crémeries Stella Inc. Nous sommes disposés à vous céder 20 % des actifs de ces sociétés, moyennant un montant de 8 000 $ environ. Nous envisageons avec plaisir votre participation active à nos entreprises, laquelle devrait se traduire par une augmentation de notre chiffre d'affaires.

Employant actuellement quelque 25 personnes, nous sommes convaincus que votre aide permettra de doubler ces effectifs et à notre entreprise de prendre de l'expansion.

Nous sommes disposés à conclure une entente avec vous dès que vous le souhaiterez, en espérant que cela se fera le plus tôt possible.

Avec nos respects
Saputo & Son Ltd.

Bonanno, qui déclara résider à Tucson, en Arizona, au 1847 de la rue Elm, affirma être en pourparlers avec la firme Saputo depuis « les trois ou quatre dernières années ». Afin de prouver son sérieux et sa probité, il était accompagné d'un de ses avocats.

– Avez-vous de l'expérience dans la production de fromage ? lui demanda-t-on à l'immigration.

– Oui, bien sûr.

– Quel genre d'expérience ?

– Je ne suis pas vraiment fromager, mais je connais le procédé.

– Avez-vous déjà fait du fromage ?

– Oui, un peu.

– Où ?

– En Californie.

– Pendant combien de temps ? Combien d'années d'expérience diriez-vous que vous avez ?

– Entre huit et dix ans.

– Vous aimez le Canada, M. Bonanno, demanda alors au truand son propre avocat, Norman N. Genser.

– Bien sûr, sinon je ne serais ici. Et j'ai emmené ma femme avec moi, pour être sûr qu'elle aimerait aussi le Canada.

– Et elle aime ça, et vous aussi ?

– C'est exact. Montréal me rappelle San Francisco, une ville à l'atmosphère européenne que j'aime beaucoup. C'est une belle ville. C'est tout ce que je peux vous dire.

L'agent insista :

– M. Bonanno, n'y a-t-il rien que vous souhaitiez ajouter à votre sujet ?

– Non, vraiment. Je vous ai dit mon intention de vivre ici. D'abord ça me plaît, et puis j'aimerais bien y faire des affaires.

Ces déclarations enthousiastes de Bonanno sur le Canada déclenchèrent une rafale de notes de service sur ses activités entre Montréal et le ministère de l'Immigration à Ottawa. J. K. Abbott, directeur du service des inspections au ministère de la Citoyenneté et de l'Immigration, écrivait le 27 mai 1964 :

Son dossier va d'une arrestation en 1930 à New York pour transport de mitraillettes pour Al Capone de Chicago, à la participation à un congrès de la Mafia sur le crime organisé à Binghampton, New York, en 1956. À la Commission sénatoriale sur le crime organisé et le trafic des stupéfiants qui siégeait en septembre et octobre 1963 à Washington, Bonnano [sic] fut présenté comme le leader d'une importante branche de l'organisation criminelle dévoilée par Joseph Valachi.

Des membres de la famille Bonanno ont été impliqués dans des crimes tels que l'extorsion, l'intimidation et le meurtre, la contrefaçon, le jeu et les narcotiques.

Il a été l'associé de Carmine Galente (sic), qui purge actuellement une peine de 12 ans de prison pour trafic de stupéfiants ; qui a été propriétaire du Bonfire, *un restaurant de Montréal, et qui était un personnage clé de l'industrie du jeu.*

Il a aussi eu des liens avec des criminels basés à Toronto, dont John Papalia, et Alberto et Vito Agueci, arrêtés à New York pour infraction à la loi sur les stupéfiants. Vito Agueci purge actuellement une peine de 15 années d'emprisonnement pour une affaire de drogue, et son frère Alberto a été assassiné dans un règlement de compte près de Rochester, New York, au moment de son procès.

Durant le récent séjour de Bonnano [sic] au Canada, et préalablement à sa demande de résidence permanente, il semble qu'il ait été associé à des criminels de la région montréalaise.

Bonanno admit avoir peut-être omis certains détails de sa vie, mais insista sur le fait que ses intentions n'en étaient pas moins nobles et généreuses : « Je voulais aider le Canada à combattre le chômage. » L'appel de la vertu devait être si fort qu'il tenta, mais en vain, de soudoyer le procureur de la Couronne. L'avocat reçut la visite d'un individu qui affirmait représenter l'associé de Vic Cotroni, Louis Greco, et les « *boys* ». Le messager prétendit qu'il était impérieux que Bonanno demeure au Canada au moins trois mois, et que le procureur serait généreusement récompensé si cela pouvait être arrangé.

Le ministère de l'Immigration ne fut pas vraiment impressionné par l'intérêt déclaré de Bonanno à l'égard de la cause des chômeurs ; on l'envoya plutôt à la prison de Bordeaux, à Montréal, où on le soulagea du poids de sa chevalière rosée, de sa montre, de ses cigares et de 2 000 $ en argent de poche. Il trouva ses nouveaux quartiers humides, poussiéreux, sombres et infestés de cafards. La cuisine laissait aussi à désirer : « La viande avait un goût... comme si elle s'était détachée toute seule d'un caribou malade. Je l'ai recrachée. » Mais à mesure qu'on se passait le mot sur l'identité du prisonnier, Bonanno fut traité avec tout le respect et l'aménité possibles dans un tel environnement. Comme C. M. Isbister, sous-ministre de l'Immigration, le remarquait dans une note de service en date du 4 juin 1964, la prison montréalaise convenait mieux à Bonanno que la liberté aux États-Unis : « Nous continuons de détenir M. Bonnano [*sic*] prisonnier à Montréal, ce qu'il semble préférer à la liberté aux États-Unis. C'est là tout un compliment pour Montréal, et d'une source pour le moins surprenante. »

Plus tard, et non sans vanité, Bonanno compara l'accueil qu'on lui réserva à celui d'une star du cinéma. Les taulards s'extasiaient : « le grand boss ! », applaudissant et s'arrangeant pour lui filer leur nom dans l'espoir d'un emploi, pas forcément dans l'industrie fromagère. Les gardiens, plus discrets, n'en étaient pas moins empressés, gâtant le truand de quelques bons mots, de fine Cognac et d'une boîte de cigares.

En apprenant la nouvelle de son voyage à Montréal, son cousin Stephano Magaddino blêmit: « Il place ses hommes partout où il en est capable. » Le trafic d'influence roula bon train dans l'axe nord-sud. Car si Montréal était, en vérité, une talle réservée de Joe Bonanno, Magaddino craignait qu'il ne lance des antennes vers Toronto, en quelque sorte sa chasse gardée. Bonanno avouerait un jour qu'il n'avait d'autre choix que de lâcher un peu de lest dans le Volcan. À l'époque, cependant, Bonanno ne fit rien pour régler son cas devant la Commission. Il refusa en prince de reconnaître l'autorité de ses pairs, tout comme de répondre aux accusations de complot pour meurtre qui pesaient sur lui, malgré les démarches insistantes de l'émissaire de la Commission, Sam (le Plombier) DeCavalcante. Un dispositif d'écoute installé dans l'entreprise de plomberie et de chauffage de DeCavalcante à Kenilworth, au New Jersey, donne un aperçu des travaux de la Commission de août 1964 à juillet 1965. On surprit notamment DeCavalcante, lui-même chef d'une famille de 60 soldats, craindre que la tension avec Bonanno ne provoque une « Troisième Guerre mondiale ». Pour sa part, Sam (Momo) Giancaca de Chicago préconisait une solution plus directe: « Descendez-le, c'est tout. Y a rien d'autre à faire. »

Le mouchard électronique révéla que DeCavalcante n'était pas tout à fait à son aise, le 21 septembre 1964, alors qu'il discutait de la situation avec un de ses meilleurs amis, Joe Bayonne, membre de la famille de Bonanno.

– Joe, ceci doit demeurer entre nous, lança DeCavalcante à Bayonne, qui venait d'entrer dans son bureau.

– Quoi?

– Si je ne t'en parlais pas, j'aurais l'impression d'être un beau salaud, poursuivit le mercenaire. La Commission ne reconnaît plus Joe Bonanno comme son chef. Je ne sais pas ce qui se passe avec lui, Joe. J'ai fait tout ce que je pouvais.

L'enregistrement ne permet pas de saisir la réponse de Bayonne. Peut-être fut-il estomaqué. Il dut en tout cas être secoué.

– Ils [la Commission] n'arrivent pas à comprendre pourquoi il se planque, enchaîna DeCavalcante. Écoute, la Commission n'en veut à personne. Mais il ne faudrait pas que Joe s'en prenne à qui que ce soit non plus. C'est surtout ça que je veux te dire.

– Il n'a aucune intention de ce genre-là, à ce que je sache.

– C'est-à-dire... Il pourrait s'en prendre à ses propres gens pour couvrir l'histoire... son histoire. Comprends-tu ce que je veux dire ? La Commission n'a rien contre personne, pas même Bonanno. Mais elle ne veut pas non plus qu'il y ait du grabuge.
– Quel genre de grabuge ?
– Avec des gens de ta propre famille, répliqua DeCavalcante. Quand Joe [Bonanno] défie la Commission, il s'attaque à tout le monde.

En moins d'un mois, après avoir été déporté du Canada, Bonanno était de retour à New York. Il avait apparemment l'intention de témoigner devant la Chambre fédérale de mise en accusation, mais quelque chose d'étrange se produisit la nuit du 21 octobre 1964, la veille même de sa comparution. Surgis de nulle part, au 35 de l'avenue du Parc, devant la résidence de son avocat, William Power Maloney des hommes armés tirèrent en direction de Maloney avant de pousser Bonanno dans un véhicule et de déguerpir. Mais Bonanno était tellement retors que plusieurs doutèrent de son enlèvement. La théorie dite du « *banana split* », à l'effet que Bonanno aurait lui-même orchestré sa disparition pour éviter d'avoir à témoigner devant la Chambre, commença à circuler. Y avait-il quelqu'un d'assez cinglé pour s'attaquer à Bonanno dans son fief de Brooklyn ? C'était sans compter l'aspect rocambolesque du rapt et le fait que le caïd n'ait pas été exécuté sur place. D'autres, cependant, se disaient que l'école de Giancaca avait prévalu et que l'homme devait flotter comme une algue au fond de la rivière Hudson.

Au cours de l'hiver, Magaddino fit le voyage à Montréal pour tenter de se gagner Vic Cotroni. Le mouchard installé chez DeCavalcante surprit une conversation, le 23 décembre 1964, au cours de laquelle un membre de la famille Bonanno, Joe Notaro, déclara que la decina montréalaise de Vic Cotroni souhaitait demeurer à l'écart des hostilités. En d'autres termes, ne pas être entraînée dans la sphère de Gaspar Di Gregorio (alias Little Gaspar ou Gasparino), le vieil ami de Bonanno qui l'avait trahi. « Ils ne veulent pas s'en mêler, rapporta Notaro à DeCavalcante. Je leur ai dit : "D'accord. Faites savoir à Vic qu'à partir de ce soir, en ce qui nous concerne, ils peuvent faire ce qu'ils veulent." Quand nos problèmes seront résolus, on reviendra discuter. »

– Combien en reste-t-il qui ne soient pas avec Gasparino ? demanda DeCavalcante.

– Environ 25, répondit Notaro.
– Combien de *caporeginas* (lieutenants) ?
– Cinq en tout, Vic compris.

Ils évoquèrent ensuite une conversation récente avec Bonanno. Le vieux don se serait alors exclamé : « Destituez-moi, ou alors tuez-moi ! »

Deux semaines plus tard, William Maloney, l'avocat de Bonanno, organisa une conférence de presse pour annoncer que le fils de son client, Salvatore (Bill) Bonanno, avait appris que le *don*, sain et sauf, reviendrait bientôt dans le volcan. Maloney ajouta que Bonanno père comparaîtrait devant la Chambre de mise en accusation sur le crime organisé, mais qu'il ne témoignerait pas. Reporters et photographes envahirent les bureaux de Maloney à Wall Street, où il y avait, selon le mot d'un commentateur, « autant de policiers que de fleurs aux funérailles d'un gangster ». Seul le principal concerné, Joe Bonanno, manquait à l'appel. On trouva Maloney irritable. Lorsque les chasseurs de nouvelles entonnèrent le populaire couplet « *Yes, we have no bananas* », introduisant de force un régime de bananes entre les pattes de l'avocat, pour la photo, celui-ci ne rit même pas.

Au cours des 15 mois suivants, on rapporta la présence du mystérieux chef, parfois simultanément à Montréal, dans l'ouest du Canada, à Rome, Palerme, Alger, Tunis, Mexico, Queens et en Haïti. Les Services canadiens de l'immigration ne peuvent prouver concrètement que Bonanno ait pu se trouver à cette époque avec ses associés de la famille Cotroni.

Et voilà que, le 17 mai 1966, Bonanno apparut soudainement au tribunal fédéral de Foley Square, à Manhattan. Bronzé et fringant, vêtu d'un élégant complet et d'un chapeau mou, il ne présentait aucune séquelle visible de sa mésaventure. Étrangement, comme si le temps s'était arrêté, Bonanno portait le même complet que le jour de son enlèvement. Ayant averti un photographe de sa parution en cour, il avait pris soin de retirer ses lunettes, corrigeant ainsi son profil, et notamment l'angle de son nez, cassé lors d'une bagarre, quelques décennies auparavant. Tel un grand centurion s'adressant à des hommes de basse extraction, il se tourna vers la presse et annonça : « Je n'ai rien à déclarer. »

Des années plus tard, Bonanno expliquerait qu'il avait été kidnappé par son « cher cousin » Magaddino, qui l'aurait relâché six semaines plus tard parce qu'il ne voulait pas « avoir [son] sang sur les mains », ou parce qu'il craignait « la réaction de [ses] gens... ». Cette explication ne résout pas l'énigme des autres 19 mois d'absence.

On se demanda si Bonanno n'était pas revenu pour tenter de soustraire le milieu à la haute surveillance policière et médiatique que le « mystère du banana split » lui avait attirée. On discuta avec une égale âpreté du fait que ce retour pouvait entraîner une escalade des hostilités, pour peu que le caïd souhaitât reconquérir son territoire. De son côté, Vic Cotroni subissait toujours la même pression pour quitter sa neutralité et se jeter dans la mêlée, pour l'un ou l'autre des camps.

En 1966, Cotroni faisait l'objet d'une étroite surveillance policière. Les autorités craignaient que l'Expo 67 lui permette d'étendre ses rackets de prostitution et de jeu. Elles prirent acte, en novembre 1966, d'une série de rencontres entre, d'un côté: Vic Cotroni; Louis Greco; Paolo Violi, le fougueux associé de Cotroni, et Giacomo Luppino, beau-père de Violi et parrain virtuose de la bande de Hamilton, et, de l'autre, quelques célébrités américaines. Le plus significatif des Américains était probablement Salvatore (Bill) Bonanno, le fils de Joe, dont la mission était de renforcer la mainmise familiale sur Montréal. L'accompagnaient Carl Simari et Peter Magaddino, un cousin de leur terrible rival, Stephano Magaddino. Avec eux se trouvaient Peter Notaro, un cousin de Joe Notaro, le lieutenant de Bonanno enregistré à son insu chez DeCavalcante, et Vito De Fillipo, accompagné de son fils Pat. On soupçonnait De Fillipo de représenter les intérêts canadiens et américains du jeu en Haïti, en collaboration avec Paul Volpe de Toronto et Louis Greco de Montréal. Quand les deux véhicules transportant les Américains furent interceptés pour vérification à l'angle des rues Jean-Talon et Hutchison, à Montréal, la police saisit trois revolvers chargés. Cependant, aucun crime n'avait été commis. La police ne put que taxer Bill Bonanno d'une amende de 25 $, car ses papiers n'étaient pas en règle. Comme dans un film de gangsters, chacun de ses compagnons inculpés de port d'arme donna pour occupation: « chauffeur ». Appréhendant le pire, les officiers de l'immigration réexpédièrent tout ce beau monde à New York.

Bill Bonanno entra dans la Mafia par un chemin tout à fait opposé à celui qu'emprunta Vic Cotroni. Les Cotroni avaient été de pauvres immigrés calabrais. La Mafia américaine était presque exclusivement sicilienne. Les Cotroni s'étaient bâti un empire à coups de poings et de ruse, alors que Bonanno, le fils, avait été élevé comme n'importe quel bon Américain de classe moyenne. Baptisé du nom de son grand-père, un mafioso notoire, Bill Bonanno n'avait pourtant rien du gangster. Diplômé de l'université de l'Arizona et des écoles huppées de cet État, il avait été le leader d'un corps de cadets affilié à l'école des officiers de réserve, et présidé un club qui distribuait des prospectus sur « l'art de s'amuser sans consommer d'alcool ». Mais, telle une chaude brise méditerranéenne, son père débarquait chaque hiver en Arizona vêtu comme un prince, ramenant tout naturellement son fils à la réalité des vendettas de la côte est.

Bill avait épousé une jeune femme élevée comme lui dans les pompes et la paranoïa du milieu. Rosalie Profaci était la nièce de Joe Profaci, riche importateur et chef de gang brooklynois. Ses cousins avaient contracté des alliances avec de puissantes familles de Détroit et de la côte ouest. Enfant, Rosalie jouait avec ses cousins dans la propriété de 328 acres que Joe Profaci possédait au New Jersey, et dont le pavillon de chasse (une trentaine de pièces et une chapelle placée sous la protection des saints) avait déjà appartenu à Théodore Roosevelt.

Un jour, Bill Bonanno raconterait à Martyn Burke de la CBC, dans le cadre de la série *Connections* sur le crime organisé, que lorsque les troubles avaient commencé pour son père, dans les années 1960, il avait immédiatement su ce qu'il avait à faire : « Pour les Siciliens, la famille est la réalité suprême. Les liens sont tissés de telle sorte qu'un outrage à un membre de la famille est une injure à la famille entière. Aussi, dans les années 1960, lorsqu'un membre de la famille, mon père, a commencé à avoir des problèmes – notamment avec la loi –, j'ai immédiatement su où se trouvait mon devoir. Personne n'a eu à me dire ce que j'avais à faire. [...] Vous aviez une ville, New York, avec son paysage d'acier et de béton. Et je m'y trouvais mêlé à une controverse en tous points semblable à ce qui divisait les montagnards de Sicile, à savoir qui a volé le poulet de qui, et ce genre de truc, tu vois ? Mais j'avoue qu'il y avait des fois où je me demandais vraiment ce que je faisais là. »

Sam (le Plombier) DeCavalante, le puissant criminel du New Jersey, balaya ces propos du revers de la main, méprisant. Quant au parrain de Bill, Gaspar DiGregorio, il serait encore moins charitable. Onze mois après l'arrestation de Bill Bonanno à Montréal, à onze heures précises, par une nuit glaciale de janvier, de sinistres voyous aux intentions meurtrières tentèrent d'abattre le jeune Bonanno et deux de ses hommes à Brooklyn. Le coup eut toutefois des répercussions et la Commission, saisie de l'événement, jugea DiGregorio trop « tête brûlée » pour diriger une famille. Dépouillé de ses privilèges, DiGregorio, vieillissant, s'éteignit dans l'ombre et la solitude.

Stephano Magaddino, le cousin de Joe, persistait quant à lui à saper le moral des troupes de Bonanno et à leur faire sauter la clôture. Lancé dans une guerre de tranchées alors qu'il n'avait aucune expérience, Bill Bonanno fit appel aux loyaux sujets de la famille, dont les Cotroni, qu'il rencontra en 1966. Apprenant que Cotroni avait reçu le jeune Bonanno, Magaddino, dit le « The Undertaker », serait devenu, aux dires d'un truand, « fou de rage ». Il refusait que Cotroni rencontre qui que ce soit de New York sans sa permission. Cotroni fit savoir au puissant parrain que la rencontre n'avait pas été planifiée, mais déclina son invitation à se rendre à Buffalo. Tout au long de la crise, Cotroni joua la carte du profil bas. Une inertie qui n'aurait su être interprétée comme une marque de mépris ou d'indépendance, mais comme la seule attitude à avoir pour qui comprend le jeu de pouvoir au sein des familles. Vic Cotroni chérissait son marché américain, et sa vie ; il fit donc comme si de rien n'était en attendant que ça passe... ou que ça casse !

Chapitre 7

Des liens à l'ouest

> *Les gens ici sont drôlement plus faciles à arnaquer qu'en Italie.*
> Le truand Giacomo Luppino de Hamilton, appréciant son pays d'accueil.

La saga des Cotroni aurait pu se terminer ici, l'aîné de la famille faisant les frais d'un coup de revolver mal intentionné. Mais la providence veillait en la personne d'un curieux sage de Hamilton, un homme qui avait la réputation de conserver une oreille humaine dans son portefeuille. Stephano Magaddino, puissant rival des Bonanno, écumait de rage devant ce qu'il estimait être la trahison de Cotroni : avoir rencontré le jeune Bonanno sans sa permission. On avertit Cotroni que les Bonanno n'étaient plus de la partie et que lui, Cotroni, était remplaçable. L'attitude de Magaddino était en partie celle de l'homme d'affaires pressentant une prise de contrôle hostile d'un concurrent, et en partie celle de l'homme d'honneur engagé dans une vendetta sans merci.

Giacomo Luppino, le vieux *don* qui régnait sur le sud de l'Ontario, intervint alors. Il parvint à dédramatiser, voire à dissiper la rage meurtrière de Magaddino. Une raison bien simple le motivait : sa fille Grazia avait épousé Paolo Violi, un truand de Hamilton qui montait rapidement dans la hiérarchie de la famille Cotroni. Tout revers de Vic Cotroni serait une tragédie pour la famille de Giacomo Luppino, et Luppino chérissait sa famille plus que tout au monde.

Paolo Violi n'était pas encore une grosse légume de la Mafia montréalaise lorsque, en novembre 1966, les policiers l'aperçurent en compagnie des hommes de Bill Bonanno. On ne se souvient pas non plus qu'il ait rencontré Vic Cotroni avant août 1964. Les deux gestes les plus percutants de Violi, avant la rencontre de Bonanno, avaient été le meurtre d'un homme, lequel avait conséquemment réglé une vendetta calabraise, et son mariage avec la très jolie Grazia Luppino, à la chevelure d'ébène. Lequel des deux exploits mérite de passer à l'histoire est discutable ; bien qu'une cérémonie unissant les familles Luppino et Violi ne doive pas être prise à la légère. Les rituels nuptiaux de la Mafia revêtent toute la subtilité d'un mariage d'État élisabéthain, et, en disant simplement « je le veux », Grazia Luppino donna un considérable coup de pouce à la carrière de son mari.

Le beau-père de Paolo Violi était un mafioso calabrais de la vieille école qui se tenait loin du matérialisme tape-à-l'œil des jeunes criminels montants. Il préférait quelque chose de plus fondamental et difficile à évaluer : le respect. On a déjà surpris Giacomo Luppino expliquer à Magaddino : « Moi, Don Stephano, je fais les choses pour ma propre dignité. » Le sociologue Pino Arlacchi, dans son excellent ouvrage, *Mafia Business*, décrit ainsi le mafioso traditionnel :

> Il n'était absolument pas porté à l'ostentation. Son pouvoir, comme sa façon de consommer, s'exerçaient dans la discrétion, avec réserve. Dire peu, se montrer discret, ne rien laisser paraître de son influence, telles étaient les règles de la Mafia pour la vie publique. Il apparaissait au mafioso que la supériorité et le caractère exceptionnel de sa position avaient suffisamment été établis par le fait qu'il menait une vie de loisirs : même s'il n'était pas riche, il ne travaillait pas pour autant et ne dépendait de personne. Cela en faisait un gentleman. Dans un monde où la majorité des gens devait travailler fort pour joindre les deux bouts, la liberté d'employer son temps à sa guise était la plus éloquente démonstration d'honneur et de puissance qui fût. Ses manières courtoises, l'étendue de ses relations et le mystère qui planait sur sa vie privée étaient autant de signes montrant que le mafioso appartenait à la classe des gentilshommes.
>
> Le mafioso n'aurait jamais fait étalage de ses richesses pour imposer sa respectabilité. En vérité, un mode de consomma-

tion ostentatoire aurait plutôt contredit cette autre facette de sa personnalité : il était, foncièrement, un « homme de la rue ».

Il y a beaucoup de Vic Cotroni dans cette description, sauf que Cotroni aimait trop les biens matériels : son petit château d'été à Lavaltrie, ses Cadillac ou ses boutons de manchette rutilants, frappés aux armes de son propriétaire, « VC ». Giacomo Luppino, en revanche, correspond point par point à la description d'Arlacchi. Le caïd discutait de meurtre et d'extorsion dans son jardin de la rue Ottawa Sud, tandis que les vêtements fraîchement lavés battaient au vent sur la corde à linge, près de ses plants de tomates. Sa demeure ressemblait à peu près à ce qu'un maître d'école ou un policier aurait pu s'offrir : une sorte de cube de brique rouge à deux étages, solide mais peu attrayant, dans le secteur est de Hamilton, au pied de la colline où les plus riches s'étaient installés, à trois pâtés de maisons de l'église. Sa seule source de revenus connue était une pension de 175 $ par mois de l'armée italienne pour services rendus durant la Première Guerre mondiale, et le fait d'avoir cueilli des fruits à cinq dollars la journée à son arrivée en Ontario, en 1956. Il ne semblait toutefois pas trouver déshonorant d'abuser de l'assurance-chômage, ce qui lui ferait craindre un jour d'aller en prison.

Luppino déplorait la direction que semblaient prendre les choses et la société en général. Né en 1900, il était issu d'une culture où respect et pouvoir d'achat ne pouvaient être confondus. Le matérialisme d'après-guerre, toutefois, avait permis à la consommation de surclasser le loisir dans l'échelle de la respectabilité aux yeux de certains, dont d'éminents membres de la Mafia. Les médias émergents mettaient plus volontiers l'accent sur les splendeurs du matérialisme que sur la subtilité relationnelle qu'autorise le loisir. L'ampleur des profits escomptés du trafic de la drogue aggravait le problème, incitant de plus en plus de mafiosi à percer le marché mondial. L'action immédiate, la violence et le luxe insolent, ajoutés à la drogue, rendaient la nouvelle Mafia plus attrayante pour les jeunes qu'elle ne l'avait été pour leurs aînés.

Comme tout père de famille, Luppino regrettait que les jeunes n'aient pas plus de respect pour leurs aînés. Un de ses fils ne le consultait plus quand il commettait un crime, tandis qu'un autre partageait sa vie avec une femme, hors des liens sacrés du mariage. Il avait fermé sa porte à cette fautive, acceptant de recevoir le fils indigne, à condition qu'il vînt seul. Le vieux *don* sembla trouver une oreille bienveillante en la personne de Paolo, son nouveau gendre. Ils s'amusaient du portrait que l'on brossait de la Mafia à la télévision nord-américaine, et, lorsqu'ils n'en pouvaient plus de discuter de crimes, ils s'attendrissaient sur les blessures d'Eddie « The Entertainer » Shack, des Maple Leaf de Toronto.

Paolo Violi avait une conception traditionnelle de la famille. On l'a surpris sur écoute électronique à menacer de battre, et peut-être de tuer un associé qui avait une liaison avec une mère de trois enfants. On a aussi enregistré Luppino au moment où il exprimait son dégoût face au comportement des jeunes, plus accentué et insidieux en Amérique du Nord que dans sa Calabre natale : « Sais-tu ce que mon oncle Michelino m'a dit ? [...] Qu'il aime bien discuter avec moi, parce que je lui parle de la même façon que si nous nous trouvions dans notre ville. Quant au reste, il dit qu'ils vivent comme des Américains. [...] Il semble qu'ici, en Amérique, les choses puissent seulement s'arranger avec de l'argent. »

Luppino appréciait les idées de Violi. Un enregistrement des années 1960 le montre parlant violemment à Violi d'un type qui avait frappé une femme qui lui avait été infidèle : « Je lui ai dit quel genre de moins que rien c'était. Si je devais faire quelque chose par lâcheté, je me jetterais au milieu du lac. Je lui ai dit, si un homme est faible et qu'il fait ces choses-là parce qu'il a peur, il ferait mieux de se tuer [...]. Je leur ai dit que s'ils voulaient me tuer parce que je leur parle, s'il fallait qu'ils le fassent, je leur cracherais encore au visage en disant qu'ils sont déshonorés. » Les observations de Luppino sur les Canadiens n'étaient cependant pas toutes aussi négatives. Un enregistrement révèle qu'il trouvait que certains aspects de la culture américaine étaient des améliorations par rapport à l'ancien monde. Il aurait aimé, par exemple, que son anglais fût meilleur pour pouvoir se lancer en affaires, étant donné que « les gens ici sont drôlement plus faciles à arnaquer qu'en Italie ».

Avant son arrivée au Canada, en 1956, le vieux *don* avait fait l'objet d'une enquête relative à deux meurtres perpétrés en Calabre. Selon la légende, il aurait longtemps conservé dans son portefeuille une très étrange pièce de cuir racorni : l'oreille d'un homme qui lui aurait refusé de commettre un crime. Luppino l'aurait immédiatement puni en lui tranchant l'oreille en public, dans une espèce de sinistre variation de la façon dont les toreros déparent les colosses agonisants de leurs oreilles.

L'extorsion, l'usure et les relations syndicales dans l'industrie du bâtiment auraient amélioré l'ordinaire du mafioso. Mais ce qui transportait vraiment Luppino était l'exercice du pouvoir, bien plus que les indemnités associées à cet exercice. Un policier qui l'avait observé notait avec emphase : « Le pouvoir et le prestige, voilà ce qui mène l'homme. Sans aucun doute. Le prestige en premier lieu. La crainte qu'il inspire autour de lui. À tout prendre, voilà un homme qui choisira de se faire appeler « Monsieur Luppino » plutôt que de recevoir 10 000 $. »

La police a déjà intercepté une conversation au cours de laquelle Luppino discute de son rôle de sage dans l'enfer sud-ontarien. « C'est comme dire qu'il y a une compagnie à Hamilton, une à Toronto, et un chef pour chacune. Toronto représente le centre et Hamilton le poste de commandement. À Oakville, il y en a deux, mais tous ces *abboccatos* [régions] ont un seul représentant. En un mot, ils ont intérêt à faire ce que je dis. »

L'ascendant de Luppino sur le milieu lui venait en partie de ses liens privilégiés avec Stephano Magaddino de Buffalo, le terrible cousin de Bonanno. Magaddino respectait Luppino, et ce dernier aimait bien raconter comment le vieux buffle de Magaddino s'assoyait avec lui, dans un mariage de famille, par exemple, pour discuter de tout et de rien. Ces liens-là donnaient à Luppino ses entrées aux États-Unis, quoi qu'il préférât de loin le rythme langoureux de sa Calabre natale à la frénésie de son nouvel environnement.

Les Violi venaient de Sinopoli, petite ville de l'Aspromonte accessible par les montagnes depuis Castellace di Oppido, la terre d'origine de Luppino. Centre administratif colonial au temps des Grecs, Sinopoli n'était plus que l'ombre de ce qu'elle avait été. Comme les Luppino, les Violi ne montrèrent aucun signe de richesse à leur arrivée au Canada, dans les années 1950. Au cours de ses dix premières années au Canada, Paolo vivota de menus larcins dans le triangle Toronto-Welland-Hamilton. Des photos de cette époque montrent un jeune homme maigre au regard intense, d'environ 20 ans, mesurant un mètre 65 et pesant une soixantaine de kilos. Quatre ans après son arrivée, un soir de violente averse, dans un parking du secteur ouest de Toronto, il entreprit de régler une vendetta née en Calabre peu temps auparavant. Le 24 mai 1955, Violi et un immigré calabrais de récente date, Natale Brigante, se disputaient. Quelques instants plus tard, Brigante gisait sur le sol, une artère sectionnée à la hanche, son stylet près de lui. À quelques pas, quatre douilles du 32 automatique de Violi encore chaudes. Violi quitta le secteur, soit l'angle des rues Dundas et Howard Park, pour Welland, où il fut appréhendé pour homicide. On raconta à la police que les deux hommes s'étaient querellés à propos d'une prostituée. Lorsque Violi témoigna calmement devant la cour qu'il avait agi en état de légitime défense, exhibant une cicatrice, l'affaire fut classée.

Un policier spécialiste de la Mafia affirme sans détours que le meurtre avait été commandité depuis l'Italie : « Je suis sûr qu'il (Violi) s'était fait dire : "Occupe-toi de ça pour nous." Autrement, il n'aurait pas monté si vite dans l'organisation. La clé de tout ça, c'est le hit. C'est la clé. Le mariage a probablement aussi été arrangé. »

Au début des années 1960, Violi avait déménagé à Montréal afin de travailler pour les Cotroni, tout en maintenant des liens avec Hamilton. Magaddino espérait que Violi représenterait une tête de pont sur le territoire de Bonanno. On l'entendit se vanter, en 1965, d'avoir implanté des sentinelles à Montréal et de savoir tout ce qui s'y passait ; mais encore que sa famille était présente dans la ville depuis 45 ans, et qu'il n'y aurait pas de Mafia à Montréal dont il ne serait pas le parrain.

Paolo Violi avait néanmoins sa propre idée là-dessus. Il confia à Luppino, en privé, que les Cotroni devaient voler de leurs propres ailes et ne vouer allégeance à personne, pas plus aux Magaddino qu'aux Bonanno. Violi se montrait dangereusement séditieux quand il dénigrait les capacités et le jugement de Vic Cotroni et de son associé, Louis Greco. « J'ai déjà compris que Cotroni était un faible, affirma-t-il à Giacomo Luppino [...]. Je lui ai dit : "*Compare*, je suis avec toi à 100 %, mais seulement si... tu es sincère. Sinon, je ne serai pas 100 % avec toi." » Et il n'était pas éperdu d'admiration pour Bill Bonanno non plus, comme l'indique cette conversation avec son beau-frère, Jimmy : « Je t'ai déjà dit que si j'apprenais que Bonanno revenait à Montréal, je lui dirais quel genre d'hypocrite il fait. Je lui dirais en pleine face l'effet qu'il me fait... Je lui dirais : "Je ne suis ni avec toi, ni avec lui. Je travaille tout seul. Je ne veux rien savoir de personne, parce que vous êtes une belle bande d'enfoirés." De la façon dont ça se passe aujourd'hui, les *abboccatos* vont faire à leur tête et chacun va être laissé à lui-même. Je te le dis, à Montréal, on ne dépendra plus de personne. » Un officier de police commenta ainsi ces enregistrements : « Il ne réalisait juste pas que ces gars-là [Vic Cotroni et Louis Greco] savaient pas mal mieux que lui ce qu'ils faisaient. Disons qu'il était un peu tête enflée, ou tête de lard. »

Au milieu des années 1960, Paolo Violi était l'étoile montante du milieu montréalais. Mais de la façon dont les choses allaient, s'il ne se calmait pas un peu, il se dirigeait allègrement vers une collision frontale avec ses patrons. Peu après son arrivée à Montréal, Violi avait travaillé avec Frank, le jeune frère de Vic, et pris le contrôle de l'extorsion dans le secteur de Saint-Léonard. On l'appelait alors « le *don* de Saint-Léonard ». Il s'occupait aussi de contrefaçon et acheminait du whisky frelaté depuis Montréal vers le sud de l'Ontario. Lorsque la police l'arrêta à Toronto, en 1960, pour trafic illicite d'alcool, elle découvrit un intéressant numéro de téléphone dans sa poche, celui de Rocco Zito, un malabar trapu, serveur à Toronto. La police le connaissait pour son mauvais caractère et ses nombreuses relations dans le milieu. Reconnu coupable en 1961 des accusations qui pesaient contre lui, Violi prit l'habitude, chaque fois qu'il devait se rendre à la cour de Toronto, d'apporter avec lui un petit flasque de whisky blanc.

Les deux frères de Paolo Violi, Rocco et Giuseppe, avaient des démêlés avec la justice montréalaise. Rocco purgeait une peine pour avoir éviscéré un rival, tandis que Giuseppe était coupable d'avoir quitté la scène d'un accident. Risquant la déportation, les jumeaux, à leur grande surprise, frôlèrent bientôt la célébrité. Une controverse naquit lorsque Ottawa tergiversa sur le sort des frères : devait-on les déporter ou accepter qu'ils restent ? Même le leader de l'opposition, John Diefenbaker, protesta de ce que le ministère de l'Immigration devait observer un certain protocole au sujet de leur déportation. Après que Diefenbaker eût exigé une révision complète des pratiques du ministère, la Cour suprême ordonna qu'on relâchât Romulus et Remus, retenus huit mois dans la prison de Bordeaux. Leur avocat salua la décision du juge comme une preuve qu'il « existait une justice pour les pauvres de ce monde ». Les jumeaux Violi déclarèrent qu'ils souhaitaient juste passer Noël en famille et travailler avec leur frère Paolo dans sa *gelateria* du nord de la ville, à préparer des pâtisseries et des expressos bien tassés.

Leur père, Dominico, n'eut pas la chance de ses fils. Le ministère canadien de l'Immigration, sachant que d'importants gangsters lui rendaient régulièrement visite dans sa demeure de Parma, près de Cleveland, le déclara indésirable. Le vieil homme entretenait des liens avec la Mafia avant même que sa famille ne profite, dans les années 1950, d'une vague d'émigration pour s'installer en Amérique du Nord. Un jour, jeune berger calabrais, il permit à ses moutons de brouter dans le pâturage du voisin. Il fut alors exilé de son village vers une région isolée de la Sicile. Loin des siens, Dominico découvrit un aspect rocailleux de sa personnalité dont héritèrent ses fils. Il fut notamment condamné à la réclusion pour cause de comportement « profondément antisocial ».

Le 10 juin 1965, Paolo Violi épousa Grazia Luppino à Hamilton, scellant officiellement ce qui ressemblait à l'union de deux peuples ou de deux familles. La police constata avec intérêt que le garçon d'honneur de Violi n'était pas l'un de ses frères, mais bien Vic Cotroni de Montréal. Plusieurs *confidantes* de Cotroni, Louis Greco, Joe DiMaulo et un des argentiers de la famille, Michel Pozza, étaient également présents.

Plus tard, lorsque le couple eut des enfants, les contacts de Violi se multiplièrent. Vic Cotroni devint le parrain d'un des bambins ; suivi de John Papalia, l'exécrable trafiquant d'héroïne de Hamilton, et, enfin, de Paul Volpe, un important caïd torontois. Lorsque la belle-famille célébra les noces d'un autre de ses enfants, ce fut au sein de la famille Commisso de Toronto. Violi avait accédé au milieu ontarien par la grande porte.

Paolo Violi offrait à Cotroni un éventail de possibilités, qui n'étaient toutefois pas sans contraintes. Arrogant, effronté et menaçant, Violi possédait des liens sûrs avec l'Ontario et la Calabre dont le parrain souhaitait profiter, sans pour autant s'y fier aveuglément. Les plus puissants contacts en Amérique du Nord se trouvaient toujours à New York, là où les Siciliens faisaient la loi, et non des Calabrais comme Violi. Quiconque ignorait cette vérité pouvait s'attendre à plafonner dans sa carrière, voire à être carrément descendu. Et Violi ne semblait pas disposé à accepter cette leçon.

Chapitre 8

Mort d'un ministre

La victoire du Parti libéral en ce sens n'est en fait que la victoire des faiseurs d'élections Simard-Cotroni.

Manifeste du FLQ

À l'automne 1970, un vent fou et hostile soufflait sur le Québec. C'était le souffle de la révolution; d'un mécontentement si intense qu'il pouvait être ressenti jusqu'à Saint-Léonard, où les Cotroni connaissaient l'apogée de leur pouvoir. Les hommes tels que Vic Cotroni considéraient d'un œil circonspect tout changement radical. Le crime organisé n'avait-il pas toujours profité de la fourberie complaisante de certains politiciens?

Cette mouvance avait une infinité de sources. Sur la rive sud de Montréal, un petit groupe de nationalistes considérait la démocratie définitivement flouée par Vic Cotroni et ses comparses. Des ententes de patronage seraient venues aux oreilles de Paul Rose, un enseignant désabusé devenu révolutionnaire. Celles-ci impliquaient le ministre libéral Pierre Laporte dans la construction d'un hôpital à Chambly, leur circonscription commune. Ce n'était toutefois pas la seule déception politique de Rose. Le Parti québécois, qu'il soutenait avec son frère Jacques et un jeune cultivateur, Francis Simard, avait souffert de pratiques scandaleuses dans Taillon, la circonscription voisine de Chambly. Le candidat qu'ils supportaient, Pierre Bourgault, avait été défait lors d'une convention partisane par le cousin de Laporte. On prétend que des centaines de non-séparatistes paquetaient l'assemblée.

De telles pratiques étaient loin d'être nouvelles. Des décennies auparavant, Vic Cotroni, Napoléon Dubois – le père des terribles frères Dubois – et bon nombre d'autres criminels avaient fait leurs premières armes en jouant du coude, du poing et de la batte de base-ball lors d'élections. Les bandes fournissaient les criminels, les politiciens l'organisation, provoquant ainsi la naissance du crime organisé. De jeunes idéalistes comme Rose furent profondément désillusionnés lorsque leur propre parti sembla adhérer à de telles pratiques. Francis Simard décrit ainsi la situation :

> La politique chez nous c'est au *boutte*! Ça ne prend pas uniquement de la tête pour en faire, ça prend aussi des bras. Durant les périodes mortes, entre les élections – municipales, provinciales ou fédérales, ça n'a pas d'importance – nos bras étaient *waiters*, *bouncers*, ou ils s'occupaient comme il le faut des différents rackets qui font les à-côtés de notre démocratie : protection, jeu, prostitution, etc. Ils étaient un peu partout : c'est pourri un peu partout. Avec leurs contacts, leurs amis, ceux qui ne peuvent refuser quand on leur fait une offre, ils pouvaient rassembler plusieurs centaines de personnes. Aux élections, tout ce monde-là se regroupait. Une élection sans eux était impossible. Personne n'a jamais essayé. Quand quelqu'un était élu député sur la rive sud de Montréal, ce n'était pas parce qu'il était libéral, unioniste ou progressiste-conservateur – tout ça, c'est de la *bullshit*. C'était parce qu'il avait les bras de son côté. Je dis « les bras », mais ça ne veut pas dire qu'ils n'avaient pas de tête. C'était même le contraire, mais ils ne pensaient qu'à eux. Ils pensaient bien. C'était payant les élections. Ils étaient respectables en période électorale. On allait les « consulter », leur demander conseil. L'idée que nous avions de la politique, c'était le contraire de ça. Nous ne pensions pas que quelqu'un du Parti québécois, un indépendantiste, pouvait s'associer à ces gens-là. [...] En quelques jours, tout est devenu *western*.

Pendant ce temps, des mères de famille de la rive sud se plaignaient à la police, car leurs époux flambaient leur paie dans un tripot notoire de la famille Cotroni. La police lança alors l'opération Végas. Une vingtaine de micros furent installés dans des repaires de gangsters à Montréal. Les policiers furent assez surpris d'entendre, à plusieurs reprises, parmi les discussions relatives au jeu et au trafic de drogue, le nom de Pierre Laporte, le second plus important membre du Parlement provincial.

Ainsi que les enregistrements le révélaient, Vic et Frank Cotroni, et leur associé senior, Nicola di Iorio, soutenaient activement plusieurs candidats aux élections provinciales de 1970. Frank D'Asti, un membre de la famille, avait énormément contribué à aider Laporte à accéder au poste de chef du Parti libéral à l'automne 1969 ; puis il avait continué de le soutenir en avril 1970, aux élections provinciales. Le 3 mai 1970, la police enregistra une rencontre entre D'Asti, di Iorio et leurs associés, Angelo Lanzo et Romeo Bucci. Les hommes se demandaient qui, parmi leurs candidats, auraient les postes clés au gouvernement. Ils souhaitaient surtout la bonne personne au poste de ministre de la Justice. Un rapport de la GRC en date du 17 septembre 1970 indique :

> Ils [D'Asti et di Iorio] croyaient être en mesure d'obtenir des faveurs de Laporte. [...] Ils espéraient que Laporte serait nommé ministre de la Justice. En effet, René Gagnon et Jean-Jacques Côté [principaux organisateurs de la campagne de Laporte] travaillaient fort à ce que ces prospects aboutissent. Leur objectif était d'obtenir des contributions financières pour la campagne. [...] Ils [D'Asti et di Iorio] ont été très déçus lorsque Laporte a été nommé ministre de la Main-d'œuvre et de l'Immigration, plutôt que ministre de la Justice. Mais on les a rassurés, notamment Côté : le ministre de la Justice, Jérôme Choquette, ne leur poserait aucun problème.

Mais Choquette déçut les truands en se méritant rapidement une réputation de défenseur de la loi et de l'ordre. Une série de descentes ébranlèrent des entreprises de Cotroni, tandis que la Commission de contrôle de permis d'alcool du Québec ferma un club de nuit, dont di Iorio était propriétaire. La police surprit di Iorio et D'Asti faire appel à Gagnon et Côté, lui-même propriétaire d'une taverne, pour que cesse immédiatement le « harcèlement » dont ils faisaient l'objet.

Rien dans les enregistrements ne permet de croire que Laporte ait eu quoi que ce soit à voir avec le trafic d'héroïne ou les entreprises de Cotroni. Cependant, tout le monde savait que le Victoria Sporting Club, propriété de di Iorio, était une maison de jeu. Laporte devait être au courant car le club se trouvait dans sa circonscription. La police décida d'enquêter ; la situation était potentiellement explosive.

Après les élections, Pierre Laporte joua un rôle de premier plan dans le cabinet provincial, en qualité de remplaçant du Premier ministre Robert Bourassa lorsque celui-ci s'absentait de la province. Or, le Parti libéral du Québec était un bastion du fédéralisme à un moment où les séparatistes avaient le vent dans les voiles. Toute association entre les ténors de la confédération canadienne et le crime organisé aurait été désastreuse.

Selon un rapport confidentiel de la police, Laporte aurait rencontré personnellement des représentants de la Mafia. Le 16 avril 1970, moins de deux semaines avant les élections, Laporte, Gagnon et Côté auraient donné rendez-vous à di Iorio et D'Asti dans une maison à appartements de la rue Sherbrooke. Le lendemain, trois officiers de surveillance de la police rédigeaient un rapport à l'intention du coordonnateur du Bureau de recherche du Québec sur le crime organisé (BRQCO), décrivant ainsi l'incident :

> 1) Le 16 avril 1970, on nous a avertis qu'il y aurait une rencontre, le même soir, à 18 heures, à l'appartement de René Gagnon, secrétaire de Pierre Laporte, entre ce dernier et Nicola di Iorio [sic] (FPS 484485) et Frank D'Asti (FPS 570148). Jean-Jacques Côté devait être présent à la rencontre.
> 2) Selon les renseignements reçus, l'appartement était situé dans une grande maison à appartements de la rue Sherbrooke Est à Montréal, près de la bibliothèque municipale. Le numéro de l'appartement était le 1503.
> 3) Une inspection préalable de l'édifice situé au 1150 de la rue Sherbrooke Est a révélé qu'aucun nom n'était inscrit pour le 1503 dans le registre du lobby. Nous avons compris que l'appartement était situé au dernier étage.
> 4) Le même jour à 17 h 40, en présence du caporal André George (3743), nous avons observé un vm (véhicule moteur) Oldsmobile 1970, de couleur bleue, portant le numéro de plaque 2p-8899, immatriculé au nom de Pierre Laporte, stationné à l'extérieur du 1150, Sherbrooke Est, à Montréal. Le vm était conduit par un individu non identifié. M. Laporte en est descendu et a pénétré dans le 1150, Sherbrooke Est.
> 5) À 18 h, nous avons observé Jean-Jacques Côté pénétrer dans le 1150, Sherbrooke Est. Des photos du sujet ont été prises.
> 6) À 18 h 10, nous avons observé un vm Cadillac 1969, de couleur grise avec toit en vinyle noir, portant le numéro de plaque im-0731, immatriculé au nom de Nicola di Iorio. Ce dernier a

pénétré, accompagné par Frank D'Asti, dans le 1150, Sherbrooke Est. Des photos des sujets ont été prises.
7) À 18 h 50, nous avons observé Pierre Laporte quittant le 1150, Sherbrooke Est. Il était seul. Il est monté dans sa voiture et est parti.
8) À 19 h, nous avons cessé la surveillance.
9) N. B : Une ligne téléphonique a été installée le 14 avril 1970 à l'appartement # 1503. Il est prévu que la ligne sera coupée le 1er mai 1970. Le numéro est le 523-3774.

Côté alléguera que Laporte ne savait pas qui il allait rencontrer cet après-midi-là, et que « rien ne laissait prévoir, à l'époque, la notoriété » que finiraient par acquérir di Iorio et D'Asti. Côté affirma qu'il avait arrangé la rencontre parce que D'Asti et di Iorio disaient avoir eu vent d'un complot visant à fausser le résultat des élections. Des adversaires des libéraux prévoyaient utiliser une roulotte pour transporter des électeurs dans la banlieue sud de Montréal. Laporte était le chef de la campagne électorale des libéraux. Côté précisa qu'il avait organisé la rencontre du 16 avril parce que Laporte ne croyait pas en un tel complot. Après avoir entendu les allégations de di Iorio et D'Asti, Laporte aurait immédiatement quitté les lieux, en demandant aux propriétaires de boîtes de nuit de « tenir M. Côté au courant de tout développement dans cette affaire ».

Pierre Laporte ne devait pas avoir été si choqué par ce qu'il avait entendu dans l'appartement. Homme brillant, distingué, bon père de famille, Laporte n'était pas, en 1970, un nouveau venu de la politique. Il avait déjà 20 ans d'expérience dans l'arène en qualité de critique et de participant. Diplômé de droit de l'université de Montréal en 1950, Laporte avait travaillé pour le quotidien *Le Devoir*, qui ne se gênait pas pour critiquer le patronage et les retours d'ascenseur de l'Union nationale. Il publia des commentaires virulents sur le gouvernement de Maurice Duplessis, tout en rédigeant incognito du matériel de campagne pour des membres de son cabinet. Il écrivit notamment un article contenant des allégations de corruption dans un projet hydroélectrique provincial. Le Premier ministre riposta en traitant Laporte de « sans cœur », de « porc », de « serpent » et de « pervers », et ses écrits « des plus bas instincts de la presse à sensation et des sentiments les plus vils ». Après de nouvelles révélations, concernant cette fois un délit d'initié dans la privatisation d'une compagnie de gaz, propriété du gouvernement, Duplessis annula toute conférence de presse pendant un mois et demi. Il refusait de répondre à un homme collaborant, disait-il, à un « journal bolchevique ».

Les velléités de redresseur de torts de Laporte ne l'empêchèrent pas de se rapprocher du pouvoir. En 1961, aux termes d'une campagne difficile et d'un vote serré, il remporta un siège à la législature en tant que candidat libéral dans Chambly. Son rival de l'Union nationale fit clairement remarquer que Laporte, qui avait été critique des affaires gouvernementales pour *Le Devoir*, avait été impliqué dans la location de matériel lourd au gouvernement. Une caricature de l'époque souligne l'entrée à la législature du candidat par des traces de bulldozer, avec la légende : « Arrivée de Pierre Laporte au parlement de Québec ». Malgré cela, un an après sa victoire, Laporte était pressenti comme candidat possible au poste de Premier ministre. Il gagna en notoriété lorsqu'il déclara que le citoyen ordinaire ne devait pas faire les frais de la récession : « À défaut de quoi les masses, comme en France en 1789 et en Allemagne en 1933, pouvaient être poussées à des excès totalement inadmissibles, résultat de nos fautes et de nos omissions. »

L'opposition finit par le surnommer « Monsieur Dix pour cent », affirmant qu'il bénéficiait systématiquement de retours d'ascenseur. Daniel Johnson, ancien Premier ministre, chef de l'Union nationale, le traita de « patroneux des patroneux », c'est-à-dire de champion toute catégorie du copinage politique.

En 1970, Laporte parvint à s'attirer la colère du mouvement séparatiste, alors passablement anonyme et, par conséquent, incontrôlable. Devenu l'adversaire déclaré de l'indépendance, Laporte craignait ses adversaires au point de placer sa résidence sous surveillance policière.

Cet automne-là, les Canadiens furent brusquement jetés en bas du nid de la tranquillité politique. Le 5 octobre 1970, une cellule du Front de libération du Québec enleva James Cross, délégué commercial britannique en poste au Canada, à sa résidence de Redpath Crescent, à Montréal. La cellule exigea la publication et la radiodiffusion de ce qu'elle appelait son manifeste. Le sixième paragraphe en était particulièrement embarrassant pour le milieu de Vic Cotroni :

> Nous avons cru un moment qu'il valait la peine de canaliser nos énergies, nos impatiences comme le dit si bien René Lévesque, dans le Parti québécois, mais la victoire libérale montre bien que ce qu'on appelle démocratie au Québec n'est en fait et depuis toujours que la « democracy » des riches. La victoire du Parti libéral en ce sens n'est en fait que la victoire des faiseurs d'élections Simard-Cotroni. En conséquence, le parlementarisme britannique, c'est bien fini, et le Front de libération du Québec ne se laissera jamais distraire par les miettes électorales que les capitalistes anglo-saxons lancent dans la basse-cour québécoise à tous les quatre ans.

Le Cotroni dont il est ici question est manifestement Vic, qui a la réputation de participer à des manœuvres électorales frauduleuses depuis bientôt cinq décennies. « Simard » fait référence à la famille de riches armateurs de Sorel, la belle-famille de Robert Bourassa. Pierre Laporte décrivit le rapt comme un « vent de folie soufflant momentanément sur le Canada ». Il ignorait que cinq jours plus tard le vent soufflerait dans sa direction.

Il était environ six heures, le samedi 10 octobre 1970. Le ministre Laporte avait prévu dîner avec Françoise, son épouse, et leur fils Jean. Après vingt ans de mariage, il éprouvait toujours la même passion pour Françoise. « Pierre était le genre de gars qui allait à la pêche avec sa femme », dirait de lui un ami proche. « S'il devait voyager, il se demandait toujours comment emmener sa femme. Les soirées entre gars, ce n'était pas son genre. Il présentait toujours Françoise avec des yeux comme ça – comme un jeune homme présente sa copine à sa famille. » À la télévision, Laporte venait juste d'entendre le ministre de la Justice, Jérôme Choquette, s'adresser en ces termes aux ravisseurs : « Aucune société ne peut accepter que les décisions de ses gouvernements, ou de ses cours de justice, puissent être renversées par le chantage, à défaut de quoi ce serait la fin de tout ordre social. »

En attendant le souper, le ministre était allé jouer à la balle dans le parc, en face de chez lui, avec son neveu de 18 ans, Claude, et un copain. Tandis qu'il ramassait la balle dans la rue, une Chevrolet Biscayne bleue stoppa abruptement à ses côtés. Relevant la tête, Laporte vit dans un éclair un cagoulard armé d'une mitraillette lui intimer de monter, tandis qu'un autre, également masqué, le poussait sans ménagement à l'intérieur. Le véhicule démarra sur les chapeaux de roue. Les ravisseurs portaient perruques, moustaches et fard outrancier. Un des hommes, Francis Simard, déclarerait que le destin tragique de Laporte s'était accompli car son numéro était inscrit dans le bottin téléphonique, et parce qu'il entretenait des liens douteux avec le monde de Cotroni : « Je ne sais pas comment, ni qui a pensé à Pierre Laporte. [...] Il devait demeurer tout près. Nous cherchons dans le bottin de téléphone. Un Pierre Laporte habite Saint-Lambert. [...] Nous téléphonons et c'est sa femme qui a répondu. Je ne sais plus trop ce que nous lui avons dit. Pierre Laporte était bien chez lui mais ne pouvait nous parler. [...] C'est à peine croyable [...] Trop facile. Dans le contexte du moment, qu'un ministre soit tranquillement chez lui, ça nous dépassait. »

Le vendredi 16 octobre fut la pire journée de la dernière semaine de Pierre Laporte. On lui avait bandé les yeux avec du ruban adhésif, puis on l'avait menotté et enchaîné par les pieds à un lit. Soudain, Laporte crut entendre une sirène de police, signe que tout n'était pas perdu. Comme ses gardiens étaient à l'extérieur de la chambre, il tenta le tout pour le tout. Se relevant d'un bond, il se jeta la tête la première par la fenêtre. À mi-chemin de sa course, il sentit la chaîne lui enserrer brutalement les chevilles, et il retomba lourdement sur le cadre aux éclats de verre coupants comme des rasoirs. Le sang giclait du muscle et de l'artère principale de son poignet gauche, de son pouce et de sa poitrine profondément entaillés. Attirés par le bruit, ses ravisseurs le tirèrent sauvagement à l'intérieur, tandis que la voiture de police poursuivait sa course sur la rue Armstrong pour enquêter sur un incendie mineur dans le quartier.

Une source proche des terroristes confierait à Robert McKensie et à Ronald Lebel du *Toronto Star* que les ravisseurs avaient l'intention de forcer Laporte à signer une « confession » détaillée, une sorte de *Who's Who* de la corruption institutionnalisée. On abandonna le projet après l'échec de la tentative d'évasion du ministre. Laporte avait perdu beaucoup de sang, il était anéanti. Au début de sa captivité, il avait eu de brèves poussées d'euphorie, au cours desquelles il avait dit à ses ravisseurs : « Ça va marcher. Je le savais, ne vous en faites pas. Tout va aller très bien. » Maintenant, il était comme un zombie. « Il ne bougeait pas, se rappellerait Simard. Ne réagissait pas. Nous lui avons enlevé le bandeau qui lui obstruait la vue. Il ne nous regardait même pas. [...] Nous avions la sensation que Laporte était déjà mort. Il était comme quelqu'un à qui on a enlevé toute vie. Il avait l'air complètement « vidé ». Tu sentais que, pour lui, on l'avait déjà tué. »

Réunis au Reine-Élisabeth, Françoise et des proches de la famille étaient au désespoir. Vers 21 heures, ce soir-là, René Gagnon, l'assistant de Laporte, déclara avoir reçu la visite de Frank D'Asti : celui-ci affirmait « pouvoir aider à sauver Laporte ». Gagnon rapporta que l'homme avait dit « savoir où le trouver... savoir où il se trouve ». Ce à quoi Gagnon aurait répondu : « Faites pour le mieux. » Mais le monde des truands ne ressemblait en rien à celui des ravisseurs. Gagnon tenterait plus tard d'expliquer l'incident en admettant « avoir perdu foi dans les autorités ». « Nous nagions dans la confusion, précisera-t-il, j'ai décidé de réclamer l'aide de D'Asti et di Iorio. » Certains rapports de police faisaient référence à di Iorio comme au *Pimp* ou à *Bumboy* : il monta en grade dans l'Organisation grâce à ses contacts politiques.

La pègre se trouve souvent des affinités avec les politiciens. La Mafia s'est traditionnellement méfiée des réformes et des révolutions. Elle fait fortune avec l'hypocrisie et les failles du système, et n'a certainement pas l'intention d'en changer.

On dit que Paul Rose aurait plus tard avoué à la police que, le vendredi 16 octobre 1970, de retour au 5630 de la rue Armstrong, son frère Jacques et Simard l'avaient mis au courant de la tentative d'évasion de Laporte. Selon les policiers, Rose, dans ce qui constitue une déclaration non officielle, aurait dit : « Le samedi 17 octobre 1970, on a discuté des mesures de guerre ; du discours de Bourassa la nuit précédente. [...] Et aussi des détails de l'exécution de Laporte ; de la façon de compléter l'opération, c'est-à-dire, ce qu'on allait faire du corps. On était tous les trois présents, au 5630 Armstrong, lorsque Laporte a été exécuté. Deux d'entre nous le tenaient solidement, pendant que le troisième serrait la chaîne autour du cou. »

Le corps de Laporte fut couché dans le coffre arrière d'une Chevrolet verte, qu'on abandonna près de l'aéroport de Saint-Hubert. Gagnon apprit la nouvelle du décès de Laporte quelques instants après que D'Asti lui ait offert de trouver les ravisseurs.

Chapitre 9

Réputation

> *Mon client est peut-être un illettré, c'est néanmoins un homme de cœur.*
>
> L'avocat de Vic Cotroni

Vic Cotroni envisageait la publicité avec le même enthousiasme que la fraise du dentiste ou que les citations à comparaître : la joie ! Mais Frank, son plus jeune frère, vivant au rythme des rues de Montréal, avait un caractère différent. Non seulement parlait-il mieux le français que l'italien, mais il avait épousé une Québécoise dont la famille avait engendré son quota de criminels. Aussi, à l'hiver 1971, lorsqu'il eut des démêlés avec la justice, Frank, plutôt que de se faire discret, convoqua immédiatement les journalistes. Thème de la conférence : homme d'affaires canadien victime d'un coup monté.

Frank Cotroni tenait à s'assurer que sa propre version de l'histoire de son arrestation au Mexique serait rapportée. L'homme défendait farouchement sa réputation ; c'était son bien le plus précieux et il lui accordait infiniment plus de valeur qu'à n'importe quel bout de territoire sous son contrôle. Pour des raisons connues de lui seul, il estimait que les accusations relativement mineures portées contre lui constituaient un affront à sa dignité. Bien qu'il fût un criminel connu internationalement, il s'efforçait de forger de lui-même une image publique d'homme d'affaires respectable. Les agences de presse mexicaines l'avaient fait passer pour un voleur à la petite semaine ; il tenait à organiser cette conférence de presse inusitée.

Le fait que les Cotroni bâtissaient leur fortune sur le trafic de l'héroïne, la prostitution, la pornographie et l'extorsion ne signifie pas qu'ils ne se souciaient pas de leur réputation. Au contraire, dans l'esprit de Vic et de Frank Cotroni, la réputation de la famille était une affaire de vie ou de mort, un bien jalousement gardé, une valeur transférable susceptible d'être gagnée ou perdue.

Les Cotroni évoluaient dans un monde de voleurs et de meurtriers. Ils ne signaient aucun contrat et ne pouvaient recourir ni à la police ni aux tribunaux. Leur ami Carmine Galante était en prison, et Bonanno sévèrement contesté : ils devaient avoir le sentiment que rien n'était vraiment acquis. Aussi leur nom ne pouvait-il pas être souillé sans qu'ils réagissent.

Le 18 février 1971, Frank Cotroni pénétra dans la luxueuse suite du Holiday Inn du centre-ville de Montréal, vêtu d'un élégant complet noir sur une chemise de soie, avec cravate marine à fines rayures beiges. Son regard sombre pouvait paralyser un homme à 20 pas, tandis que sa mise parfaite, cheveux noirs laqués et favoris finement taillés, donnait le change. La puissante main qu'il tendait aux reporters était fraîchement manucurée. On rassura la presse : l'emprisonnement au Mexique n'était qu'un grossier malentendu. Pour se concilier les analystes, les dévoués avocats de la famille leur servirent l'histoire avec canapés et cocktails gratuits.

« Il y a simplement eu erreur sur la personne », dit Cotroni pour expliquer ses 15 jours passés à l'ombre dans les geôles mexicaines. « Ce n'était pas un coup monté. » Il affirma que sa famille n'avait pas apprécié la montée en épingle de l'incident, et il n'avait, quant à lui, certainement pas l'intention de remettre les pieds dans un pays « où la justice n'existe pas ».

Certains reporters, policiers à leurs heures, durent bien rigoler lorsqu'un journaliste ouvrit la période des questions de la manière suivante : « Ainsi donc, Monsieur le ministre… » Le réputé criminel sourit, pour bientôt éclater de rire. Il se lança ensuite dans un réquisitoire contre la désinvolture du gouvernement mexicain, qui l'avait détenu pour avoir supposément volé une Cadillac et acheté des bijoux avec une carte de crédit volée. Son avocat, Sydney Leithman, présenta des documents officiels aux journalistes, attestant que son client avait été relâché sans que ne soit portée aucune accusation. Il s'agissait clairement d'une erreur sur la personne, car Cotroni ne se trouvait même pas à Acapulco au moment des achats. Ne souhaitant sans doute pas gâcher la fête, personne n'évoqua la rencontre, une année plus tôt, à Acapulco, entre le blanchisseur de génie, Meyer Lansky, et le frère de Frank, Vic, accompagné de son associé, Paolo Violi. Lansky, lui-même une légende de la pègre, ne déjeunait certes pas avec n'importe qui. Les observateurs croient que la rencontre avait pour objet l'implantation possible de casinos au Québec.

La présence de Frank au Mexique en 1971 montrait qu'il était monté en grade depuis l'époque où, pour son frère, il s'acquittait de tâches plus terre à terre, à mains nues ou armées. Dans la torpeur éthylique ambiante, personne ne fit remarquer que les barons de la drogue font alterner le trafic entre Montréal et Acapulco pour brouiller les pistes. Un homme d'affaires, quel que soit le domaine, s'adapte aux circonstances ; et la filière française de Carmine Galante s'effilochait dangereusement. Quant aux « graves » accusations à l'effet que Cotroni avait volé une Cadillac, on expliqua à la presse que le véhicule avait été emprunté à un ami, qui l'avait lui-même emprunté à un prospère vendeur d'encyclopédies de Laval. Y avait-il des sceptiques dans la salle ? Le replet petit bonhomme, spécialiste du savoir, était là pour confirmer que Frank pouvait tout à fait lui emprunter sa Cadillac toute neuve. Il ne le connaissait que depuis un mois, mais avait « déjà entendu parler de lui ».

Le spectacle d'un trafiquant international de drogue se disculpant en conférence de presse d'accusations parfaitement insignifiantes était trop pour un policier présent dans la salle. « C'est incroyable ! murmura-t-il. C'est le monde à l'envers. »

Quant au trafiquant de drogue mexicain, Giuseppe (Pino) Catania, et son associé, Tommaso Buscetta, personne ne recueillit leurs impressions sur cette foire médiatique. On peut toutefois deviner ce que Catania en pensait : il suspendit momentanément toutes les opérations en cours avec la famille Cotroni.

À l'été 1971, l'acquittement de Frank Cotroni dans une affaire de vol de banque raté laisse également songeur. La police avait découvert une galerie de 16 mètres reliant le sous-sol d'un duplex à la chambre forte d'une banque située sur le boulevard

Décarie, à Montréal. On avait percé le mur de la banque à plusieurs endroits et neutralisé le système d'alarme au moyen de passerelles électroniques sophistiquées. Le procès avait débuté de façon humiliante pour Frank Cotroni, qui devait se déplacer les pieds enchaînés, soutenu par des policiers. Les photos firent le tour du pays. De plus, le juge Gérard Lagnière transporta la cour sur les lieux du crime, pénétrant lui-même dans la galerie en compagnie de l'accusé et de la presse.

La caution de Cotroni fut fixée à 100 000 $. Un inconnu, escorté d'un compagnon solidement bâti, se présenta en cour muni d'une large enveloppe contenant la somme exigée en coupures de 1 000 $, plus 491 billets de 100 $. Cette situation auparavant embarrassante pour Cotroni se transforma en une démonstration de force : cinq soldats acceptèrent la responsabilité du méfait, rendant caduque toute poursuite contre le chef. Quand ils perdirent tout espoir d'empocher les millions de dollars convoités, les hommes de main refusèrent de pointer du doigt Frank Cotroni, son beau-père et ses deux beaux-frères. Ils en retirèrent un certain prestige, et Cotroni la liberté.

En 1972, Cotroni était de retour devant les tribunaux pour répondre, cette fois, à des accusations d'extorsion. Dionysos Chionis, un restaurateur originaire d'Athènes, avait été placé sous protection policière 24 heures par jour, après s'être plaint que des fiers-à-bras usaient d'intimidation à son endroit. L'affaire ressemblait à une stratégie d'extorsion classique. Les nouveaux immigrants, peu familiers avec la loi des douanes, sinon méfiants face à la police, sont particulièrement sujets au racket de protection. Chionis témoigna que trois hommes, dont un affirmait « travailler pour Frank Cotroni », avaient exigé 250 $ par semaine pour le laisser en paix. Chionis marchanda d'abord l'affaire à 150 $. « Ils ont dit qu'ils briseraient tout, qu'ils démoliraient le restaurant, dit Chionis. J'ai promis de faire le premier paiement le lundi suivant. Ils ont ajouté qu'ils étaient des tueurs, qu'ils me couperaient la tête si je ne payais pas. » Au troisième paiement, les bandits exigèrent de lui la moitié de son commerce. C'était trop. Chionis s'en fut trouver Cotroni, qui lui déclara n'y être pour rien et n'avoir « jamais envoyé ces hommes pour [le] voir ».

Dans sa jeunesse, ici vers l'âge de 35 ans, Vincent Cotroni était un champion de la lutte, un sport qui a passionné tout le Québec durant des décennies.

Vincent Cotroni avait choisi Paolo Violi comme bras droit.

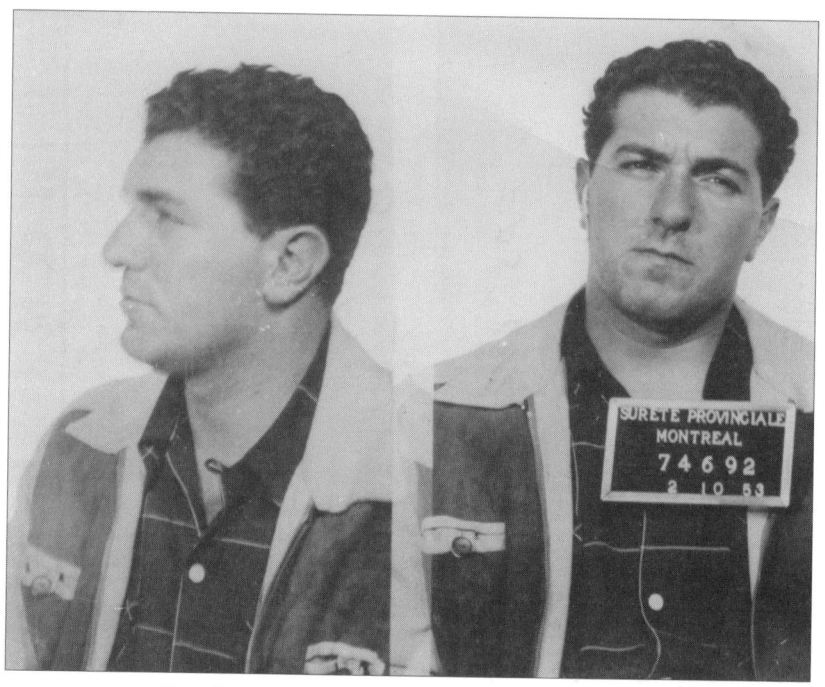

Frank Cotroni avait commencé très jeune
une carrière criminelle bien remplie.

Frank Cotroni et plusieurs amis, en des moments très heureux.

Meyer Lansky et des amis en 1932. Photo prise par la police de Chicago. Lucky Luciano est le troisième à partir de la gauche, et Meyer Lansky le quatrième à partir de la gauche.

Meyer Lansky à la fin des années 1930. Associé de haut calibre de Vic Cotroni et architecte de la pègre moderne.

Johnny (Pops) Papalia en 1974.

Johnny (Pops) quitte le café de Paolo Violi à Montréal, au milieu des années 1970. Au centre de la photographie, on reconnaît Dominic, frère de Papalia, et, à droite, le frère de Violi, Rocco.
(Collection Michel Auger).

Fiche signalétique canadienne de Joe Bonanno, en 1964.

Paolo Violi arrêté pour meurtre en mai 1955. Article du journal *Corriere* relatant la mort de Natale Brigante. Violo se cache la tête avec un sac pour éviter d'être reconnu.

Réal Simard, Frank Majean et Johnny (Pops) Papalia,
dans une cabine téléphonique à Hamilton,
en train d'appeler à la maison de Frank Cotroni
pour vérifier si Simard fait véritablement partie de l'Organisation.

Photographie signalétique de Réal Simard.

Tommaso Buscetta, informateur de la pègre. Il s'est enfui au Canada après les opérations anti-Mafia en Italie au milieu des années 1960.

Carmine Galante en 1956, après avoir été expulsé aux États-Unis depuis Montréal.

Photographie de surveillance d'Alfonso Caruana, brasseur de fonds international de la Mafia.

La deuxième journée d'audience, le témoignage de Chionis se fit plus erratique, voire contradictoire. Le plaignant fumait cigarette sur cigarette, arpentant la pièce pendant les pauses, observant le comportement caractéristique des témoins dans les procès contre la Mafia en Amérique du Nord ou en Italie. Le juge Bélanger menaça Chionis de sanctions si son témoignage ne s'améliorait pas sur-le-champ. Enfin, le restaurateur refusa l'offre du juge de témoigner à huis clos. Privé de son témoin principal, le procès se termina par un non-lieu. Cotroni se préparait à quitter la salle, lorsque le juge le félicita pour cette « double victoire, le même jour ». L'autre « victoire » était l'aboutissement, le jour même, après neuf années de délibération, de l'action en libelle intentée par son frère Vic contre le magazine *Maclean's*. Victoire à la Pyrrhus, l'aventure avait ouvert une fenêtre sur certains aspects de la vie du Parrain, avant de faire long feu. Pour Vic Cotroni, soucieux de discrétion et de respect, cela avait été une rare et flagrante erreur de calcul.

Si Vic Cotroni appréciait ses responsabilités de parrain, il détestait qu'on en fasse état dans les journaux. Aussi, lorsque *Maclean's* le qualifia de parrain dans un article, il intenta une poursuite de 1,25 million de dollars contre le magazine (un dollar pour chaque lecteur présumé avoir lu l'article). L'avocat de Cotroni était nul autre que Jean-Paul Sainte-Marie. Avec un zèle implacable, celui-ci avait poursuivi Giuseppe, le frère de Vic, pour trafic de drogue et vol de valeurs mobilières. Vic justifia ainsi le choix de son avocat : il était le seul à « savoir pertinemment [qu'il était] innocent ».

Sainte-Marie fit observer que Vic Cotroni n'avait aucun dossier criminel postérieur à 1938, année où, à 28 ans, il avait pris sa retraite de la lutte professionnelle pour s'engager dans le commerce des boîtes de nuit. « Cotroni, plaida-t-il, est un simple citoyen illettré qui a eu des démêlés avec la justice ; qui s'en est sorti, et contre qui, de 1938 à 1972, aucune accusation criminelle n'a put être démontrée. » Reconnaissant toutefois que Cotroni avait déjà possédé une maison de jeu sur la rue de Bullion, il plaida qu'il n'y avait aucune différence morale entre cette peccadille et le fait que la vénérable université McGill était propriétaire de bordels dans les années 1940. « Bien sûr, mon client, lorsqu'il était propriétaire de boîtes de nuit, laissait les gens danser le dimanche. Mais c'est là un détail, qui ne prouve sûrement pas qu'il soit le roi de la pègre. »

Sainte-Marie loua Vic Cotroni avec la même ardeur qu'il avait employée pour faire tomber son frère. Il assigna à comparaître trois membres éminents de la communauté italienne de Montréal, chacun affirmant tenir Cotroni en haute estime, et n'avoir jamais entendu dire qu'il pût avoir des liens avec la Mafia. On décrivit Cotroni comme un bienfaiteur, particulièrement sensible à la cause des enfants démunis. « Il est sollicité de toutes parts pour des causes philanthropiques », dit Alfredo Gagliardi, ancien membre du Comité exécutif de la Ville de Montréal. Le conseiller précisa que la réputation de Cotroni dans la communauté italienne était celle d'un « homme d'affaires honnête ». Il évoqua les funérailles de la mère du plaignant, en 1964 : « les plus importantes funérailles à Montréal depuis celles de [l'ancien maire] Camillien Houde », selon les médias. Il poursuivit : « Plusieurs personnalités du monde artistique, des affaires, de la politique et même du clergé étaient présentes. Mais le petit peuple, les Italiens, composaient encore la majorité des personnes présentes. »

Sainte-Marie soutint que son client, loin d'être un puissant chef de bande, était plutôt une innocente victime : « Si je comprends bien, déclara l'avocat, *Maclean's* a l'air de dire : "Un homme qui ne sait ni lire ni écrire, un immigré, un propriétaire de bar qui veut nous faire la leçon ? On va lui apprendre." »

Dans une finale éclatante et caustique, Sainte-Marie ridiculisa l'idée que des films comme *Le Parrain* puissent contenir une part de vérité. « Cela me rappelle un vieux film, lança-t-il, *King Kong*, qui n'a jamais prouvé que les gorilles étaient grands comme des gratte-ciel. Et Bela Lugosi n'a jamais démontré l'existence des vampires, pas plus que le film *Deux Femmes en or* ne prouve que les femmes au foyer, dans les banlieues montréalaises, couchent systématiquement avec le plombier et le technicien de Bell. »

Cependant, l'action en libelle de Cotroni se retourna contre lui. Il est en effet plus sage pour un mafioso de régler ses affaires hors cour. Au lieu de se rétracter, le magazine passa à l'offensive. L'avocat de *Maclean's*, A.J. Campbell, un homme d'expérience, commença par raconter la visite de Joe et Bill Bonanno à Montréal dans les années 1960. Puis un expert américain du crime organisé, Ralph Salerno, témoigna qu'en 1963, l'année où l'article avait été publié, Vic Cotroni était « actif dans le milieu du crime directement relié à la famille de Joe Bonanno de New York ». Salerno, un ancien chef du service de renseignements policiers de New York et conseiller en affaires criminelles auprès de deux présidents américains, déclara quant à lui que la réputation de Cotroni était demeurée la même depuis 1963, tandis que celle de Bonanno battait de l'aile.

Puis Cotroni laissa planer un doute sur son intégrité : il fit mine de ne pas se rappeler d'une conversation qu'il avait eue avec Joe Bonanno, depuis une cabine téléphonique située à l'angle de la rue Jean-Talon et du boulevard Pie-IX, à Montréal. Selon lui, il s'était limité à prendre des nouvelles du puissant personnage et de ses proches. La crédibilité du plaignant fut définitivement mise en doute lorsque Campbell l'interrogea sur ses rapports avec une certaine firme de camionnage. L'avocat fit d'abord dire à Cotroni qu'il n'avait jamais entendu parler de la Ace Trucking Co., une filiale de la Maislin Transport Inc. ; après quoi il révéla que la société avait payé Cotroni 15 900 $ en frais de représentation en 1960, 15 300 $ en 1961, et 15 900 $ en 1962.

La déposition du président de l'entreprise, Sam Maislin, donne l'impression que Cotroni avait été embauché parce qu'il fréquentait le bon salon de barbier et qu'il « connaissait des gens » :

> CAMPBELL : Donc, quelles étaient les responsabilités de Vic Cotroni alors qu'il travaillait à la Ace Trucking ?
> MAISLIN : D'abord, si je ne me trompe pas, nous avions demandé à M. Cotroni s'il pouvait agir comme représentant des ventes auprès de la communauté italienne.
> CAMPBELL : Comment en est-il venu à travailler pour vous ? Êtes-vous intervenu personnellement ?
> MAISLIN : Oui. J'avais rencontré M. Cotroni chez le barbier…
> CAMPBELL : Oui.
> MAISLIN : Il m'avait demandé s'il y avait des postes vacants dans la compagnie.
> CAMPBELL : Je vous suis.
> MAISLIN : Je ne m'occupe pas des ventes, normalement, mais j'ai dit : « Venez au bureau, on va voir ce qu'on peut faire. » Il est venu et on a regardé ce qu'il pouvait faire pour attirer la clientèle italienne.

CAMPBELL : Je vois. Avant de le rencontrer chez le barbier, connaissiez-vous M. Cotroni ?
MAISLIN : Non, Monsieur.
CAMPBELL : Vous étiez-vous renseigné sur le genre d'expérience qu'il avait ?
MAISLIN : Non, pas personnellement.
CAMPBELL : Non !? Vous lui avez simplement dit d'aller voir votre employé, c'est bien ça ?
MAISLIN : C'est-à-dire, avant qu'il puisse voir qui que ce soit, il devait tout de même postuler pour l'emploi.
CAMPBELL : Oui, mais lorsqu'il est venu pour le poste, vous a-t-il vu personnellement ?
MAISLIN : C'est M. Parago qui s'occupait de ça à l'époque, pas moi ; et après lui avoir parlé, ils ont décidé de le prendre.
CAMPBELL : Et quel genre d'expérience vous a-t-il dit avoir ?
MAISLIN : Juste qu'il « connaissait des gens ».

La cause jeta un éclairage inusité sur la vie de Vic Cotroni. Le public découvrit qu'un parrain de la Mafia, comme tout homme, préfère éviter que sa femme découvre qu'il la trompe. La cour apprit que Vic Cotroni avait désespérément tenté d'offrir 50 000 $ à un policier pour que le nom de sa maîtresse ne paraisse pas dans les rapports de police sur l'arrestation du fugitif américain, Joseph Asaro. Asaro savourait tranquillement des martinis avec son père, Vincenzo, en compagnie de Vic et Frank Cotroni. Cela se passait chez Ghislaine Turgeon, la maîtresse de longue date de Vic. Asaro n'était pas un criminel ordinaire. Il était en cavale depuis 13 ans, soit depuis que les audiences Kefauver sur le crime organisé l'avaient mis en déroute dans les années 1950. Son père, quant à lui, connaissait tout du crime organisé car il avait servi sous les ordres d'Al Capone. Asaro, le père, avait craint pour la vie de son fils, alors que celui-ci travaillait dans une des boîtes de nuit de Cotroni, sous le nom de Joe Amato.

Vic était prêt à verser 50 000 $ pour que la police affirme avoir arrêté Asaro ailleurs que dans la demeure de Turgeon. « L'argent, ce n'est pas un problème, avait-il insisté. Dis ton prix, tu vas être payé. Ma femme est à l'hôpital, elle est malade. Si elle entend parler de l'arrestation chez ma maîtresse, elle pourrait mourir. Tout le monde va dire que Vic Vincent [ancien nom de lutteur de Vic Cotroni] est un mouchard. Ma femme va le savoir. Les journaux vont en parler, ça va être un scandale. » Histoire éprouvante, qui faisait de nouveau les manchettes à cause de son propre entêtement.

Au tribunal, on discuta aussi du voyage de Cotroni à Acapulco en 1970. Moses Polakoff, brillant avocat new-yorkais, défenseur de célébrités telles Meyer Lansky et Lucky Luciano, témoigna que Cotroni et Lansky se trouvaient tous les deux au Mexique, à une soirée mondaine organisée par le restaurateur montréalais Léo Bercovitch. Cotroni répondit dans un souffle n'avoir jamais entendu parler du fameux Lansky, et encore moins l'avoir rencontré.

En terminant, Sainte-Marie déclara en ces termes que l'action intentée par son client n'était pas motivée par l'appât du gain : « Mon client est peut-être un illettré, c'est néanmoins un homme de cœur. S'il gagne, l'argent ira à des œuvres de charité. »

Le juge Saint-Germain reprocha au magazine d'avoir publié un article farci de rumeurs journalistiques et basé sur des ouï-dire de policiers et d'informateurs, plutôt que sur des renseignements de première main. « Vous devriez savoir, déclara le juge, que si les autorités ont jugé préférable de ne pas entreprendre de procédures criminelles, c'est qu'elles pensaient ne pas avoir suffisamment de preuves pour obtenir un verdict de culpabilité. »

Saint-Germain déclara également à la cour que la « réputation » de Vic Cotroni ne justifiait pas les 1,25 million de dollars réclamés en dommages. En revanche, il lui accorda une indemnité de deux dollars, plus les frais de cour, soit un dollar pour le libelle en langue anglaise et un autre dollar pour la traduction française. Vic Cotroni fut sans doute profondément humilié. Il ne semble pas qu'on lui ait demandé quelle œuvre de charité avait bénéficié des deux dollars.

Paradoxalement, au moment même où on dépeignait Vic Cotroni comme un des parrains de la Mafia, une partie de son pouvoir passait aux mains du jeune Paolo Violi. Or, le complice de longue date de Cotroni, Louis Greco, était mort. Un contenant de solvant avait pris feu, le 7 décembre 1972, dans sa pizzeria. Fidèle à ses habitudes, celui-ci lavait le sol avec le puissant solvant et il fut brûlé mortellement. Une mort accidentelle. Mais une rumeur était partie, il ne pouvait s'agir que d'un suicide, ou d'un meurtre. Pendant des années, Greco avait fait profiter Cotroni de ses puissants contacts de New York et de Boston. Quant à son héritage sicilien, il l'avait protégé de toute opposition sicilienne à Montréal.

Paolo Violi aurait volontiers bénéficié des liens que Greco avait avec les Siciliens de New York, mais il n'entretenait que des contacts de moindre envergure avec des truands de Philadelphie et de Cleveland. Or, les gangsters siciliens s'imaginent volontiers avoir plus d'expérience et de culture que leurs homologues des régions reculées de la Calabre. « [Violi] avait oublié d'où il venait », dirait un policier, spécialiste du crime organisé. « Il venait du fin fond de la Calabre et ils [les Siciliens] n'aiment vraiment pas que ces gens-là se prennent pour d'autres. »

Tandis que Violi montait dans l'organisation, une enquête publique sur le crime organisé menaçait de révéler au grand jour les opérations des familles. Sur la rue, un nouvel adversaire s'imposait, inquiétant: les gangs canadiens-français, plus violents encore que la Mafia. Les plus terribles étaient les frères Dubois: ils avaient fait leurs armes dans les clubs de Cotroni et n'avaient aucun respect pour la feuille de route de son présumé héritier. Ils le traitaient allégrement de « moins que rien » et se préparaient à joindre l'acte à la parole.

Chapitre 10

Paolo au front

> *Il aurait dû rentrer dans le club, clients pas clients, aligner tout le monde contre le mur et... ra-ta-ta-ta !*
>
> Paolo Violi expliquant comment régler le problème des motards.

Par une belle nuit d'été, le 22 juillet 1973, dans un petit bar du boulevard Saint-Michel à Montréal, l'orchestre venait d'attaquer *Les Portes du pénitencier* à l'intention de Richard Desormiers, un habitué de l'endroit. Beau-frère de Frank Cotroni, celui-ci était assis au bar et savourait un cognac. Il ne remarqua sûrement pas les deux hommes qui venaient d'entrer. Marchant d'un pas mesuré, ils portaient perruques et fausses moustaches. Leurs doigts étaient bandés de façon à ne laisser aucune empreinte. Ayant pris place au bar, ils se commandèrent un verre qu'ils vidèrent d'un trait. Puis l'un d'eux se leva, frôlant presque Desormiers. Un instant après, il lui avait asséné cinq balles de calibre 38. Le gérant eut à peine le temps de réagir, il se retrouva fauché par le 32 de l'autre homme. C'était la troisième fois que les tueurs essayaient d'avoir Desormiers. Cette fois, ils venaient de réussir.

L'ombre de Claude Dubois se profilait incontestablement derrière le crime. Assez bel homme, ex-chanteur de club déchu au sourire électrique et sans conscience apparente, Dubois avait été initié au racket de protection, avec ses huit frères, dans les boîtes de nuit de Cotroni. Désormais à leur compte, les Dubois poussaient l'art de l'extorsion plus loin que les Cotroni ne l'avaient fait avant eux. Employeurs et employés devaient payer leur droit d'opérer. La moindre faiblesse se traduisait par des os brisés et des bains de sang. Les frères Dubois se vantaient de n'avoir peur de personne, pas même de la famille Cotroni. Desormiers avait réussi à faire sortir Dubois de ses gonds en menaçant un de ses hommes dans son propre club. Donald Lavoie, un des tueurs à gages, se rappellerait que Dubois avait averti Frank Cotroni : « Desormiers ferait mieux de cesser de faire le cave, sinon quelqu'un allait le remettre à sa place. » Claude Dubois établissait ainsi qu'il ne tolérait aucun problème de la part de qui que ce soit, pas même du frère de Pauline, l'épouse de Frank Cotroni.

Les Dubois n'étaient pas les seuls Québécois à afficher un tel manque de respect envers les Cotroni. Le 10 juillet 1973, deux semaines avant le meurtre de Desormiers, deux soldats de la famille avaient été abattus. Ils avaient vendu de l'héroïne de mauvaise qualité à Angelo Facchino, un intermédiaire agissant pour le compte de motards criminalisés. Les meurtres de Mario Ciambrone et de Salvatore Sergi avaient suscité une rencontre au sommet entre Violi et Vic Cotroni. Il s'agissait, comme le disait Violi, d'« essayer de voir ce qu'on doit faire avec ces maudits Canadiens français ».

« Les *Frenchies* ont pris la came et les ont tués », résuma Cotroni. « Il faut savoir ce qu'ils veulent. [...] Ils nous ont pris deux *picciotti* et ils se préparent à en prendre d'autres. » Violi était d'accord. La situation était grave. « Ils ont tiré des *picciotti*, dit-il, des Italiens, ce n'est bon pour personne. »

Trois semaines plus tard, les *mafiosi* ne s'étaient toujours pas entendus sur leur plan. Le 31 juillet 1973, Violi eut une discussion avec Frank Cotroni, dont le gang évoluait dans le milieu canadien-français. Frank savait qui avait fait le coup. Il déclara qu'ils étaient « fous, complètement fous... » Ils avaient « déjà tué quelque chose comme une dizaine de gars ». On décida que Frank s'occuperait des motards. Violi préférait travailler avec les immigrés de Saint-Léonard : il s'occuperait de Facchino. « Je vais le soigner, l'Angelo. Je sais où le trouver. Son beau-frère, l'horloger, travaille à côté. »

Facchino circulait en voiture près du square Saint-Louis, quand il fut abattu par deux hommes. C'était le 2 septembre. Tony Vanelli et Moreno Gallo, des habitués du café de Paolo

Violi, furent arrêtés et mis au frais en attendant de comparaître. Dans leur cellule, ils reçurent de la main d'un gardien compréhensif un message leur enjoignant de plaider coupable. Un procès élaboré attirerait l'attention sur les opérations de la famille, et ce n'était pas le moment. Le fait qu'ils aient accepté de plaider coupable donne une idée de l'ascendant de Violi sur ses hommes. En effet, en récompense de leur touchante fidélité, Vanelli et Gallo écopèrent respectivement de quatre ans de réclusion et d'une sentence à vie. Reconnaissant, leur supérieur fit en sorte que ses soldats ne manquent de rien au centre Parthenais de Montréal. Bon an mal an, cognac et haschich de première qualité parviendraient aux malheureux détenus par les voies habituelles.

Frank Cotroni n'avait pas donné suite à son engagement de s'occuper des motards. Mais la guerre était sans doute terminée, car le double meurtre Ciambrone-Sergi avait été vengé. Puis, le 14 septembre, un troisième *picciotto*, Tony di Genova, fut exécuté. Les troupes de Cotroni écumaient, jurant qu'une mer de sang ne suffirait pas à laver l'outrage. Dans les mots d'un membre de la famille, cela aurait permis « de régler le cas des *Frenchies* une fois pour toutes ».

La famille arrangea une rencontre au sommet à l'hôtel Windsor. Vic Cotroni, Violi et le lieutenant Joe DiMaulo en étaient. Violi s'imposa comme « le chef, le parrain ou *padrone* », se souviendrait un mafioso présent. Vic Cotroni, pour sa part, agissait à titre de conseiller ou de président du conseil. Contre toute attente, on décida que la guerre avait assez duré et qu'on allait s'occuper des affaires courantes. On interdit aux troupes toute mesure de représailles. « Ils ont donné l'ordre de ne pas y aller avec le massacre. Les jeunes soldats, qui avaient soif de sang, n'étaient pas contents », se rappellerait un membre de la famille. « Même s'ils trouvaient que ça manquait de couilles, ils ont quand même obéi. »

Violi avait deux ou trois trucs sur le cœur. Di Genova n'aurait jamais été tué si Frank avait été plus efficace. Le Gros avait mis trop de temps à élaborer l'attaque parfaite, celle qui aurait épargné tout mafioso. Même Facchino, le renégat, aurait pu s'en sortir si Frank avait été plus direct. Ainsi en allait-il de la leçon de Violi à des subordonnés dans son café-école de la rue Jean-Talon : « J'ai dit à Frankie de me laisser l'Italien [Facchino], puis de s'occuper des Canadiens français. S'il l'avait fait, l'Italien

aurait compris. Il se serait amené, puis on aurait pu s'entendre. »
L'idée, *a posteriori*, d'épargner Facchino ne doit pas être taxée
de pacifisme, loin de là. La police a enregistré Violi en train d'expliquer à ses soldats comment il aurait fait le boulot de Cotroni :
« Il [Frank Cotroni] aurait dû rentrer dans le club [des motards],
clients pas clients, aligner tout le monde au mur et… ra-ta-ta-ta ! »

Un autre péril avait déjà menacé les Cotroni, cette fois de l'intérieur de la famille : Nick Rizzuto, un solide gaillard originaire
du minuscule village de Cattolica Eraclea, en Sicile. Rizzuto
honorait la tradition voulant que les hommes se saluent en se faisant la bise, que l'on pousse les fils à épouser des femmes de la
race, et qu'on méprise ces imbéciles de Calabrais qui, comme Vic
Cotroni et Paolo Violi, étaient tout juste bons à faire de la merde,
certainement pas à prendre des décisions. Rizzuto exprimait ses
convictions en brillant par son absence aux réunions de famille.
Cotroni et Violi, dont les valeurs étaient mises à mal par ces agissements, rongeaient leur frein. Ils avaient surtout l'impression
d'être floués par Rizzuto qui devait faire d'immenses profits avec
l'héroïne.

Rizzuto était probablement le plus puissant Sicilien actif sur
la scène montréalaise. Le sachant, Cotroni et Violi tentèrent
d'apaiser les tensions entre Siciliens et Calabrais. En décembre
1971, ils invitèrent deux douzaines de truands à un mini-concile
dans une demeure de L'Épiphanie, au nord de Montréal. Paolo
Violi et ses frères, Rocco et Francesco, présidaient la rencontre.
Parmi les Siciliens présents, il y avait Giuseppe Cuffaro, un blanchisseur de la famille Caruana ; Leonardo Caruana, membre de la
Commission d'Agrigente, et Pietro Sciarra, un important mafioso
sicilien vivant à Montréal. Curieusement, Vic Cotroni n'assista
pas à la rencontre, ce qui a toujours intrigué les experts de la
police. « Il était parti pour y aller », commente un spécialiste de
la Mafia, « et il ne s'est jamais rendu. On s'est toujours demandé… »

Toujours est-il qu'en marge du sommet, les tensions s'envenimèrent. Le 15 septembre 1972, les mouchards de la police enregistrèrent Vic Cotroni. Ce dernier déclarait que Rizzuto devait
être banni de la famille : « Moi, je suis *capo decina* (chef de la
decina montréalaise du groupe Bonanno), j'ai le droit d'expul-

ser. » Ce mois-là, des conciliateurs de la famille Bonanno s'amenèrent depuis la côte est dans l'espoir de résoudre l'affaire (Rizzuto). De toute évidence, les décisions majeures concernant Montréal étaient encore prises sur la côte est américaine. Nicky Alfano et Nicola Buttofuoco, officiellement cordonniers en visite chez des amis, agissaient comme médiateurs. Après discussion avec un des Américains, Violi résume ainsi la question concernant Rizzuto : « Je lui ai dit qu'il passe d'une affaire à l'autre, ici, et puis là, et qu'on ne sait jamais ce qui se passe. Il fait des choses et personne ne sait rien. »

La tension monta encore d'un cran, frôlant l'hostilité déclarée. Vic Cotroni et Paolo Violi envisagèrent de « se débarrasser » de Rizzuto, de le « faire disparaître ». Un nouvel ambassadeur fut dépêché à Montréal en la personne de Giuseppe Settecasi. Son expérience mafieuse était impressionnante : déjà, en 1936, son nom apparaissait dans les dossiers sur la Mafia des magistrats d'Agrigente. Ce ne fut pas encore suffisant. D'autres rencontres eurent lieu, en parallèle, à New York, visant toujours à régler l'affaire Violi-Rizzuto. À un moment donné, deux prétendus conciliateurs en visite au café de Violi, rue Jean-Talon, en ont profité pour évoquer le bon vieux temps et discuter des derniers crimes. Les inspecteurs affectés à la surveillance électronique n'en croyaient pas leurs oreilles. Comme le dit Mario Latraverse, l'ancien chef de la section antigang de la police de Montréal : « Ils nous ont sorti tous les meurtres qui avaient eu lieu à New York. Ils expliquaient tout. Tout. Ce qui était arrivé à untel, et à un autre. Pourquoi ça leur était arrivé. Ils nous ont fait un portrait détaillé du crime organisé à New York. Alors, on a appelé les autorités américaines, elles étaient estomaquées. […] Ils [les deux conciliateurs] étaient venus étudier la requête de Violi d'éliminer Rizzuto. La conversation faisait la preuve […] que la bande de Montréal était une sous-famille des Bonanno. […] On a aussi pu entendre que de l'argent quittait régulièrement Montréal […] tous les lundis, en fait, pour New York. »

Violi ne pouvait pas éliminer Rizzuto sans permission et New York s'opposa. Toutefois, assigné à comparaître devant une commission d'enquête sur le crime organisé, le Sicilien Rizzuto quitta en douce Montréal pour le Venezuela, nouvelle terre d'accueil de nombreux trafiquants corses de l'ancienne « filière française ». Le trafiquant Rizzuto y serait vu en compagnie d'un garde du corps de Paul Volpe de Toronto, et d'un important caïd de Vancouver. Celui-ci obtiendrait éventuellement sa citoyenneté vénézuélienne, à l'instar de deux autres Canadiens d'origine sicilienne recherchés par la police, Pasquale et Gaspare Cuntrera. Toute extradition du trio pour faire face à la justice à l'extérieur du Venezuela deviendrait quasiment impossible. À Caracas, Rizzuto avait des intérêts dans l'industrie de la construction et gérait une boîte de nuit appelée *Il Padrone*.

Personne ne peut affirmer que la Mafia ait imposé la démocratie à qui que ce soit. Or, le pouvoir au sein des familles s'obtenait aussi par voie de scrutin, sans effusion de sang. C'est ainsi que Paolo Violi se rendit à New York au congrès à la chefferie de la famille Bonanno. Natale Evole (Joe Diamond), le chef intérimaire de la famille, venait d'être emporté par un cancer. Bonanno père, expulsé du Volcan pour un complot contre trois membres de la Cosa Nostra, opérait dans l'ombre depuis l'Arizona. Bref, il fallait un successeur.

Violi pilota la délégation montréalaise jusqu'à l'hôtel Americana, dans Manhattan. Il y rencontra le candidat à la chefferie Philip Rastelli (Rusty), et son aspirant-sous-chef, Nick Marangello (Nicky les Lunettes). Pour obtenir leur appui, les candidats courtisèrent les Montréalais, notamment au *Jockey Bar*. Ils promirent aux Canadiens un contingent de soldats pour remplacer les effectifs emprisonnés ou morts au champ d'honneur. Violi semblait particulièrement apprécier que Rastelli ait vécu à Montréal dans les années 1960.

En apprenant que l'écurie Rastelli-Marangello était rentrée, Violi explosa de joie. Un enregistrement officiel le présente jubilant de la sorte : « Mike (nom de code de Rastelli à Montréal) connaît Montréal. Il a plein d'amis ici. » Pourtant, un détail gâtait la sauce : il avait été filé du début à la fin de son voyage, depuis l'aéroport de Dorval jusqu'à son retour à la maison. À un certain moment, à l'hôtel Americana, il n'avait pu s'empêcher de faire marcher son ombre en allant de-ci de-là dans le lobby de l'hôtel. « Ils avaient pris une chambre au bout du couloir pour voir qui allait s'amener. Dans le lobby [de l'Americana], je regarde autour de moi. Qu'est-ce que je vois ? Deux bœufs, dont un qui prend ma photo ! Tu sais comment j'aime ça. »

Interrogé par la police au sujet de son voyage, Violi déclara être allé à New York pour acheter de l'équipement pour sa *gelateria* (salon de dégustation de glaces, n.d.t.). Il ajouta que Joe DiMaulo y était allé, lui, pour obtenir une franchise de pizzeria. Plus direct, DiMaulo ne se montrait pas exagérément coopératif. Il affirma n'avoir aucune intention de parler du voyage, même devant un café, par souci légitime pour sa carrière : « Je devrais porter un gilet pare-balles, ils me tueraient. »

Paolo Violi avait 20 ans lorsqu'il débarqua au Canada. Toute sa vie, il préférerait le vallonné de sa Calabre natale au fer et au ciment du centre-ville de Manhattan. Cela dit, l'importance de la métropole américaine et celle de ne pas spolier les puissants contacts de Cotroni ne lui échappaient pas. New York avait nourri ses associés, et fait de la famille Cotroni un puissant allié ; elle pouvait également choisir d'en favoriser un autre : Nick Rizzuto, par exemple. Tout bien considéré, au début des années 1970, il semble que Paolo Violi était prêt à prendre ce risque lorsqu'il se tourna vers l'Italie, là où devait se dérouler le rapt de la décennie.

La Calabre se trouvait alors en pleine recrudescence de rapts et d'assassinats. Curieusement, on en rejetait en partie le blâme sur les politiques gouvernementales de redressement économique des régions du sud, par le biais du développement industriel. Les entrepreneurs de la Mafia investissaient les rançons obtenues dans leurs sociétés, luttant âprement pour le monopole de l'industrie de la construction alors florissante. Il est tout à fait plausible, en 1973, qu'une opération de levée de fonds ait été à l'origine de la disparition, dans les rues de Rome, d'un jeune hippie de 17 ans, John Paul Getty III.

La victime était le petit-fils du magnat américain du pétrole, John Paul Getty. On avait d'abord cru à un canular, jusqu'à ce que la mère du jeune homme reçoive par la poste une oreille de son fils. « Nous ne souhaitons pas découper votre fils en morceaux, avaient écrit les ravisseurs, nous ne sommes pas des sadiques. Mais que cette lettre soit la honte de votre famille, une des plus riches au monde. [...] Si la famille ne paie pas la rançon, tel que demandé, attendez-vous à recevoir d'autre parties [de votre fils]. » Les experts étaient d'autant plus horrifiés que les bandits avaient choisi la poste italienne, une des plus inefficaces de la planète. Il avait fallu 19 jours à l'oreille du malheureux pour franchir 240 kilomètres; on craignait que d'autres membres ne fussent en route, coincés dans le système, partageant l'infortune d'innombrables colis à l'arrêt.

Les clés mafieuses du rébus de cette disparition seraient Sera Mommolitti, un sous-chef de la famille des Piromallia, originaire des plaines de Gioia Tauro, et le Romain Domenico Barbino. Barbino était un cousin germain de Paolo Violi, et la famille criminelle à laquelle il appartenait représentait le côté sombre de la vie urbaine: une société consommatrice, avide et férocement individualiste. On n'y recrutait plus seulement dans la classe paysanne, mais chez les diplômés qui semblaient préférer le pistolet mitrailleur à la Lupara, le traditionnel fusil de chasse des mafiosi.

La nature de la participation de Violi au kidnapping de Getty demeure un mystère, mais tout porte à croire que le truand fut plus qu'un simple témoin du drame. Violi et Barbino avaient grandi ensemble à Sinopoli; la mère de Barbino et le père de Violi étaient parents. Quelques jours avant l'enlèvement, les deux hommes s'étaient rencontrés dans un appartement de la banlieue de Rome, et un appel avait été logé depuis cet appartement chez le père de Violi, Domenico, à Parma, Ohio.

Le calvaire du jeune Getty dura cinq mois, jusqu'à ce qu'il fût libéré sur une route, près de Naples. Son grand-père avait accepté de payer la rançon d'un milliard de lires. On ne retrouva d'une partie infime de la somme, le reste ayant probablement servi à acheter des camions pour la construction du port industriel des plaines de Gioia Tauro. Quelle part de ce montant parvint à Montréal dans les coffres de la famille Cotroni? On ne le saura probablement jamais.

Chapitre 11

Cocaïne Blues

> *Je ne suis pas un saint, mais je vous jure que je ne suis pas un salaud non plus.*
>
> Frank Cotroni

Rien n'indique que Frank Cotroni ait manifesté une quelconque jalousie à l'endroit de Paolo Violi du fait de son ascension rapide dans l'organisation. Les tiraillements inhérents à sa situation l'empêchaient peut-être d'envisager de plus grandes responsabilités. La filière française avait été démantelée et les liens avec les Bonanno fragilisés par la situation dans le Volcan. Frank Cotroni travaillait à mettre sur pied une affaire avec l'Amérique du Sud et il connaissait les angoisses normales de celui qui démarre une entreprise dans une conjoncture difficile.

Il parvenait à retrouver son calme en s'offrant le nec plus ultra : la cuisine, notamment, de certains grands restaurants de Montréal. Sa préférence allait à ces temples païens grouillants d'adorateurs de la viande rouge, arrivistes à l'élégance virile, la Rolex bien en vue, expédiant les méga-deals en considérant d'un œil torve les splendides jeunes femmes chargées de les bichonner. Le 8 novembre 1974, au cours d'un dîner avec son frère Vic dans un endroit de ce genre, Frank Cotroni fut arrêté pour répondre à des accusations risquant de lui coûter extrêmement cher. On l'inculpait pour des délits relatifs au jeu, aux forfaits-casino, au prêt usuraire, à l'extorsion, à la contrefaçon, à la porno *soft-core* et aux stupéfiants. Il se trouvait de surcroît inculpé aux

États-Unis, avec son associé, Frank D'Asti, pour complot en vue d'importer neuf kilos de cocaïne d'une valeur de trois millions de dollars. Ils risquaient des peines de 40 ans d'emprisonnement. Ce n'était pas un mois chanceux pour D'Asti : trois semaines plus tôt, un tribunal du New Jersey l'avait condamné à 20 ans de prison pour trafic d'héroïne.

Cotroni faisait face à une demande d'extradition des États-Unis. Il retint alors les services du réputé criminaliste Moses Polakoff. Dans l'éventualité d'une condamnation, sa famille pourrait lui rendre plus facilement visite au Canada qu'aux États-Unis. Mais Cotroni perdit et fut transféré séance tenante au tribunal de Brooklyn. Le 7 janvier 1975, le substitut au procureur local, Thomas Puccio, déclara aux jurés que Cotroni et D'Asti étaient les « pièces maîtresses » d'un réseau international de trafic de drogue, que leur rôle était « de mettre acheteurs et vendeurs en relation ». Il les invita à considérer son entrée en matière comme « un squelette, que chaque témoin viendrait étoffer de ses révélations ». L'avocat de Cotroni, John Iannuzzi, reprenant l'image à son compte, prévint Puccio que sa preuve risquait d'être « un peu maigre ».

Le témoin-vedette du département d'État était Giuseppe (Pino) Catania, un chemisier faisant dans le trafic de drogue à grande échelle. En 1973, il avait été inculpé pour avoir organisé l'envoi de 300 kilos d'héroïne pure et de neuf kilos de cocaïne aux États-Unis et au Canada. Le quadragénaire, père de cinq enfants, qui avait déjà habité Toronto, débita sur un ton neutre les raisons pour lesquelles Frank Cotroni avait fait de si nombreux voyages au Mexique. Il mina toutefois sa crédibilité lorsqu'il affirma que le trafic d'un demi-milliard de dollars ne lui avait rien rapporté. « Tout ce que j'ai eu pour ça, c'est une vieille auto », se plaignit-il.

À Mexico, Catania possédait une boutique qui lui servait de couverture. Il aurait pu faire un plus mauvais choix, les trafiquants utilisant traditionnellement les termes « chemise » et « cravate » pour désigner la drogue. Le malfrat accepta de témoigner en collaboration avec les autorités américaines en échange d'une peine réduite à 10 ans. Il précisa qu'il vivait de façon « relativement confortable dans un lieu secret » en attendant son procès, à l'abri des représailles que l'on estimait possibles, voire probables. En prison au Mexique, il avait pu s'offrir la télévision en couleur, se faire installer de la moquette dans sa cellule et être servi. La source se tarissant, on l'avait placé sur un avion en partance, croyait-il, pour Palerme. Mais à la première escale, à Houston, la Drug Enforcement Agency lui avait mis la main au collet.

Catania affirma s'être entendu avec Cotroni sur un montant de 99 000 $ pour neuf kilos de cocaïne livrables à New York. Cependant, dans un hôtel de Mexico, le messager de Cotroni ne lui avait remis que 43 000 $. Puis il avait reçu 21 000 $ additionnels, mais jamais le plein montant. Cotroni jugeait la drogue de mauvaise qualité et difficile à écouler.

La preuve fut étayée de 17 enregistrements de l'opération Végas. Ceux-ci, faits au Victoria Sporting Club, dans un salon de barbier de la rue Sainte-Catherine Est, et à partir d'un téléphone public de l'hôtel Laurentien, avaient permis d'enquêter sur les liens de la famille avec certains politiciens de la rive sud de Montréal. On y appelait systématiquement Frank Cotroni, « le Gros ».

La preuve contre les accusés n'était toutefois pas toujours aussi accablante. Incapable de reconnaître Cotroni dans la salle, un témoin déclara : « Je sais seulement qu'il avait les bras poilus. » Présenté au témoin, Cotroni fut sommé de relever ses manches pour confirmer son identité.

Iannuzzi attaqua Catania sur la question de la moralité : « Cet homme se moque de nous. À aucun moment, il ne s'est demandé, au cours de son horrible carrière, combien de jeunes perdraient la tête, ou se retrouveraient au fond d'une ruelle à souffrir le martyre, aux prises avec des sueurs froides […]. Il sait seulement que si le tribunal le condamnait pour les crimes qu'il a commis, il passerait le reste de sa vie en prison. »

L'avocat de D'Asti réfuta l'interprétation de la police voulant que « chemises » et « cravates » soient des termes utilisés pour désigner la drogue. Cherchant un argument de poids, une image qui aurait permis de confondre Catania, il compara la preuve de la cour à « un ballot de retailles qu'on aurait demandé à Catania de coudre ensemble ».

Le plaidoyer finit par avoir raison d'un juré, qui s'endormit. À son réveil, il sortit de la salle avec ses 11 associés et délibéra pendant 10 heures. Frank Cotroni savait pertinemment qu'une longue peine de prison avait mentalement et physiquement brisé son frère Giuseppe. Condamné, il se retrouverait seul dans un monde où un homme a désespérément besoin de sa famille.

Cotroni jouait nerveusement avec le rebord de son pantalon. Il pâlit en entendant le verdict : D'Asti et lui-même, reconnus coupables, risquaient de passer le reste de leur vie en prison.

Cotroni protesta de son innocence, affirmant qu'il « n'avait rien à voir dans cette affaire ». Puis il s'ouvrit spontanément à la cour, donnant un rare aperçu de sa vie privé. Même ceux qui le connaissaient savaient qu'il disait vrai quand il évoqua son amour pour ses enfants. Il se décrivit comme un père attentionné, l'ultime valeur permettant de sauver un homme. Admettant que la nature de son travail faisait du tort à ses enfants, il dit : « Je ne suis pas un saint, mais je vous jure que je ne suis pas un salaud non plus. Je n'ai jamais participé à aucun trafic de drogue. Je suis un père qui aime sa famille et, si vous m'envoyez en prison, ma famille pourrait ne pas survivre. J'ai été marié 22 ans ; j'ai six enfants, dont trois sont encore jeunes. Les plus vieux, deux garçons et une fille, ont dû quitter l'école à cause de ma réputation. Mon aîné [Nicodemo] va bientôt se marier et j'aimerais être près de lui, comme un père, à son mariage. J'ai été en prison 17 mois déjà, et, dans mon cas, c'était dur comme une peine de cinq ou six ans. Je vous demanderais une seule chose : si vous m'envoyez en prison, faites que ce soit dans un établissement près de la frontière canadienne, pour que ma famille puisse me rendre visite. Enfin, j'aimerais ajouter que, si je n'ai pas témoigné, c'est que je ne voulais pas avoir de problèmes avec les gars de l'impôt. »

D'Asti laissa entendre que des personnalités en vue pourraient éventuellement tomber avec lui. Ce dernier devait pourtant se douter que ses contacts étaient périmés ; malgré un vigoureux lobby à Ottawa, la famille n'était pas parvenue à empêcher leur extradition.

Le juge Jacob Mishler déclara qu'il n'ajoutait pas foi à un rapport présentenciel décrivant Cotroni comme une personnalité notoire du crime organisé ; pas plus qu'à la quarantaine de lettres reçues d'entrepreneurs, de groupes religieux, et d'un journaliste québécois louant la nature charitable de Monsieur Cotroni. Il condamna chacun des hommes à 15 ans de pénitencier.

Tout compte fait, cela aurait pu être pire. Cotroni fut envoyé à Lewisburg, en Pennsylvanie, à seulement 600 kilomètres de sa famille. Ce n'était pas le pire endroit où se retrouver pour un homme dans la branche de Frank Cotroni. Lewisburg avait la réputation de fournir l'équivalent d'études postdoctorales à certains des plus grands criminels nord-américains.

Chapitre 12

Spécialité : l'argent

> *Je te le dis, c'est l'enfer!*
> Le blanchisseur attitré de la
> famille Cotroni, se plaignant
> de la surveillance policière.

Vic Cotroni aimait bien passer pour un pauvre vendeur de pepperoni sans éducation, et Paolo Violi laisser croire qu'il vivait modestement des recettes de son comptoir à expressos et à crème glacée. Mais cette supposée précarité de leur fortune ne survivrait pas longtemps à l'examen de l'empire financier d'un de leurs subordonnés. William (Willie Obie) Obront avait des relations dans toutes les couches de la société québécoise, en plus de liens financiers aux États-Unis et à l'étranger. Il dirigea plus de 38 sociétés, dont celle qui fit manger de la viande chevaline avariée au monde entier à l'Expo 67. Bien qu'il déclarât des revenus de 38 000 $ par année, il ne déposa pas moins de 83 millions de dollars dans ses comptes en banque pendant son association avec Vic Cotroni et Paolo Violi, se payant parfois le luxe de billets de football à 50 000 $ pièce.

Les années 1960 avaient été une ère de prospérité générale, dont Vic Cotroni bénéficia comme les autres. Obront, lui, lança une myriade d'entreprises, dont une blanchisserie... une vraie! Son travail consistait à cacher l'origine de certains fonds issus du jeu, du prêt usuraire, du trafic de la drogue et d'autres entreprises; de même qu'à faire fructifier cet argent pour générer encore plus de revenus.

Maître de l'intrigue, Willie Obie avait l'air aussi exotique qu'une carcasse de bœuf se balançant au bout d'un crochet dans une de ses chambres froides. Son histoire se confond-elle davantage avec celle de la viande froide ou avec celle du capital à risque ? Il avait en tout cas l'art de blanchir les sommes faramineuses arrachées à la rue par les Cotroni. Illusionniste de haut vol, il trompait la police, l'impôt, ses clients et ses fournisseurs sur la valeur réelle de son avoir. L'accès à un financement illimité et à la force de frappe des Cotroni lui permettait d'étrangler la compétition dans les domaines de la restauration, de l'investissement, de la blanchisserie, de la rénovation domiciliaire, de l'empaquetage de viande et de la construction.

Malgré son immense richesse, il n'y avait pas de doute qu'Obront obéissait à Vic Cotroni et à Paolo Violi. Obront qualifierait ses relations avec les hommes de Cotroni de professionnelles, rien de plus ; toute apparence du contraire ne pouvait être qu'accidentelle. Mais une conversation téléphonique interceptée entre Obront et un associé de Cotroni, Angelo Lanzo, qui l'appelait d'un téléphone public au restaurant *Sirloin Barn*, laisse songeur.

> OBRONT : Vas-tu voir l'Œuf [Vic Cotroni], ce soir ?
> LANZO : Ouais. C'est pour ça que je t'appelle. Il veut te voir.
> OBRONT : Mmm ?...
> LANZO : Il veut te voir.
> OBRONT : Euh...
> LANZO : Oui. Il m'a dit de te faire le message.
> OBRONT : Tu sais... comme ça au téléphone, euh, c'est à peu près la pire chose, Angie. La ligne est... tapée. C'est sûr.
> LANZO : *So what ?* Je n'ai pas le droit de t'appeler ? Je ne peux plus te voir ?
> OBRONT : Ben, c'est-à-dire...
> LANZO : Quoi ? *Jesus Christ*, Willie...
> OBRONT : Ben, qu'est-ce que tu veux que je te dise ? Je ne vais pas commencer à m'obstiner avec toi.
> LANZO : Okay.
> OBRONT : Je te dis, c'est l'enfer. Je veux te voir... en personne. Si t'as quelque chose à me dire, tu me le dis. Mais comme ça, non.
> LANZO : Excuse, Willie... Je comprends.
> OBRONT : Ça ne peut pas aller. Envoie-moi quelqu'un.

Obront était doté d'un flair de goret. Nul doute qu'il pressentait l'ampleur des fléaux qui ébranleraient la famille dans les années 1970, à mesure que la police généraliserait l'emploi de l'écoute électronique.

Né à Montréal, le 27 mars 1924, Obront aimait à se décrire comme le héros de la pêche miraculeuse, celui dont les vœux avaient été exaucés. Remarqué une première fois par la police quand il avait 20 ans, il serait décrit par Pax Plante, dans les années 1970, comme un des « intouchables » du monde interlope avec Vic Cotroni, à cause de ses excellents contacts politiques. Conditionneur de viande, Obront était actionnaire du café *Hi-Ho* et du *Bal Tabarin*, boîtes de nuit notamment fréquentées par Nicola di Iorio et Vic Cotroni. Parmi ses amis, il comptait aussi le trafiquant Lucien Rivard et Salvatore Giglio, ce dernier ayant supervisé les intérêts de la famille Bonanno à Montréal, avant que Vic Cotroni ne prenne la relève.

La plus curieuse histoire concernant l'expert en salaisons est celle de sa relation avec Gerda Munsinger. Cette immigrée d'origine allemande avait débuté comme serveuse au restaurant *Chic'n Coop* de Montréal, pour devenir ensuite convive, escorte et, enfin, belle-de-nuit au service de membres du cabinet de John Diefenbaker. Enquêtant sur le rôle de Mme Munsinger dans un scandale sexuel mettant en jeu la sécurité nationale, la Gendarmerie royale du Canada voyait constamment revenir le nom de William Obront. Un rapport de la GRC indique que Mme Munsinger était très liée à la famille Cotroni et que les bandits utilisaient parfois des caméras cachées pour obtenir des images compromettantes de ses célèbres clients. Un rapport secret de la police mentionne aussi qu'un membre de la pègre correspondant à Obront était intervenu auprès de la police en février 1961, pour obtenir la libération de Munsinger. Selon le rapport, le personnage aurait convaincu la direction d'un grand magasin à rayons d'abandonner sa poursuite contre Munsinger pour chèque sans provision, et lui aurait immédiatement payé l'avion pour l'Allemagne. Obront admit avoir à plusieurs reprises envoyé une limousine chercher l'ancien ministre Pierre Sévigny à Dorval, alors qu'il décrochait de lucratifs contrats de service auprès de la Défense nationale. La Cendrillon de la politique nationale, jointe en Allemagne par le *Toronto Star*, déclara craindre un courtier en viandes montréalais du nom de Obie, qui était au courant de sa relation avec un ministre.

Obront avait le don de rendre nerveux. Il est l'un de ceux qui essayèrent d'obtenir la libération conditionnelle de Lucien Rivard en distribuant de généreux pots-de-vin. Claude Wagner, qui brigua sans succès la chefferie du Parti libéral du Québec, fit scandale en faisant remarquer qu'Obront et ses associés avaient obtenu le seul entrepôt à viande de l'Expo 67, en plus de la concession de 500 machines distributrices sur le site. Éventuellement, on interrogea l'homme d'affaires sur un double meurtre, dont celui d'un homme qui lui avait emprunté de l'argent peu de temps avant d'être abattu en 1968.

Obront permit aux Cotroni de s'immiscer dans le monde des affaires et de s'allier la communauté juive de Montréal, dont il était un membre contesté. Dans les années 1950, Carmine Galante avait donné aux Italiens un ascendant sur la pègre juive et Obront était la preuve vivante que la relation perdurait. Quand un Juif montréalais voulait organiser un *junket* à Las Vegas, il demandait à Obront le feu vert des Cotroni. Leur associé, Louis Greco, amenait déjà des joueurs au Nevada.

Obront l'usurier prêtait à tout le monde, du plus humble aux plus grands passeurs ou casseurs de ce monde; du berger au multimillionnaire. Les hommes de Cotroni le considéraient comme un banquier, une sorte de sage. Un jour qu'un simple berger s'était adressé à Violi pour financer l'importation de chèvres et d'agneaux du Texas, on lui avait dit: « La meilleure chose, c'est d'aller voir Willie Obront et de lui demander de te faire un chèque de 5 000 $. » Et Violi avait appelé le brasseur d'affaires, lui disant « qu'un ami qui faisait dans les chèvres et les agneaux avait besoin de 5 000 $ ».

« Envoie-le-moi », avait répondu Obront.

La situation n'était pas aussi bucolique lorsque Abe Isaïf, propriétaire de la société Marquis Converter Sofas Ltd., se présenta au Reggio Bar pour voir Violi. Isaïf se plaignait qu'un certain Louis Stoll lui avait coûté 50 000 $ et que ça ne pouvait pas continuer. Violi lui assura que ça ne se produirait plus mais que, pour sa peine, il prendrait 20 % de ce qu'il ferait économiser à Isaïf.

On envoya Obront régler l'affaire avec Stoll. Mais Violi fut stupéfié d'apprendre que, loin de s'être mis à trembler, l'homme avait commencé « à insulter Abe, à dire qu'il n'était pas n'importe qui, qu'il faisait 11 millions par année »...

On renvoya Obront avec un message plus clair.

« Le gars s'est énervé, il m'a manqué de respect ; j'étais juste là pour parler *business* », expliquerait Violi à Vic Cotroni. « Alors, je vais dire à Obie que l'enfoiré n'a pas l'air de connaître son monde. Et puis, je suis un peu surpris que Obie ne l'aie pas préparé à ma visite. Alors, pour le respect qu'il a pas eu envers moi... Je ne vais rien faire de grave, mais je veux lui montrer une chose. Pour ça, je veux 50 000 $. Il le saura pour la prochaine fois. »

On ne sait pas au juste comment cela s'est terminé, mais ce qui est clair, c'est de qui Obront recevait ses ordres et quelle était sa place dans la hiérarchie cotroniale. Malgré son immense richesse, il demeurait au service de Vic Cotroni et de son héritier présumé, Paolo Violi. C'était la version mafieuse d'un premier acte destiné à réchauffer le public. Si quelqu'un avait l'inconscience de refuser de se faire petit à la mention de leur nom, Cotroni et Violi envoyaient Obront sévir dans le poulailler. Il aurait été indigne que des hommes de leur condition aient à expliquer qui ils étaient : c'était le *job* de Willie Obie.

Mitchell Bronfman évoluait dans une ligue financière supérieure. Né dans la richissime famille Bronfman, il était le petit-fils de Harry Bronfman, le frère du bootlegger Sam Bronfman. Mitchell Bronfman n'avait pourtant pas le capital nécessaire, au début des années 1960, pour démarrer une petite société aérienne pour gens d'affaires. Il se tourna vers William Obront. En 15 ans, selon les enquêteurs, Bronfman fit environ 1 199 chèques pour rembourser son créancier. Il lui en avait coûté 1 056 066 $ en intérêts pour un emprunt de 1 417 250 $.

Dans la ligne principale de la famille, Obront aida les Cotroni, en 1973, à faire main basse sur l'industrie du jeu dans la région d'Ottawa-Hull. La police estime que Paolo Violi retira alors 25 % d'une affaire qui rapportait 50 000 $ par jour.

De la fin des années 1960 au début des années 1980, les autorités québécoises menèrent une série d'enquêtes sur le crime organisé, montrant ainsi que le système ne réussissait pas à venir à bout des Cotroni, Violi, et associés. Les policiers avaient naturellement Obront dans leur mire. Or, celui-ci n'avait aucune intention de se prêter à ce jeu au mauvais bout de la lunette. En 1974, il déménagea en Floride, où il avait des intérêts dans le Pagoda North, un restaurant fréquenté par de gros joueurs de la région de Miami. Le commerce servait également d'entonnoir pour le transfert de capitaux «flottants». État relativement sauvage, sans aucun lien avec les familles new-yorkaises, la Floride attendait qu'on la cueille comme un fruit mûr. Laquelle, de la flibuste ou de la *farniente*, inspira le plus les Cotroni? Toujours est-il qu'ils diversifièrent leur portefeuille, en marge des intérêts sulfureux du Volcan.

Un an après son arrivée dans la moiteur floridienne, Obront fut naturalisé Américain. Un tour de force si l'on songe au délai normal de cinq ans que cette procédure nécessite. Avec le talent qu'on lui connaît, Obie devait avoir subtilisé le calendrier dans le bureau du ministère. Ayant eu vent qu'on s'apprêtait à l'extrader des États-Unis, Obront migra derechef au sud, d'abord à Porto Rico, puis au Costa Rica. En l'espace de trois semaines, dans ce premier pays, Obront eut plusieurs tête-à-tête avec l'aventurier de la finance, Robert Vesco, et son associé montréalais, Normand Leblanc, en cavale depuis qu'ils avaient été mis en examen pour une fraude de 224 millions de dollars.

Le jour où la police du Costa Rica l'assigna à domicile, Obront ne parut pas décontenancé. Il déclara à une station de radio montréalaise: «Elles [les autorités du Costa Rica] veulent juste savoir ce que je fais là, et où je m'en vais.» Il ne tarderait pas à être fixé. Quelques jours plus tard, on embarqua l'homme dûment menotté dans un avion en partance pour Montréal. Il y comparaîtrait sous des accusations de fraude, falsification, complot pour falsification et émission de faux documents. On souhaitait également qu'il donne son avis sur un attentat à la bombe dans la résidence d'un cadre supérieur de la chaîne d'alimentation Steinberg. Le supermarché avait eu le malheur de rayer de sa liste un grossiste en viande, propriété d'Obront.

L'avocat du voyageur, Me Claude-Armand Sheppard, s'offusqua de ce que la GRC ait arrêté son client au Costa Rica sans en avoir le droit. Il menaça de poursuivre les gouvernements et les services de police du Canada et du Costa Rica, affirmant qu'Obront « avait été victime d'une véritable conspiration entre le Canada et le Costa Rica pour kidnapper un citoyen américain ».

En exil, Obront avait continué à transiger avec les banques canadiennes. L'argent n'a ni odeur, ni assise géographique, et surtout pas de moralité. Les gens de la pègre tenaient cela pour une évidence. Leur « banquier », Obie, n'avait-il pas toujours bénéficié de relations privilégiées avec ses pairs ? Le fait qu'Obront ait été en cavale n'avait pas empêché la Banque Canadienne Nationale (BCN) de lui prêter 15 000 $ à un taux d'intérêt préférentiel. Alors que le citoyen ordinaire payait 13,5 % d'intérêts, la BCN accordait à Obie un taux de 12,5 %.

Valmore Delisle, ancien directeur de la succursale située au 500, place d'Armes, à Montréal, considérait Obront comme un client de marque. Il ne ressentait aucun besoin de se justifier quand il fit part à la Commission d'enquête sur le crime organisé (CECO) des ententes existant entre sa banque avec le financier.

> COMMISSION : Avez-vous pris des mesures, à la suite des déclarations faites devant cette commission, à l'effet que M. Obront serait le grand argentier de la pègre ou du crime organisé ? Avez-vous, à aucun moment, pris des mesures pour modifier vos rapports avec M. Obront ?
> DELISLE : Mes relations avec M. Obront ont toujours été des relations strictement d'affaires.
> COMMISSION : Néanmoins, avez-vous fait quoi que ce soit pour modifier ne serait-ce que votre relation d'affaires avec M. Obront ?
> DELISLE : Je ne croyais pas cela nécessaire, étant donné que je le considérais financièrement solvable.

La banque de Delisle n'était pas la seule institution financière légitime à réaliser qu'elle pouvait faire des profits avec la pègre. Jean-Yves Grégoire, à l'emploi de la Banque de Montréal, déclara avoir beaucoup hésité à accepter le poste de directeur de la succursale favorite de la pègre.

GRÉGOIRE : On savait à la banque que le 637, Décarie était la succursale de la mafia.
COMMISSION : Lorsque vous dites « à la banque », vous voulez dire les employés et la direction de la banque ?
GRÉGOIRE : C'est exact.

Le témoignage de Grégoire fut confirmé par un de ses supérieurs qui préféra témoigner à huis clos pour éviter les représailles.

COMMISSION : Et la succursale du 637, Décarie, par qui était-elle surtout fréquentée ?
BANQUIER : Par M. Obront et ses associés.
COMMISSION : Est-ce que cela était généralement connu, disons... à l'intérieur de la Banque de Montréal ?
BANQUIER : Tout le monde le savait.
COMMISSION : À l'intérieur de la banque ?
BANQUIER : C'est exact.
COMMISSION : Vous dites bien que le 637, Décarie était réputé être la succursale de la bande à Obront.
BANQUIER : Parfaitement. Il y avait une marge de crédit établie, qui avait été approuvée à un niveau supérieur, c'est-à-dire par la direction régionale, et qui nous permettait de prêter des milliers, des centaines de milliers de dollars à M. [...] Alors...
COMMISSION : Cette marge de crédit existait-elle lorsque vous êtes arrivé ?
BANQUIER : Absolument. Tout à fait. Tout le monde était au courant bien avant l'arrivée de M. Grégoire.

Grégoire déclara avoir averti son bureau chef que la banque finançait, à son avis, le prêt usuraire, et ceci au détriment des personnes à faible revenu qui ne trouvaient pas à se financer. Dans ce cas précis, la banque rabattait les pauvres vers les prêteurs, à qui elle-même accordait de généreuses marges de crédit. Elle gagnait sur tous les plans.

Si certains clients des « succursales mafieuses » souffraient de carence d'intégrité, ils ne manquaient certes ni d'argent, ni d'humour. Les chèques déposés dans leurs comptes étaient souvent libellés au nom de personnalités telles Simon Templar, l'impétueux redresseur de torts de la série télévisée *Le Saint* ; le juge Marc Cordeau, un des commissaires de l'enquête sur le crime organisé, et Pierre Elliott Trudeau, Premier ministre du Canada.

Vic Cotroni et Paolo Violi tentèrent bien de faire déraper l'enquête sur le crime organisé, au moyen de quelques judicieux pots-de-vin, et de bons! Mais les temps avaient changé. On pouvait toujours acheter police et politiciens, mais pas à la douzaine comme avant. L'enquête, ainsi, suivit son cours.

Obront paraissait confiant, le 27 mai 1976, lorsqu'il jeta un regard par-dessus ses lunettes au président de la Commission, le juge Jean «Bulldog» Dutil, et qu'il déclara: «Je refuse d'être assermenté.» Son avocat, Me Claude-Armand Sheppard, expliqua qu'Obront avait été ramené illégalement au Canada. Il se trouvait, en fait, «victime d'un scandaleux enlèvement». Scandale ou pas, Dutil condamna Obront à un an de prison pour outrage au tribunal.

Après une année derrière les barreaux, on donna à Obront une seconde chance de témoigner. Cette fois, on pouvait sentir un léger tremblement dans sa voix, mais il refusa de nouveau de répondre aux questions. «Je ne sais pas ce que je fais ici. Je n'ai pas l'impression d'être un témoin, mais un accusé. Toutes ces histoires à sens unique qu'on entend ici, ce n'est pas de la justice.» Son avocat, Michel Proulx, fit un vibrant plaidoyer, invoquant la clémence de la cour: «Vous avez sa tête. Qu'est-ce que vous voulez de plus? Mettre sa vie en danger?»

On condamna Obront à une deuxième année de prison pour outrage au tribunal. Celle-ci devait être purgée consécutivement à une peine de quatre ans pour fraude de 515 991 $ à l'endroit des créditeurs de sa propre entreprise. Son fils de 22 ans, Alan, protesta que son père souffrait d'un traitement injuste et cruel au pénitencier à sécurité maximum de Laval. «Il vit dans une cellule réduite, sans fenêtre, avec une bassine à même le sol pour faire ses besoins. Il passe 23 heures et demie par jour dans sa cellule. Il ne voit personne, même pas le gardien qui lui apporte à manger: on lui passe sa nourriture par une fente dans la porte. C'est de la torture. Un traitement injustifiable pour un homme accusé de fraude.»

Quelques années plus tôt, la famille Cotroni avait souri avec mépris à l'arrivée de la Commission. Aujourd'hui, celle-ci avait été capable de faire tomber Obront, un homme intelligent, discret et bien placé: un signe que des temps difficiles s'annonçaient.

Chapitre 13

Tout de miel enrobé

> *Je me suis renseigné, t'es régulier.*
> Paolo Violi confirmant le jeune
> homme qui loue un appartement
> au-dessus de chez lui.

Le pire danger à avoir menacé Vic Cotroni et Paolo Violi au milieu des années 1970 n'était pas Nick Rizzuto, ni les motards canadiens-français, mais Bob Wilson, un type à lunettes d'apparence insignifiante, propriétaire d'une petite entreprise d'électronique. Wilson s'était présenté à Violi après que celui-ci eût annoncé qu'il souhaitait louer l'appartement au-dessus de son café. Violi, qui faisait fortune grâce à l'extorsion, aux délits d'initiés et à la crème glacée, ne s'était pas tout à fait affranchi de sa jeunesse miséreuse dans les collines de Calabre. Il pouvait difficilement laisser passer une occasion de faire de l'argent, ne fût-ce qu'un infime montant.

Quand Wilson s'était présenté au comptoir pour répondre à l'annonce, accompagné d'une jolie blonde, toute la salle s'était immobilisée pour les observer. Réaction attribuable à une méfiance naturelle à l'égard des étrangers, mais aussi face à l'apparence de la jeune femme. Violi se cala derrière le bar, à l'instar d'un bouddha flanqué de ses conseillers. Installés à une table, les nouveaux venus commencèrent à marchander le prix de l'appartement. Violi ne participa pas directement à la discussion, une tierce partie étant chargée de transmettre offres et contre-offres aux protagonistes. Le couple ne savait visiblement pas à qui il avait affaire. Il ne craignait pas d'argumenter. Il devait pourtant avoir remarqué le regard perçant de Violi et la déférence dont faisait montre son entourage. Enfin, on arriva à un compromis : le loyer serait de 125 $ par mois.

Longtemps, chaque fois que Wilson traverserait la *gelateria*, les voix se feraient discrètes. On le suivrait lourdement du regard. On pouvait alors entendre voler une mouche. Deux ans plus tard, une occasion se présenta qui permettrait de réchauffer un peu l'atmosphère. Il était 18 heures ce soir-là. Wilson avait faim. Il s'arrêta à la pizzeria du coin.

– Eh! Wilson, viens ici, lança quelqu'un dans la salle.

C'était Violi. En compagnie de deux gardes du corps, il savourait une pizza avec une bouteille de vin.

– Ah! monsieur Violi. Comment allez-vous?
– Viens, approche.
– J'arrive. Je me commande une pizza.
– Viens, je te dis!

Wilson obéit, ayant remarqué que son propriétaire était un peu éméché et, pour une fois, loquace. Le patron du restaurant s'approcha également, se tordant les mains avec obséquiosité, faisant mille courbettes inspirées par le respect ou, plus exactement, par la peur.

– Assis-toi. Prends un verre de vin, ordonna Violi.
– Non merci, je ne bois pas. Je viens juste de finir de travailler.
– Allez, bois.
– Non, je ne bois pas.
– Un Coke, alors?
– Un Coke, ça va.

Wilson n'était pas à l'aise. En deux ans, son propriétaire ne lui avait jamais parlé.

– Comment aimes-tu l'appartement?
– J'y suis vraiment bien.
– Est-ce qu'il y a quoi que ce soit… ?
– Ben, c'est-à-dire, est-ce que je pourrais repeindre l'appartement?
– Oui, pourquoi pas?
– Seriez-vous prêt à me payer la peinture?
– Achète-la, on va la déduire du loyer.
– C'est parfait. Vous payez la peinture, je fournis le peintre.

— Okay. veux-tu de la pizza ?
— Merci, je viens juste d'en commander une. J'aimerais la manger en haut.

La légère rebuffade plut à Violi.

— Tu sais ce que j'aime chez toi ? Tu fourres pas ton nez partout. Tu ne traînes pas dans mon café à te demander ce qui se passe. Puis tu travailles fort. Je me suis renseigné, t'es régulier.

Wilson se leva de table et alla chercher sa pizza. Violi ne se doutait pas que Bob Wilson était en réalité Bob Menard, un agent d'infiltration de la police de Montréal qui avait mis son quartier général sous écoute. Au cours de sa carrière, Menard aurait acquis 17 personnalités distinctes et essuyé trois décharges de fusil à courte distance, avec les souvenirs que cela laisse.

Imaginez Gene Hackman avec une douzaine de tasses de café dans le corps, et vous avez un portrait assez juste de Bob Menard. Jamais vous ne lui auriez fait dire qu'il aimait Paolo Violi, mais il est clair qu'il éprouvait un certain respect pour lui. Si nos ennemis nous donnent la mesure de nous-mêmes, il valait cent fois mieux, pour un homme comme Menard, d'avoir affaire à des types comme Violi ou Cotroni, plutôt que d'être attaché à un Joe-la-seringue, comme celui qui lui avait fait sauter la rotule dans un hold-up raté. Menard cachait mal son mépris quand il comparait le vieil ordre social de la Mafia aux braqueurs auto-déclarés qui maintenant se multipliaient. Désignant une photo des types qui lui avaient esquinté la jambe, il dit : « Regarde leurs yeux. Qu'est-ce que tu vois ? Du mépris, de la haine. Il y a pas d'âme là-dedans. Tu sais ce que je vois ? Des animaux. »

Les yeux de Violi étaient également menaçants mais d'une façon plus objective, plus systématique. Ils n'étaient pas voilés par des émotions superflues. Ils montraient ce que Menard décrivit comme « de l'intelligence mais sans apitoiement. Un regard sans pitié ». « Paolo tuerait, mais d'une façon plus intelligente. [...] La différence ? Ils te tueraient comme ça, sans raison, alors que Paolo le ferait par nécessité, pour le pouvoir, par stratégie ou pour un résultat. C'est ça la différence. [...] Ils [les braqueurs canadiens-français] te tueraient parce que t'as un cure-dent dans la bouche. Des animaux ! Rien d'autre. C'est pas des hommes ! [...] Paolo utilisait le meurtre comme un moyen, une méthode pour arriver à une fin. Pourquoi tuer quelqu'un de qui tu veux obtenir de l'argent ? [...] C'est complètement idiot. Un gars brillant ne tuera jamais, à moins d'y être absolument obligé. »

Quand Violi disait s'être « renseigné » sur Menard, il devait faire référence aux délits mineurs contenus dans le dossier bidon monté par la police pour étayer le personnage de Wilson.

Sentant qu'il était peut-être temps d'y aller, Menard sortit son portefeuille pour régler la pizza. Le patron, qui avait suivi la scène de loin, se garda bien d'accepter l'argent de Menard.

Menard et Violi passèrent à un mode d'échanges polis, Violi ayant officiellement reconnu l'existence de son locataire. Les habitués du café comprirent d'instinct qu'ils n'avaient plus à se raidir en présence du petit Ontarien. Un peu moins de regards lui chaufferaient la nuque quand il traverserait le café.

Puis Menard se compromit davantage lorsqu'il se défit de sa vieille voiture. Il sollicita de Violi un prêt pour en acheter une nouvelle. Le commerçant tira de sa poche une liasse de 100 $ américains et préleva la somme nécessaire. Une première vérification auprès du FBI démontra que les billets n'avaient pas d'origine criminelle connue et qu'ils n'avaient pas non plus été contrefaits. Menard fit délibérément traîner le remboursement de sa dette, espérant déclencher chez Violi le réflexe de l'usurier. Celui-ci ne réagit pas, n'insistant à aucun moment pour être repayé. Il refusa également de compter de l'intérêt à Menard, acceptant néanmoins la bouteille d'excellent Cognac que de dernier lui offrit.

Il s'agissait là d'un comportement normal pour Violi. Très conscient de son image dans la collectivité, il renonçait à l'occasion à un profit immédiat pour contracter une dette, laquelle demeurait monnayable contre une éventuelle faveur. Facilement attendri quand les gamins lui réclamaient un cornet gratuit, il interdisait à quiconque de jurer en leur présence. Confiant, il avait déjà fait un chèque en blanc à un homme d'affaires de Saint-Léonard, en lui laissant le soin de calculer ce qu'il lui devait. Quant à son statut dans le quartier, on lui demandait souvent de jouer les conciliateurs pour régler des conflits personnels ou des situations d'affaires. Son autorité en la matière était incontestable et jamais, en aucune occasion, personne n'éleva la voix contre lui.

On parlait souvent de Violi dans la presse locale, en particulier des dons qu'il accordait à divers événements comme des courses cyclistes. Ces faveurs lui revenaient toujours d'une façon ou de l'autre. Menard remarqua qu'il était impossible qu'un officier de police, à part lui-même, puisse s'approcher du café de Violi à moins de quelques pâtés de maison sans se faire repérer. À la façon classique des mafiosi, Violi pouvait se présenter à la fois comme le problème et comme la solution au problème. Certains incidents avaient l'heur de laisser songeur Mario Latraverse, le chef de l'escouade antigang de la police de Montréal :

« Très souvent, Violi se trouvait dans son bureau [et] un commerçant italien s'amenait, qui n'avait aucun problème en particulier. Mais il s'amenait dans le bureau et disait : "Monsieur Violi, j'ai entendu parler de vous, j'aurais une faveur à vous demander." Et alors Violi en profitait en disant : "Ça va, vous n'aurez aucun problème, ne vous en faites pas. Mais ça va vous coûter tant et tant." Le gars insistait pour payer. Il voulait de la protection et Paolo en profitait, il commençait à collecter du gars. »

Violi travaillait 12 heures par jour, la plupart du temps à la *gelateria*, où il recevait toutes sortes de visiteurs, du plus humble au plus redoutable. Menard se rappelle comment ses voisins traitaient Violi : « Ils avaient peur. Il était comme le *don*, le parrain. Je me souviens que des personnes âgées allaient le voir et lui baisaient la main. [...] Je suppose qu'elles le respectaient. On s'inclinait toujours devant lui. Oh, je ne dis pas que c'était grandiose. C'était discret. Ils se levaient et allaient lui serrer la main en s'inclinant légèrement. Un petit signe de tête, que tu pouvais remarquer si tu faisais attention. »

Violi recevait sa belle famille, les Luppino de Hamilton, et Bill Bonanno, le fils du vieux *don* américain, Joseph (Joe Bananas) Bonanno. « Il y avait toujours des gros chars des États, puis de la visite, se souviendrait Menard. Toujours. C'était comme une parade, ou chez le docteur. Il recevait dans l'après-midi. Une voiture de New York, une voiture du New Jersey. Une autre de l'Ontario... *Man*, toutes sortes de gros chars ! Ils se parquaient, les gars sortaient. Des fois, Paolo allait les accueillir à la porte. Puis après un bout, ils repartaient. »

Menard voyait tout cela de son balcon. En prenant son café, il notait les numéros de plaque. Il n'avait pas à espionner Violi ; un micro dissimulé dans un pied de sa commode s'en chargeait pour lui. « Après un bout, je faisais partie des meubles », racontterait le policier.

L'espion avait dû passer certains tests avant de pouvoir faire partie des meubles. Le bandit vérifia si sa nouvelle voiture ne portait pas un de ces numéros d'identification de la police. Mais le numéro avait été soigneusement effacé. Menard était aussi certain qu'on avait fouillé sa chambre. Un jour, Violi demanda à Menard, qu'il croyait électricien, de réparer une lampe. « J'étais à peine capable de visser une ampoule, se rappelle Menard. Je lui ai dit d'attendre au lendemain, que je n'avais pas mes outils. »

Menard déguerpit, afin de se faire donner un cours intensif d'électricien. « J'étais nerveux, surtout que j'avais inspecté le filage et les connexions, et que tout semblait en ordre. Mais l'ampoule ne voulait toujours pas s'allumer. » Violi tenait l'échelle sur laquelle Menard suait à grosses gouttes ; il ne tarderait pas à être cuit. Soudain, il eut la révélation : « Bon sang, je n'ai même pas pensé à vérifier l'ampoule. » En effet, elle était brûlée. Mais l'agent demeura sous l'impression que Violi avait dû trouver bien étrange sa façon de travailler.

Les samedis matin étaient des moments privilégiés au café. Menard et Violi s'assoyaient sur les marches à l'avant et discutaient de tout, sauf de crime organisé. Menard avait pour politique d'éviter tout sujet que le mafioso n'aurait pas préalablement abordé, et Violi ne parlait jamais de crime. Ils discutaient en anglais et s'étaient souvent emportés en parlant de politique, surtout des changements que René Lévesque souhaitait imposer à la province. À l'instar de nombreux immigrés, Violi acceptait mal d'être contraint par les nationalistes québécois d'éduquer ses enfants en français. Minorité au sein d'une minorité, les résidants de Saint-Léonard se sentaient les boucs émissaires des Québécois, eux-mêmes passablement frustrés. Saint-Léonard descendit dans la rue lorsque la commission scolaire décida de renoncer à l'éducation en langue anglaise dans les années 1960. Des enseignants anglophones du secteur avaient reçu des menaces et Violi avait affecté un escadron de gardes du corps pour protéger au moins l'un d'entre eux.

Menard avait un point de vue bien à lui sur le séparatisme : il avait infiltré une cellule du FLQ au début des années 1960. Afin de parfaire son personnage, il avait bouffé du riz, écouté du jazz et lu des livres de Baudelaire. « Dieu, que j'haïssais ça », dit

Menard, en parlant de la poésie. « Mais pas autant que Violi haïssait les séparatistes », s'empressa-t-il d'ajouter, en riant à la pensée des colères de Violi : « Ce gars-là haïssait les séparatistes, plus que les bœufs. Il ne pouvait pas les sentir ! Il se disait qu'ils détruisaient le Canada. [...] Il était très nationaliste, il parlait constamment anglais. »

Menard subissait une pression énorme. Ce qui, au départ, devait être une opération de deux ou trois mois dura des années. Absorbé par cette affectation, Menard n'assista pas à la naissance de son fils. Sa femme devait élever seule leurs enfants. Il parvenait parfois à s'échapper la fin de semaine, ou lui rendait visite la nuit. Mais il devait rentrer assez tôt pour ne pas être repéré par les sentinelles de Violi qui prenaient leur quart à la station d'essence voisine. Certaines nuits d'hiver, il devait attendre que le capot de la voiture refroidisse avant de le saupoudrer de neige fraîche. Un véhicule de retour d'expédition n'aurait pas manqué d'attirer la suspicion. En outre, dès qu'il sortait de l'appartement, Menard craignait d'être reconnu par un policier qui n'aurait pas manqué de lui faire un signe amical. La moindre erreur, le moindre faux pas signifiait son arrêt de mort, tandis que la réussite pouvait entraîner la famille Cotroni dans un abîme.

Mais les choses étaient pires encore pour la jolie blonde qui l'accompagnait. Les forces ne recrutaient pas encore formellement chez les demoiselles et elles faisaient appel à des volontaires. La jeune femme avait un petit ami, qu'elle avait rarement l'occasion de voir. À la fin, n'en pouvant plus, elle dut abandonner le projet. Ce qui valut au truand, un beau soir, une scène extrêmement touchante. Menard, feignant d'être saoul, avoua la mort dans l'âme que sa femme l'avait quitté pour un autre. Après, il invita à l'occasion d'autres femmes pour de brefs séjours, afin que Violi ne s'inquiétât pas de la virilité de son locataire.

Chapitre 14

Ombre et lumière

Paolo vaut mille hommes.
Membre de la pègre
décrivant le pouvoir de Paolo Violi.

Les années 1970 furent difficiles pour Vic Cotroni. Alors qu'il envisageait de transférer le pouvoir au jeune Paolo Violi, dont la santé était bonne, Cotroni trouva son organisation assiégée par les audiences de la commission de police et acculée à divers procès. La famille se savait sur la sellette, mais pas à ce point. Elle apprendrait bientôt la terrible infiltration de Menard, une parmi d'autres. Du jour au lendemain, les secrets, combines et motifs inavouables des Cotroni seraient exposés au grand public et l'organisation en pâtirait.

La commission de police entendit Vic Cotroni avant son associé Violi. Le diable d'homme parvint à ne rien dire en 1 078 pages de déposition; tout au plus admit-il s'être fait couper les cheveux chez un barbier de la rue Guy. Cotroni était aussi impassible que le Sphinx et guère plus loquace, se disant que la tempête finirait par se calmer à condition qu'il reste tranquille et ne dise rien. Le procureur Guy Dupré avait beau évoquer une longue liste de dates relatives aux enregistrements clandestins, il ne retirait absolument rien du petit homme, muré dans son silence. Cotroni disait ne pas comprendre les conversations au cours desquelles son frère Giuseppe et lui-même discutaient de certaines ententes financières avec un ministre du gouvernement québécois. Il parut abasourdi par un enregistrement fait à son insu sur les lieux de son commerce de viande. Il y suggérait qu'un de ses hommes monte une histoire de corruption policière pour impliquer des membres du Parti libéral du Québec. Il pâlit quand on lui demanda s'il avait suggéré qu'on «casse les jambes» d'un charcutier italien qui ne voulait pas monter ses prix. Enfin, il réfuta le témoignage d'un subordonné, affirmant qu'il avait tenté de coincer un inspecteur de police pour nuire à Jean Drapeau à la fin des années 1950. Dupré énumérait des noms et des dates à Cotroni qui ne bronchait pas, feignant tout ignorer. «Je n'ai aucune autorité, disait-il. Il n'y a pas eu de rencontres. [...] Ces gens-là sont simplement des amis...» Lorsqu'on laissa entendre qu'il jouait les imbéciles, Cotroni se raidit et, fixant Dupré, demanda: «Est-ce que j'ai l'air d'un imbécile?»

Le témoignage de Cotroni en 1974 lui valut une année de prison pour outrage au tribunal. Durant la crise, Paolo Violi s'était tourné vers Brooklyn pour obtenir de l'aide; il n'était certainement pas prêt à profiter de l'indépendance dont il avait rêvé. Il envoya son associé, Pietro Sciarra, rencontrer la famille Bonanno à son quartier général de Brooklyn, leur demandant le soutien d'un assistant pour «aider à contrôler» ses hommes. Violi avait besoin d'être confirmé dans son rôle de patron de la pègre montréalaise. «Dis-leur que, lorsque Vincenzo est allé en prison, il n'a pas eu le temps de parler à personne, ni de déléguer les responsabilités», dit-il à Sciarra. «J'ai assumé, il fallait que quelqu'un le fasse.»

On reporta ensuite l'enquête sur Paolo Violi. Son avenir paraissait plus sombre encore que celui de Cotroni. Menard avait fait du bon travail. Un témoin occulte, dissimulé derrière un écran, expliqua à quel point le vendeur de crème glacée était tout-puissant: «Violi à lui seul vaut 1 000 hommes.» Selon un rapport de police, Violi aurait confirmé, à son insu, que 25 hommes se rapportaient directement à lui et que 1 000 autres dépendaient de l'affaire familiale.

L'avocat de la poursuite, Pierre Paradis, présenta le témoin comme un personnage «bien placé dans le milieu». Sa voix avait été déformée pour la rendre méconnaissable et, par précaution, on interdisait aux journalistes de l'enregistrer. Le témoin expliqua que la famille Cotroni était toujours une succursale contrôlée depuis New York. Violi avait des contacts à New York, à Buffalo, à Toronto et en Italie. Il «recevait parfois ses ordres de l'extérieur», mais pouvait également en donner. Un enregistrement de l'opération Menard souligna l'envergure internationale de ses activités. Violi discutait avec un homme allant en Italie « pour affaires ». Peu de temps après, ce dernier était arrêté pour le meurtre d'un procureur général de ce pays.

On fit valoir que l'autorité de Violi s'étendait à la politique municipale. Frank Tutino, candidat indépendant aux municipales de Saint-Léonard, en 1974, déclara avoir été menacé à plusieurs reprises après son inscription. Le conseiller de Violi, Pietro Sciarra, lui aurait dit à mots couverts qu'il « prenait des risques ». Peu de temps avant le vote, Tutino s'en fut au café Reggio rencontrer Sciarra et Violi. Ce dernier, qu'il voyait pour la première fois, était vexé : « Pourquoi ne m'avez-vous pas averti que vous vous présentiez ? » Tutino répondit qu'il l'aurait sûrement fait s'il avait su que cela était nécessaire. Mais là, il était trop tard.

Violi ressemblait plus à un législateur outré qu'à un bandit. En fait, il vivait sous sa propre férule, entrant dans des colères que l'on qualifierait de « bibliques » si leur motif n'avait été la convoitise, à la fois pour le respect et pour l'argent. Violi décréta que l'attitude juste et honorable dans ce cas serait que Tutino se retire de la course. Violi lui rembourserait ses dépenses. Tutino refusa par principe, ce qui agaça prodigieusement « l'homme de loi ». « Il a parlé de ma famille », se souviendrait Tutino. « J'ai compris que je jouais avec le feu, que ma candidature dérangeait quelqu'un. » Tutino tint bon, mais prévint la police et engagea des gardes du corps pour veiller sur sa famille. Malgré ce courage admirable, le candidat Tutino finit bon dernier dans la course.

Lors de l'enquête, on prit aussi acte de la déposition d'un homme d'affaires de Saint-Léonard qui avait osé ouvrir une salle de billard à moins de 100 mètres du Reggio. Mauro Marchettini venait d'ouvrir son commerce quand Francesco Violi l'avertit que les clients risquaient de se faire rares. Dans le milieu, Francesco pouvait inspirer plus de frayeur que son frère Paolo. Les deux frères possédaient le même visage large et puissant, mais celui de Paolo brûlait d'un regard plus sombre, plus fou.

Incapable de se libérer d'un bail de cinq ans, Marchettini persévéra, alors même qu'aucun fournisseur, à l'exception de Coca-Cola, ne faisait plus affaire avec lui. Son associé s'en fut trouver Tony Massarelli, le beau-fils de Giuseppe Cotroni, pour tenter d'arriver à un compromis avec les Violi. On arrangea une rencontre, mais Francesco rencontra l'homme d'affaires dans un édifice abandonné de Ville Saint-Michel, où il lui redemanda de fermer son commerce. Marchettini tenta de s'expliquer à propos du bail, ce qui mit Violi dans tous ses états.

« Franco a commencé à me gifler », raconta Marchettini. « D'abord calmement, sans force. En m'expliquant que je ne devais pas ouvrir mon commerce. Puis il a commencé à me frapper à l'épaule avec un bâton qu'on utilise pour brasser la crème glacée. Et il me donna un coup de pied au visage. Je saignais. J'avais une dent cassée, les yeux massacrés. » Violi renvoya Marchettini à la salle de billard où Massarelli attendait. Ce dernier racheta le commerce, libérant Marchettini de son bail. Le sympathique négoce d'*espresso* et de *spumoni* des Violi demeurerait sans rival.

Peu à peu, Violi perdait son aura de bienfaiteur et endossait le rôle de brute de quartier. Il n'y pouvait rien. Un autre témoin de la commission, dont l'identité n'a pas été révélée, affirma avoir été forcé, à la pointe du revolver, à signer des chèques de protection. « Je souffrais. Nous faisions des sacrifices, ma femme encore plus que moi. Certains jours, nous n'avions rien à manger. Je ne voulais pas les signer [ces chèques]. Paolo retirait son cigare de sa bouche et disait : "Signe." J'ai pleuré comme un enfant. Quinze années de travail et ils me prenaient tout. » L'homme d'affaires implora pitié, prétendant que ses enfants étaient dans le besoin : « Paolo, j'ai aussi des enfants. Ils ont le droit de vivre, comme les tiens. » Violi était demeuré de marbre et l'homme avait fini par faire faillite.

Un autre homme d'affaires raconta comment, en 1971, Paolo Violi avait promis de lui venir en aide. Or, Lino Simaglia, propriétaire d'une petite firme de transformation d'aliments, n'avait pas besoin d'aide. Il comprit que Violi lui permettrait « de continuer à faire affaires sous [son] propre nom ». En vérité, il protégeait ses concitoyens contre sa propre turpitude. L'escroc fixa ses émoluments à 2 000 $ par année, mais, bon prince, accepta de les réduire à 1 000 $.

« À l'époque des fêtes de Noël, se souvint Simaglia, Violi nous demanda un cadeau de 1 000 $, comptant ! Les affaires n'étaient pas bonnes et je ne pouvais ni rembourser mes dettes, ni offrir de présents à ma femme et à mes enfants. »

Quinto Simaglia, le frère de Lino, évoqua la difficulté de satisfaire deux formes de gouvernement, l'État et Paolo Violi : « Nous payons 1 000 $ pour pouvoir travailler, et ne pas avoir à venir en cour. [...] Nous ne sommes pas General Foods. Nous sommes une petite compagnie qui essaie de se débrouiller. »

Mais le témoignage le plus dommageable pour la réputation de Violi suinta de ses propres rangs. Deux soldats, parmi les plus jeunes, expliquèrent comment ils s'emparaient systématiquement des cadeaux de mariage de leurs concitoyens pendant les noces. « Nous faisions surtout des mariages italiens », précisa Pietro Bianco. « On vidait la maison pendant que les gens étaient à l'église. » Bianco essaya bien de minimiser la responsabilité de Violi dans ce méfait, mais des enregistrements de l'opération Menard présentèrent Violi en train de réprimander Bianco et Tony Teoli, son comparse. Ces « bons à rien », qui s'étaient reposés pendant trois jours, ne rapportaient de toute façon que « des objets sans valeur ». Le patron leur parla alors d'un voisin qui s'absentait régulièrement pendant le week-end : une proie facile pour les jeunes voleurs.

La fanfaronnade autant que la cupidité devaient causer la perte de Violi. Les micros de l'opération Menard le surprirent en train de décrire à Vic Cotroni l'attaque d'un homme qui avait menacé de lui régler son compte. Riant comme un gamin, il raconta : « J'ai tiré l'imbécile à trois reprises. Les journaux n'en ont pas parlé, mais c'est moi avec un autre soldat qui l'ai fait. On s'est amené dans l'appartement et, pendant qu'il dormait : bang, bang, bang ! » Mais Violi regrettait que le type s'en soit sorti : « Ils disent qu'il lui reste encore deux balles dans la tête, qu'ils ne peuvent pas enlever. [...] Il va rester handicapé. C'est pire que d'être mort. » Il se plaignit alors de son arme, un 9 mm qu'il aurait bien aimé changer pour un calibre 22 : « Mais ces sacrés pétards sont tellement difficiles à trouver. Tu n'en aurais pas un, toi ? »

« Je vais t'en trouver une couple », avait répondu Cotroni.

Selon Mario Latraverse, ancien chef de la section antigang de la police de Montréal, la vérité était tout autre : « Nous savions que Paolo mentait quand il a raconté cette histoire. Nous le savions parce que d'autres conversations prouvent [...] qu'il essayait d'impressionner Cotroni. » Pris au piège, Violi avait le choix entre passer pour un homme qui en tue un autre pendant son sommeil, ou alors pour un vantard. Il préféra l'image de la brute, qui n'était guère plus reluisante que celle du fanfaron. L'opération Menard minait le respect qu'on lui vouait. Un enregistrement en date du 5 décembre 1973, par exemple, présente Violi ridiculisant l'enquête : « Ils tournent en rond en jappant parce qu'ils ne trouvent rien. »

Violi se tint coi devant la commission. Dans le box, il affichait une fierté d'empereur. Il souffrait d'embonpoint, mais ce détail ajoutait à la puissance de son personnage. Son visage et ses mains avaient beau exprimer toute une gamme d'émotions, il parvint, à l'instar de Vic Cotroni, à ne rien livrer de substantiel sur ses activités. Préférant sans doute une sentence de un an d'emprisonnement pour outrage au tribunal, il affirma : « Je ne refuse pas de témoigner ; je n'ai tout simplement rien à dire à cette cour. »

Vincenzo DeSantis, un employé du Reggio, adopta la même stratégie. Défiant le bon goût le plus élémentaire, il se présenta à la cour vêtu d'un complet en velours mauve, dont le pantalon pattes d'éléphant tombait sur des chaussures vertes et noires. Il déclara refuser de témoigner devant une cour qui faisait preuve « de discrimination envers les Italiens ». Moyennement impressionné par le plaidoyer « sauvons-les-minorités » de celui qu'on appelait également « Jimmy Rent-a-Gun », le juge Dutil déclara que la commission cherchait plutôt « à libérer la communauté italienne de la bande de malfaiteurs qui la tenait en otage ». Comme Violi, DeSantis fut expédié une année au cachot pour outrage au tribunal.

Les mésaventures de Violi devant la loi ne devaient pas se limiter à la Commission. En novembre 1975, il fut appréhendé à la terrasse d'un café du centre-ville de Toronto, un de ses endroits de prédilection. Il s'y relaxait en compagnie de son avocat montréalais, Maurice Hébert, et de son beau-frère, John Luppino, de Hamilton. Il était accusé d'avoir ordonné une punition exemplaire dans le cadre d'un différend survenu dans son quartier à l'été 1972. Ce détail n'était pas pour détendre cet homme déjà passablement surmené. On se plaignit que le moment aurait pu être mieux choisi, alors qu'on amenait Violi, menottes aux poings, entre la poire et le dessert. Il fut toutefois autorisé à les retirer sur l'avion qui le ramenait à Montréal. Un appel à la bombe qui retarda le vol parut toutefois de bien mauvais augure.

Violi avait anticipé des démêlés avec la justice. Plus tôt dans l'année, il avait demandé qu'on institue un fonds spécial de la

Mafia pour assumer les frais de cour. On ne sait pas si la demande aboutit, mais on sait que Violi trouvait indigne de la famille que l'on passe le chapeau pour régler la facture du procès de Frank Cotroni, accusé d'importation de cocaïne. « Vincenzo ne l'a jamais fait », dit-il à Joe DiMaulo, en présence de Vic. « Mais toutes les familles, partout, ont un fonds comme ça. Qu'il nous arrive quoi que ce soit, il faut de l'argent. Tout le monde a déjà fait de l'argent avec la famille, alors ils doivent payer. »

Un mois avant son arrestation à Toronto, il avait contesté en Cour supérieure une sentence de un an de prison, plus 25 000 $ d'amende, pour avoir tenté de manipuler les titres de la Buffalo Oil & Gaz sur le marché canadien. Un cas qui illustre le danger de traiter avec des non-Italiens, étrangers à la loi de l'*omertà*, ou du silence. Un des complices de Violi, le fugitif américain Daniel Danielson, avait fait une confession complète à la police. D. Reilly Watson, juge à la cour des sessions, en avait conclu que Violi était le « noyau de la conspiration ». Il ne s'agissait pas de la première incursion de Violi dans la manipulation de titres. Il opérait déjà avec Vic Cotroni un racket fort profitable impliquant des courtiers qui vendaient sous pression des valeurs mobilières destinées à s'effondrer. Les lascars extorquaient les courtiers tout en profitant de leurs services, confiants que ceux-ci, également fautifs, ne se plaindraient pas à la police. Dans l'affaire de la Buffalo Oil & Gaz, le juge Watson n'avait pas été très impressionné lorsque Violi avait essayé de faire passer certaines données incriminantes de son carnet personnel pour des « formules de crème glacée ».

« C'est littéralement une insulte », avait répliqué le juge.

En foi de quoi, l'héritier présumé de Vic Cotroni fut envoyé purger une sentence de un an pour avoir tenté de manipuler le marché. Son aura de pouvoir en pâtissait de nouveau, ce dont ses adversaires ne manqueraient pas de profiter.

Chapitre 15

Coincés

> Compare, *dis-toi bien qu'on n'aime pas les affaires croches.*
>
> Paolo Violi

Vic Cotroni n'inspirait pas particulièrement la crainte, en 1976, lorsqu'il se présenta à la cour à Toronto, souffrant d'une infection du tractus urinaire, de diabète, d'hypertension, d'arthrite rhumatismale, d'insuffisance cardiaque, de thrombose coronarienne, d'infarctus du myocarde, d'iritis aux deux yeux, d'angine, d'enflure aux chevilles et de polype rectal. Vincenzo Macri, le réputé mafiologue, fait remarquer que les maladies débilitantes sont une tradition dans les procès de la Mafia : « Aucun chef digne de ce nom ne se promène sans son éventail d'attestations médicales, confirmant qu'il souffre de maladies suffisamment graves pour ne pouvoir se rendre dans tel lieu de détention, supporter les rigueurs de telles conditions d'emprisonnement, ou se présenter à la cour. Dans la plupart des cas, il s'agit de maladies bidon, ou d'affections courantes (comme l'arthrite, le diabète ou l'hépatite) qui s'aggravent soudain. [...] Tant de chefs de la Mafia souffrent depuis tant d'années de maladies incurables, que, si l'on en croit leur certificat médical, ils seraient constamment sur le point de passer l'arme à gauche. » Cela dit, les germes, pas plus que le temps, ne sont facilement intimidables, et il est possible que Vic Cotroni ait été réellement malade. Pas autant, toutefois, que l'indiquaient les documents produits par ses avocats.

Le vieux Cotroni se trouvait inculpé dans le cadre de l'opération Benoît. La police de Montréal avait intercepté l'essentiel d'un complot d'extorsion impliquant Cotroni, Paolo Violi, le Hamiltonois John Papalia et Sheldon Swartz de Toronto. Lorsqu'il parut en cour, à Toronto, Cotroni avait l'air si frêle que les policiers durent l'aider à descendre de la voiture.

Le procès concernait certaines allégations du prêteur torontois Stanley Bader, à l'effet qu'il aurait été victime, en 1973, d'une tentative d'extorsion de 300 000 $ ourdie par les Cotroni. John Papalia lui avait laissé entendre qu'en cas de refus, il se retrouverait incapable de travailler jusqu'à la fin de ses jours. Mais Bader avait fini par comprendre qu'il était victime d'une mystification de son ami et associé, Sheldon Swartz. En apprenant l'affaire, Cotroni et Violi décidèrent d'exiger une part du butin en compensation de l'utilisation de leurs noms. Rien de moins.

Le 30 avril 1974, des enregistrements faits chez Reggio Foods, la place d'affaires de Cotroni, située au 10090, rue Paris, à Montréal, montrent Cotroni et Violi en train de réfléchir à la façon dont ils pourraient récupérer une partie de l'argent. Mafieux jusqu'à la moelle, Violi ne pouvait laisser une insulte impunie, ni rater la moindre chance de s'enrichir.

> VIOLI : On va dire à Papalia : « Regarde, Johnny. Tu te sers pas comme ça de notre nom. »
> COTRONI : Il le sait déjà.
> VIOLI : Alors : « Tu le sais, Johnny, qu'on est ensemble. Alors c'est quoi, ça ? Tu te sers de nos noms. Tu veux pas qu'on soit amis ? Donne-nous 150 000 et personne saura rien. »

Plus tard dans la journée, le micro que Menard avait installé dans son appartement enregistra une conversation en calabrais et en anglais au café Reggio.

> COTRONI : Je ne me contenterai pas de miettes. Voyons. Il ne m'en a pas parlé. [...] Y'a dit qu'on jouait dur à Montréal. [...]
> VIOLI : Il faut essayer, sans ça on aura rien.
> COTRONI : Alors il devrait donner 150 ?
> VIOLI : Non... Euh... Disons la moitié ?
> COTRONI : La moitié.
> VIOLI : La moitié.
> COTRONI : Parce qu'il s'est servi de notre nom, *compare*.

Toujours au Reggio, les deux Montréalais confrontèrent Papalia. Ce dernier se plaignit que l'arnaque lui avait rapporté 40 000 $ seulement. Le ton sur lequel Papalia répondit montre bien qui étaient les véritables chefs. Si les Cotroni ne s'étaient jamais réellement affranchis des Bonanno, ils pouvaient néanmoins en imposer à Papalia, le plus grand mafioso d'Ontario.

> PAPALIA : Il a 260. Croyez-moi. S'il a reçu 300 il lui reste 260.
> COTRONI : Ouais. J'imagine d'ici le gars dire : « J'ai tout donné à Johnny. »
> PAPALIA : Il peut dire qu'il l'a donné au diable, il peut dire n'importe quoi, moi j'ai rien reçu, Vic.
> COTRONI : J'espère, parce que… on va te tuer.
> PAPALIA : Je sais que tu le ferais, Vic. Je le sais. Je vais lui parler, mais sur mon territoire. Pas ici, Vic.
> VIOLI : Comme ça, on ne retrouvera jamais le gars.
> Papalia : Alors venez à Toronto. Venez.
> VIOLI : N'importe où. En autant qu'on règle l'affaire.

Le 13 mai 1974, les Montréalais n'avaient toujours pas obtenu ce qu'ils considéraient être leur dû. Une conversation en calabrais enregistrée à Reggio Foods fut interrompue par un bruit sourd, comme si Violi avait donné un violent coup de poing sur la table. Il considérait son propre nom comme un bien lui appartenant, une valeur monnayable, une arme, et il menaçait de sévir contre quiconque oserait l'utiliser sans autorisation ou sans avoir payé rubis sur l'ongle.

> COTRONI : Tu vas lui dire : « Johnny, marche, mais marche droit. » C'est tout.
> VIOLI : Non, non. Je vais lui dire : « *Compare*, dis-toi bien qu'on n'aime pas les affaires croches. On est amis. On peut parler, mais il faut se respecter. Avec nous, tu dois jouer *straight*. Le gars s'est servi de notre nom. Vous travaillez ensemble. Il a reçu le fric parce qu'il a utilisé notre nom. Il est censé te le donner, et toi nous l'apporter. Maintenant, ce gars-là a encore l'argent. […] On veut… » Oui ! Je vais lui dire qu'on veut notre part, si ce gars-là est avec lui. Sinon, qu'il nous le laisse ; on va s'en occuper. Je vais lui parler, je vais m'en occuper moi-même.
> COTRONI : Euh… Non. Regarde, on peut l'avoir. […] Si le gars commence à chialer quand tu lui parles, tu dis : « Écoute, on va parler calmement, sans crier. »

Violi : Oui, oui, crains rien.
Cotroni : Tu vas dire ça à Johnny. Tu dis : « Regarde, on n'est pas ici pour se faire des peurs. » C'est ça. On va lui parler doucement. [...] C'est pas compliqué, non ?

John Papalia était un homme vulgaire et à cran, plus que la moyenne de son milieu. À la fin du procès, il était devenu une vraie bombe à retardement. Mario Latraverse, alors chef de la brigade antigang de la police de Montréal, témoignait ce matin-là. Pendant la pause, Papalia et un de ses hommes suivirent Latraverse aux toilettes et commencèrent à l'insulter. Latraverse se souvient avoir répliqué : « Maudit bâtard, t'es peut-être le roi des caves dans ta porcherie, mais tu vas pas m'écœurer, c'est certain. »

Sur ces entrefaites, survint le gendre de Cotroni, Tino Baldelli, qui tenta de calmer la situation : « Non, non, Monsieur Latraverse... »

Les choses en étaient restées là. Mais, à la pause suivante, Latraverse suivit à son tour Papalia aux toilettes. La chef de la brigade se rappelle de la scène en ces termes : « J'ai fermé la porte et j'ai dis : "Tu veux qu'on règle ça ? Y a juste toi et moi..." Il s'est écrasé. » Lorsque Latraverse passa la porte, Cotroni l'aborda : « Monsieur Latraverse, je viens d'apprendre ce qui s'est passé. Ne vous en faites pas. Je vais lui parler. Vous êtes un gentleman et il ne va pas vous traiter comme ça. »

Si Cotroni était frêle à cette époque, son nom ne l'était pas. Papalia ne risqua plus un seul couinement à l'endroit du détective. Mais à l'heure du lunch, Papalia reporta ses frustrations sur un caméraman de la CBC qui faisait un reportage dans le cadre de la série *Connections* sur le crime organisé. Papalia avait une dégaine de série B avec son complet brillant, son chapeau mou et ses lunettes noires, et l'opérateur ne pouvait s'empêcher de le filmer.

« Maudit dégénéré d'enfant de chienne ! lança Papalia au caméraman. Lâche ta caméra, pis approche, ostie de bâtard. M'a t'arracher la tête, sacrament ! Espèce de... Espèce... Christ de chien ! » En panne d'une insulte encore plus crue, le voyou cracha au visage du caméraman et conclut son allocution avec un retentissant : « Chien sale ! »

Un sous-fifre, encore moins articulé que son maître, gratifia le photographe d'un vicieux coup de pied.

On imagine à quel point Papalia devait bouillir, plus tard dans la journée, quand le juge Peter Wright rendit justice. Le magistrat exprima aux accusés le profond dégoût que ceux-ci lui inspiraient, qualifiant la preuve d'accablante. « Chez aucun d'entre vous je ne perçois de remords, ou un quelconque espoir de réhabilitation, précisa-t-il. Vous êtes des criminels endurcis et résolus, qui terrorisez les gens. Votre fortune repose sur la peur et les vices de vos contemporains. Vous avez recours à la menace et à l'extorsion dans un secteur de la société où meurtre et violence sont au service de la cupidité et du pouvoir. » Wright condamna chacun des accusés à six ans de prison.

Six mois plus tard, le verdict était commué en cour d'appel pour Violi et Cotroni. Stanley Bader s'envola pour la Floride où il se trouva un emploi dans une firme de pierres précieuses. Quelques années plus tard, le 16 mars 1982, il fut abattu dans sa luxueuse villa. Au cours de l'année, il avait reçu une série d'appels de menace, dont un qui disait : « Regarde derrière toi. Tu ne tiendras pas une semaine. […] C'est pour ce qui s'est passé il y a cinq ans. »

Chapitre 16

Paolo sur la sellette

> *L'Église accueille chacun dans la mort.*
> Un prêtre acceptant de célébrer
> les obsèques de Paolo Violi.

Paolo Violi était réputé pour ses colères. Apprenant que Menard l'avait trompé, il aurait vaguement souri en haussant les épaules. Certains de ses officiers enjoignirent Vic Cotroni d'éliminer Menard : cet exemple vengerait l'honneur bafoué. Mais Cotroni répondit simplement : « Demandez à Paolo. » Curieusement, Violi se manifesta aucun signe de colère. Au contraire, il paraissait admiratif, à l'instar d'un entraîneur s'émerveillant des performances triomphales de l'équipe adverse. « Il m'a bien eu », reconnut Violi. Aux habitués de son café, il lança : « C'est un meilleur soldat que tous vous autres ! »

Violi devait penser que les choses auraient pu être pires. En quittant Saint-Léonard, Menard annonça à Violi qu'il s'installerait en Ontario car il ne pouvait plus supporter la montée du nationalisme au Québec. Violi était bien d'accord : il offrit à Menard de le mettre en relation avec sa famille par alliance, les Luppino de Hamilton. « Ils vont s'occuper de toi », déclara-t-il. Mais la police avait décidé, au grand dam de l'agent, qu'il fallait clore l'opération. Violi dut être soulagé à l'idée que sa belle-famille n'avait pas eu le cafard dans leur salon.

Rompu au code du silence, Violi refusa de témoigner devant la Commission d'enquête sur le crime organisé (CECO). Ce n'était toutefois pas suffisant pour redorer son blason. Les enregistrements avaient montré que Violi ne correspondait pas aux standards traditionnels du leader mafieux. Il était vantard, bavard et pis encore : c'était un pitoyable bandit qui n'hésitait pas à abuser des jeunes mariés de la Petite-Italie et à priver les enfants de Saint-Léonard de leurs cadeaux de Noël.

Ce manque de respect aurait des conséquences. Désormais, les Calabrais et leur entourage étaient vulnérables aux attaques de la branche sicilienne de la famille aux ambitions contrariées. Violi avait gracié Menard, mais ses confrères n'en feraient sûrement pas autant à son égard.

Le conseiller de Violi, Pietro Sciarra, avait choisi le jour de la Saint-Valentin 1976 pour amener sa femme assister à la projection de la version italienne du *Parrain*. Un film revalorisant pour les bandits, et qui véhiculait des valeurs traditionnelles d'héroïsme dans un monde corrompu. Même si Sciarra était sicilien, Violi l'appelait affectueusement « Oncle Petrino ». Les deux hommes s'étaient reconnu un attrait commun pour le crime de type « organisationnel », ainsi que Violi l'avouerait dans un enregistrement : « Oncle Petrino, on est ici pour penser, pour organiser les choses, pour tel gars ou pour tel autre. […] Notre rôle est toujours de faire en sorte que les affaires marchent bien. »

Le petit cinéma du quartier nord de Montréal, dans lequel on jouait *Le Parrain*, appartenait à Palmina Puliafito, la sœur de Vic Cotroni. Facilement accessible, celui-ci était situé à la croisée de deux voies rapides. Au moment de sortir au bras de son épouse, Sciarra avait cessé de vivre. Un homme portant une cagoule l'anéantit d'un seul coup de 12. Une exécution digne de la prose de Mario Puzo. Ironiquement, Sciarra, 61 ans, mourait en héros, comme si sa mort avait été décrite par le célèbre romancier. Au cours des années 1960, Sciarra avait été incarcéré sur une île de son pays natal dans un but préventif car il était membre de la Mafia. C'était à l'époque où on avait décidé de faire le ménage. Jusqu'à la fin, Sciarra vouerait allégeance au code de l'*omertà*, même lorsqu'il semblait absurde de s'y conformer. Deux mois avant son spectaculaire assassinat, Sciarra affirmait, en italien, devant la Commission d'enquête sur le crime organisé, ne pas connaître la signification des termes « Mafia » et « anti-Mafia ».

Il y avait seulement deux explications possibles au meurtre de l'oncle Petrino. La première était qu'il avait vendu la mèche à l'enquête. Il avait en effet été condamné à 15 années d'emprisonnement pour avoir illégalement séjourné au Canada, mais n'avait jamais purgé cette peine. La seconde était que le meurtre de Sciarra était le premier acte d'une guerre contre Violi. Violi devait y avoir pensé. Il se savait vulnérable et savait également que sa mort aurait arrangé certains membres de l'aile sicilienne de la famille Cotroni.

Rien ne laisse croire que le meurtre de Sciarra ait pu effrayer Francesco Violi, le frère de Paolo. Le 8 février 1977, celui-ci se trouvait seul au bureau de la Violi Importing and Distributing Co. Ltd., au 11530, 4e avenue, à Rivière-des-Prairies. Il discutait au téléphone avec un homme, lorsque ce dernier fut surpris d'entendre ce qui ressemblait à des détonations. Il entendit ensuite des pas précipités, puis, plus rien. Les policiers trouvèrent Francesco gisant sur le sol. Ils supposèrent que deux hommes au moins avaient tiré, car le corps présentait des plaies au niveau de la poitrine et des membres, et le visage avait reçu une décharge de fusil de chasse.

On émit l'hypothèse que Violi serait la prochaine victime. En effet, si on souhaitait la mort de Paolo, il fallait d'abord éliminer Francesco. « Il [Francesco Violi] avait le malin en lui », dirait Mario Latraverse, de la brigade antigang. Normand Ostiguy, sergent détective de la brigade antigang, ajouterait : « Il était pire que Paolo. [...] Il était capable de tout. »

À la nouvelle de la mort de son frère, Paolo Violi était en train de purger sa peine pour outrage au tribunal et attendait un prochain verdict dans la cause Bader. Il dissimula fièrement ses émotions quant à la tristesse mêlée de crainte qu'il éprouvait. Une photo prise à cette époque le montre vêtu d'un maillot, en train de se relaxer près de la piscine de la prison, en compagnie d'une cohorte souriante. Il tuait le temps à déguster du cognac de contrebande en compagnie de ses camarades, à gérer les affaires familiales et à écrire quotidiennement à Grazia, son épouse. Marié depuis plus de dix ans, Violi semblait encore amoureux. Il envoya des centaines de lettres à sa femme, parfois cinq par jour. Il arrivait que les lettres soient écrites en vers et joliment ouvragées, car Violi dessinait des petits cœurs, des fleurs et des oiseaux sur les entêtes. Grazia les collait dans un album, s'émerveillant de la façon dont Paolo veillait à son équilibre. Elle devait confier un jour à la journaliste Ann Charney : « Lorsque je lui rendais visite en prison, il savait me rendre heureuse. Il ne voulait pas que je me fasse de souci. […] Il me chérissait comme si j'avais été son bébé. »

La nuit tombante apportait avec elle son cortège d'angoisses. Violi savait très bien que c'était l'heure où les tueurs accomplissent leur lugubre besogne. On dit qu'il avait la permission de s'enfermer dans sa cellule. « Tu sais, Paolo, c'était un type qui se méfiait de tout le monde en dedans, se souvient un de ses acolytes. Il avait toujours peur qu'on lui fasse la peau. Pendant la journée, ça allait. Mais pas la nuit. Tu sais, en prison, il ne se passe rien pendant la journée, c'est la nuit que le trouble commence. »

Lorsque Violi fut libéré, à l'automne, tous savaient que sa tête était mise à prix. Selon la police, la somme atteignait 50 000 $. Un homme plus nerveux et moins orgueilleux que Violi aurait immédiatement quitté la ville. Mais Violi préférait mourir dans son monde plutôt que de le fuir. Un type comme Nick Rizzuto s'était, lui, réfugié au Venezuela en apprenant que Violi voulait sa peau. Violi était exceptionnellement passif. Ainsi, il n'y eut pas de représailles contre les Siciliens, alors que ceux-ci étaient, de toute évidence, les principaux suspects des récents meurtres. L'organisation de Violi s'était scindée au moment de son emprisonnement. Comme le précise un officier de police : « Il n'avait plus aucune protection. » Si Violi avait accepté l'aide des policiers, cela aurait fait la différence entre la vie et la mort, mais il refusa. « Il n'a pas coopéré avec nous et on ne lui a pas offert de protection en échange d'une éventuelle entente. Il nous a clairement dit que tout cela ne l'intéressait pas. »

Paolo Violi continua de fréquenter ses repaires favoris : sa *gelateria*, et la société d'importation Violi, qu'il gérait avec son frère Rocco. Il se rendait souvent dans son ancien café attenant à la *gelateria*, qu'il avait récemment vendu à des Siciliens, les frères Giuseppe et Vincenzo Randisi. Violi se sentait en famille chez les Randisi. Leur père, Giuseppe, était un mafiosi de grande réputation récemment extradé du Canada pour cause de relations mafieuses. Le café était ce genre de lieu dans lequel un homme pouvait être descendu devant tous les clients et où les policiers auraient toute la misère du monde à dénicher un témoin. Violi, lui, s'y sentait bien.

La police apprit que trois hommes avaient été engagés pour commettre un meurtre. Ils se mirent à suivre des Siciliens suspects de Montréal. Le 22 janvier 1978, après trois semaines de surveillance continue, les policiers s'accordèrent une journée de repos. « Les policiers devaient reprendre la surveillance de certains suspects dès le lundi, expliquerait un officier. Nous avions décidé de donner une journée de congé aux hommes car ils étaient fatigués et on croyait qu'il ne se passerait rien. Nous avons pris une chance. »

Ce soir-là, Paolo Violi reçut un coup de téléphone à son domicile. Les Randisi l'invitaient à venir jouer aux cartes. Il accepta. Vers 19 h 30, il téléphona à Grazia pour la prévenir qu'il reviendrait souper à la maison. À 19 h 32, Vincenzo Randisi était à la table ; Giuseppe s'occupait du bar. Violi terminait sa partie, dos à la porte, lorsque deux hommes armés portant des passe-montagnes firent irruption dans la salle. Ils devaient s'être cachés au sous-sol. « Tout le monde à terre ! » ordonna l'un d'eux. La douzaine de clients présents se précipita sous les tables de billard, à l'exception de Violi. Un des hommes pointa son 12 à canon scié sur la nuque du seul homme encore assis et tira. Violi n'avait que 46 ans. Une deuxième décharge symbolique l'atteignit ensuite à la tête. Les angoisses de Violi étaient bel et bien terminées. Quelques minutes après le meurtre, on appela Grazia : il s'était passé quelque chose au bar, elle devait venir. Grazia fonça chez les Randisi mais trouva l'entrée envahie de voitures de policiers. Elle retourna dans sa grande maison de brique blanche, et veilla près de la fenêtre jusqu'à ce qu'on lui apprenne, à l'aube, que son mari ne reviendrait plus jamais.

Tout cela était dans l'ordre des choses, mais, apprenant cette nouvelle, Bob Menard fut secoué. Il savait que la dégringolade sociale de Violi en avait fait un élément inutile, une sorte de poids mort. Il savait également le sort qu'on réservait à de tels éléments dans le monde de Paolo Violi. Menard n'ignorait pas non plus que son travail d'infiltrateur avait contribué à rendre cette exécution possible. « J'étais choqué », dit-il. « Pas triste, choqué. » Menard s'insurgea à l'idée que Violi aurait mieux fait de quitter Montréal, de se refaire ailleurs, ou, encore, de se livrer à la police. « Paolo n'était pas un fuyard. Il ne se serait jamais sauvé de quoi que ce soit. [...] Pas Paolo. Jamais. [...] C'était juste pas son genre. L'honneur, c'était sa vie. Je ne dis pas ça pour le glorifier, le sacrament. Je dis juste que c'est comme ça qu'il était. »

L'assassinat bouleversa également Vic Cotroni. Des semaines plus tard, il se cantonnait toujours dans sa somptueuse retraite de

Lavaltrie, apparemment en deuil, et redoublant de prudence quant à sa sécurité. Le meurtre rappelait à chacun sa réalité : plus on passait de temps dans la Mafia, plus on avait de chances d'être descendu. Selon une rumeur, Cotroni aurait pu lancer un contrat contre Violi. Le parrain vieillissant ne s'estimait pas prêt à céder le pouvoir, surtout pas à un élément passif comme Violi. Il était toutefois plus vraisemblable que Cotroni ait à regret cautionné le meurtre de son associé, sachant qu'un refus de sa part aurait signifié sa propre perte. Cotroni n'était pas homme à s'opposer à la filière new-yorkaise, et celle-ci ne pouvait qu'avoir approuvé l'élimination de Violi. « S'il avait cherché ailleurs, il aurait été réduit à néant », trancha un officier de police spécialiste de la Mafia.

Il y avait 31 Cadillac noires et 31 landaus de fleurs valant au bas mot 18 000 $ aux funérailles de Violi. Signe de grand respect, voire d'amour. Vers les neuf heures, la police dut fermer certaines artères pour laisser passer le cortège. Entre autres manifestations de sympathie, certaines marques de condoléances venaient des États-Unis, de Naples, de Carmine Galante, et de petits entrepreneurs de Saint-Léonard. Son père envoya une couronne représentant une grosse horloge dont les aiguilles indiquaient 19 h 32, l'heure de la disparition.

Selon les standards de la Mafia du nord de la ville, les funérailles furent impressionnantes, sinon spectaculaires. Dans la Mafia, les obsèques doivent refléter le pouvoir d'un homme et le respect qu'on lui voue. Francesco avait eu 26 landaus de fleurs et Louis Greco, pas loin de 40. Mais la mère de Vic Cotroni avait, elle, imposé la norme avec 60 landaus de fleurs.

Le corps de Paolo Violi reposait dans un cercueil de bronze et de fer d'une valeur de 3000 $. Il fut transporté à l'église Madonna della Difesa où il avait l'habitude d'aller tous les mois. L'église du nord de la ville – qui peut accueillir 1 000 fidèles sous sa gigantesque voûte représentant Mussolini à cheval, aux pieds du pape Pie XI – n'était qu'à demi remplie par des curieux et les proches du défunt. Une douzaine de jeunes hommes tentaient de garder les journalistes à distance, tandis que trois prêtres célébraient une messe, sur les chants d'un chœur d'hommes. Un des jeunes gardes, reconduisant un journaliste à la rue, avait dit : « Ce n'est pas ouvert au public aujourd'hui, c'est pour la famille. »

Dans l'église, personne n'était aussi spectaculaire que les bouquets. Aucun représentant des grandes familles mafieuses américaines n'était présent, signe que Violi n'avait pas su établir de liens solides avec les États-Unis et l'Italie. Nulle surprise, par conséquent, que le caïd ait été éliminé. À l'aéroport de Dorval, et toute la semaine au salon mortuaire, on avait remarqué quelques mafiosi de haut rang de Toronto, Hamilton, Détroit et Buffalo, mais aucun, ou presque, n'assista aux obsèques. Naturellement, Giacomo Luppino, le beau-père de Violi, était venu de Hamilton avec sa famille le lendemain même du meurtre. L'associé de longue date de Violi, Mike Racco, du groupe Siderno de Toronto, avait tenté d'éviter les flashes des journalistes en sortant du salon mortuaire. Cosimo Stalteri, un Torontois recherché en Italie pour interrogatoire à propos d'un meurtre, l'accompagnait. Frank Sylvestro, de Guelph, était là, sous prétexte, comprit la police, d'assister à un match de hockey. Par ailleurs, il n'y avait aucun représentant des Fils d'Italie, du Congrès national des Italo-Canadiens et de la Fédération italo-canadienne. Un observateur du voisinage décrit ainsi la cérémonie : « Beaucoup plus de gens étaient aux funérailles de son frère. On dirait qu'il n'y a pas de gros *boss*, personne d'important. Ça court à droite, à gauche. Y'a pas de sécurité. Ça fait désordre. » Malgré la confusion, on remarqua la présence de Vic Cotroni. Mais il n'était pas assis auprès des Violi.

Il y avait peu de gangsters, mais une masse de photographes du Service de police de la Ville de Montréal, de la SQ, de la GRC et du ministère canadien de l'Immigration. Ceux-ci avaient tenté sans trop de conviction de se faire passer pour des journalistes avec leurs habits de ski-doo et leurs combinaisons de neige, alors qu'une de leurs caméras portait l'étiquette « *C Division Training* ». La plupart de ces photographes se trouvaient sur le trottoir, parmi une soixantaine de journalistes et de techniciens. D'autres étaient hauts perchés sur des grues, dominant la procession. La police, pour sa part, s'était installée au troisième étage de l'école voisine afin de filmer l'événement. Trop de fla-fla, aux yeux d'un résidant. « Vous exagérez avec ce gars-là, confia-t-il à un reporter au café du coin. C'est quoi l'idée ? C'était un truand, mais y en a plein ! Vous faites toujours un plat quand c'est un mauvais Italien qui meurt, alors qu'il y en a plein de bons. Il est mort. Laissez-le donc aller. »

Toute la semaine, des appels anonymes (soi-disant de paroissiens) avaient assailli la ligne du presbytère. « Comment osez-vous enterrer un cochon pareil au sein de l'Église catholique ? » demandait-on. Le père Marius De Santis répondait invariablement : « Je vais vous citer le Christ : "Que celui qui n'a jamais péché lance la première pierre." Qui êtes-vous pour le juger ? Le seul jugement qui compte est celui d'en haut. L'Église accueille tout le monde dans la mort, que ce soit vous ou Paolo Violi. »

Grazia, la veuve de Violi, resta impassible pendant les 40 minutes de la messe dépourvue d'éloge funèbre en bonne et due forme. Mais, à la sortie de l'église, elle cessa de se contenir. Derrière elle, son beau-père en était, lui, à ses deuxièmes obsèques dans la même année. Ses yeux de charbon ne laissaient rien paraître de sa douleur. Lorsqu'elle monta dans la Cadillac cernée de curieux, Grazia fondit en larmes. Au cimetière de Notre-Dame-des-Neiges, elle pleurait au point de ne plus pouvoir avancer. À la vue des caméramen de la CBC, hissés sur une grue au-dessus de la fosse, certains proches brandirent des pelles, menaçants.

Les obsèques qui devaient se dérouler dans la dignité avaient sombré dans la violence, rappelant étrangement le parcours de Violi.

Qui avait eu l'audace de tuer Paolo Violi ? Qui était assez confiant pour le faire à Saint-Léonard et échapper à toutes représailles ? Alors que Violi était au faîte de sa gloire, personne n'aurait pu s'en approcher sans que ses espions ne le lui apprennent. Pourtant, tapie dans l'ombre, l'aile sicilienne de l'organisation Cotroni aurait eu raison de lui. La police envisagea, bien sûr, la filière Galante. De sa prison, l'homme pouvait avoir ordonné l'assassinat de Violi, une valeur nulle à ses yeux depuis l'enquête sur le crime organisé. Mais il était plus plausible que le Sicilien Nick Rizzuto, celui que Violi voulait tuer, ait été le commanditaire du meurtre. Cette théorie gagna en crédibilité à mesure que l'enquête progressa. Deux membres de sa famille par alliance furent soupçonnés. Cela laissa penser que le Sicilien avait tout préparé, sans pour autant appuyer sur la gâchette.

Traditionaliste, Paolo Violi aurait apprécié le style de l'exécution, à défaut d'en approuver la victime. Cela avait été fait dans les règles de l'art. L'arme était une Zardini, uniquement fabriquée dans un petit village du sud de l'Italie, et fonctionnant avec des plombs plus gros que la plupart des plombs vendus en Amérique du Nord. On en avait scié le manche, lui donnant l'allure d'un gros pistolet. Ses canons étaient superposés au lieu d'être côte à côte, selon la norme américaine. Le meurtrier s'était approché de sa proie et, d'un coup de Lupara, l'avait abattue, épargnant ceux qui se trouvaient à proximité.

Avant même la mise en bière de Violi, la police avait arrêté trois immigrés siciliens, deux à leur domicile de Saint-Léonard et un autre dans un bar du quartier. Dépourvu de casier judiciaire, Agostino Cuntrera se trouvait néanmoins sur la liste. Un nom qui deviendrait célèbre tandis que les Siciliens prendraient le contrôle des affaires de la famille. Celle-ci, désormais, fonctionnerait davantage selon le mode new-yorkais, qui accorde aux Siciliens la main haute sur les cinq principales familles.

La police avait déjà surpris les trois hommes se rencontrer dans leur maison de Saint-Léonard, dans un centre d'achats local et, enfin, au Mike's Submarine, propriété de Giovanni Di Mora et de Cuntrera. La police avait surtout pris note que les suspects s'étaient retrouvés au repaire de Nick Rizzuto, un club social italien qui faisait bar. Ceux-ci avaient également été vus dans le voisinage de Rosina Baldelli, la fille de Vic Cotroni avec qui ce dernier vivait, depuis la mort de son épouse. Enfin, on les avait aperçus au bar *espresso* de Violi, racheté par les Randisi. Or, Nick Rizutto et Vincenzo Randisi étaient amis. Cette série de rendez-vous cessa au moment où la police remorqua l'Econoline rouge que les suspects avaient mal garée.

Le véhicule avait été loué sous une fausse identité par Dominico Manno. Y jetant un coup d'œil, à la fin du mois de décembre 1977, la police y découvrit deux armes à canon scié, une M-1 et un fusil de chasse. Le 29 décembre, la police surprit Di Mora et Manno entrer dans le café des Randisi par la porte arrière, portant chacun un sac en plastique ayant pu dissimuler une carabine. La police fila Di Mora et l'aperçut dans la camionnette se rendre avec son associé jusqu'à sa propre voiture. Les hommes embarquèrent et circulèrent pendant un moment à proximité du domicile de Violi, rue Comtois.

Lorsque l'affaire du meurtre de Violi arriva en cour, un des suspects, Paolo Renda, le gendre de Nick Rizzuto, avait quitté Montréal. On le supposa au Venezuela ou en Italie. À la cour, Di Mora fixait ses interlocuteurs sans ciller, refusant de s'en laisser imposer par les journalistes et les amateurs d'histoires salaces. C'était le type même du tueur à gages, avec ses cheveux gras bien lissés et sa grosse face écarlate ornée de favoris touffus. Il avait le corps d'un quart arrière, transpirant la puissance même sous son paletot de cuir anthracite. Si le *look* pouvait tuer, Di Mora n'aurait pas eu besoin de sa Zardini. En revanche, Manno et Cuntrera faisaient figure de victimes, se couvrant le visage avec leurs mains et leurs vestes de cuir, et se détournant des regards inquisiteurs, à la façon de chiens battus. Le quatrième homme, Vincenzo Randisi, avait été relâché faute de preuves.

On les autorisa à plaider coupable à des accusations de complot plutôt que de meurtre. Cela laissa planer le mystère sur celui qui s'était servi du Zardini. La Couronne devait craindre ne pas avoir suffisamment de preuves pour les condamner pour meurtre.

La juge Claire Barrette-Joncas conclut que, hormis cet épisode sanglant, les auteurs du crime étaient des citoyens exemplaires : « Il s'agit d'immigrants modèles qui, accomplissant les tâches les plus modestes, se sont efforcés de gagner leur vie convenablement et de se tailler une place honorable dans la société. » Di Mora et Manno écopèrent chacun de sept années de prison, tandis que Cuntrera fut condamné à cinq années de réclusion. Au vrai, ils auraient pu écoper de quatorze ans chacun, ce qui indigna les journalistes du journal *The Gazette* : « Une société qui laisse les criminels s'en tirer à si bon compte (condamné à sept ans, un prisonnier sera libéré sur parole au bout de 24 mois) cautionne ni plus ni moins les règlements de comptes. [...] Tout au long de sa vie active, Violi aura œuvré à saper le respect de la loi. Même dans la mort, il aura continué à le faire. »

Quatre fils Violi avaient immigré au Canada dans les années 1950. Trois d'entre eux reposaient au cimetière de Notre-Dame-des-Neiges sous une arche de marbre. Sculpté dans la pierre, un oiseau de proie montait la garde près de statues représentant deux anges et Jésus. Deux des frères avaient été assassinés et un dernier avait péri dans un accident de voiture. Il ne restait que Rocco Violi, qui n'était pas une figure marquante du milieu. Mais c'était tout de même un Violi, et il devait se demander quand son tour viendrait. Un après-midi de juillet 1980, un motocycliste se rangea à un feu rouge près de sa vieille Oldsmobile grise, à l'angle du boulevard Pascal-Gagnon et de la rue Paul-Émile Gamache. Le motard sortit un fusil à canon scié de son blouson et tira en direction de Violi. Mais celui-ci, démarrant en trombe, échappa à la mort. Avant même d'atteindre la prochaine intersection, il était toutefois rattrapé par le criminel. Cette fois, le coup porta.

Rocco Violi survécut miraculeusement à douze plombs dans la tête. Son œil gauche avait été gravement blessé. Un autre homme aurait voulu fuir, se cacher, ou bénéficier de la protection de la police. Mais Rocco refusa que des hommes en uniforme surveillent sa chambre à l'hôpital Maisonneuve. Il refusa également d'aider la police à retracer ceux qui avaient attenté à sa vie. « Il parle pas beaucoup, du moins pas avec nous », rapporta un enquêteur.

Une plage de paix dura trois mois. La crise semblait dissipée. Le 17 octobre 1980, toutefois, Rocco lisait tranquillement le journal dans la cuisine de son duplex de Saint-Léonard, rue Houel, en compagnie de ses enfants, lorsqu'il s'affala de tout son long. Tirée depuis le troisième étage d'un édifice commercial, une minuscule balle de carabine de précision avait suffi à l'anéantir. On retrouva une Remington 308 munie d'un viseur télescopique sur le toit de l'édifice, de même qu'une serviette de table qui avait dû servir à effacer les empreintes.

Le meurtre ressemblait plus à un crime politique qu'à un attentat mafieux, bien que Rocco Violi n'ait rien eu d'un *don*. Il n'y avait eu ni intimidation, ni contact direct avec la victime, ni égard au fait que ses fils aient été présents. Encore une fois, aucun des proches de Rocco n'aida la police, ce que la victime aurait approuvé. « Ils coopèrent très peu avec nous », confirma l'enquêteur.

Rocco fut enterré auprès de ses frères au cimetière de Notre-Dame-des-Neiges, après une messe dite en latin à l'église Madonna della Difesa, où il avait coutume d'aller tous les matins. Seuls quelques amis triés sur le volet furent invités au salon Alfred Dallaire, rue Jean-Talon. Afin d'éviter une affluence de curieux, on célébra le service plus tôt, soit à 9 h 30. Un portier à la carrure imposante veillait à éloigner les badauds. Des arrangements floraux très discrets ornaient les 14 Cadillac du cortège. Aucune figure marquante du milieu n'était présente, bien qu'une couronne portât le nom de Joe Bonanno. Celui-ci remerciait les Violi de l'avoir reçu dans les années 1960. Malgré ce témoignage de reconnaissance, les Violi n'avaient pas bénéficié de liens protecteurs avec les New-Yorkais, ceux-là même qu'avait établis Vic Cotroni. Or, cela avait scellé leur destin. Paolo Violi avait insisté pour que Vic Cotroni s'affranchît de ses patrons américains. Maintenant les Violi n'étaient plus, et le vieux Vic continuait de régner. Ainsi, il avait raison, sans pourtant en faire état.

C'était la quatrième fois qu'on permettait à Domenico Violi, déporté à deux reprises dans les années 1920, de venir de Parma, Ohio, pour enterrer un de ses fils. Il avait jusqu'à la tombée de la nuit pour inhumer le dernier représentant de la génération Violi dans le sol de leur pays d'adoption.

Chapitre 17

Le retour de Carmine

*Entre vous et moi, tout ce que je fais,
c'est cultiver des tomates.*

Carmine Galante

Carmine Galante avait aidé Cotroni à s'introduire dans le milieu new-yorkais dans les années 1950. Vingt ans plus tard, il préparait son retour sur la scène new-yorkaise. Le petit homme au cigare était toujours dévoré d'ambition. Il allait bénéficier d'une libération conditionnelle de sa sentence de 20 ans pour trafic d'héroïne. C'était une bonne nouvelle pour Vic Cotroni. Ébranlé par le meurtre de Violi et par la montée des Siciliens, son fief septentrional avait besoin d'un sérieux coup de barre. Carmine Galante n'avait sans doute pas chômé derrière les barreaux de Lewisburg. Située dans la région minière de la Pennsylvanie, la vieille prison était surnommée le Country Club. La Mafia y contrôlait l'aile à sécurité maximale, le bloc G. De la viande de première qualité et des fromages fins étaient dissimulés dans de faux plafonds. On pouvait, pour 30 $ seulement, et grâce à des gardes compréhensifs, obtenir une flasque de scotch. Du haut de l'aile qu'il dominait, Galante décrétait qu'il n'y aurait ni soûlerie, ni bataille, ni dispute en sa présence. S'il entendait quelque parole arrogante, il se dirigeait droit vers les belligérants, cigare aux lèvres, leur accordant une seule minute pour s'expliquer. Galante résoudrait définitivement le différend en déclarant à l'un : « Tu as raison », et à l'autre : « Tu as tort. » « Les gardiens n'avaient pas un mot à dire, c'est Lilo qui menait, rapporte

Vincent Teresa, un des truands incarcérés. D'un claquement de doigt, il aurait pu transformer la prison en champ de bataille. Au lieu de ça, il faisait régner la loi et l'ordre. »

Quelques prisonniers privilégiés avaient l'honneur de dîner avec Galante au « Club Lewisburg ». Ils y jouaient aux cartes, ingurgitaient d'énormes steaks et savouraient des fines conservées dans des flacons d'après-rasage. Pour savoir si tel ou tel nouveau prisonnier se méritait cette invitation, Galante procédait à un subtil interrogatoire. L'air de rien, il mentionnait quelques noms. Si le nouveau venu demeurait impassible, il passait l'épreuve de la discrétion. Parmi les privilégiés, il y avait Jimmy Hoffa, président du syndicat international des Teamsters, écroué pour avoir tenté d'acheter un juré dans une cause d'extorsion et s'être approprié 1,7 million de dollars du fonds syndical. L'impétueux John Gotti impressionnait aussi Galante, qui tenta vainement de l'enrôler dans le groupe Bonanno. Il appartenait en effet déjà à Neil, c'est-à-dire à Aniello Delacroce, un sous-chef de la famille Gambino, sa rivale. Le jeune frère de Cotroni, Frank, avait lui aussi l'honneur de se délecter des fromages de Galante, et de bénéficier de ses précieux contacts dans le bloc G. Frank purgeait alors une peine pour trafic de cocaïne et en profitait pour élargir son réseau.

Tout au long de ses années en prison, Galante était demeuré fidèle et loyal à Bonanno. Il explosait de fureur chaque fois qu'il évoquait Carlo Gambino, le petit homme qui, l'air de rien malgré son cœur faible, était le plus puissant mafioso de New York. Galante se disait que Gambino était responsable du déclin de la Mafia depuis la fin des années 1950. Gambino s'était opposé au trafic de drogue, croyant que cela finirait par détruire leur organisation criminelle. Le commerce de la drogue était passible de lourdes peines de prison, ce qui, forcément, augmentait le taux de délateurs parmi les truands. Gambino limita également l'adhésion de nouveaux membres au sein de la famille afin de prévenir l'infiltration policière. Ces mesures ne firent que détourner de leurs familles les jeunes criminels qui leur préféraient l'immense marché de la drogue, alors en pleine expansion. Ainsi, le milieu se trouva doublé par de jeunes truands qui auraient pu lui redonner un souffle nouveau. Galante voulait changer tout cela et il était déterminé à passer à l'action. À Lewisburg, il se gardait en forme en jouant régulièrement au ballon volant. « Quand je vais sortir d'ici, répétait-il, je ferai chier Carlo Gambino en plein milieu de Time Square. » Enfin, en 1974, Galante fut admissible à la libération conditionnelle. Les plus ambitieux de la famille Bonanno se mirent en quête des meilleurs cigares cubains pour les lui offrir.

Afin de mener à bien son ambitieuse campagne, Galante devait d'abord reconquérir sa place au sein de la famille Bonanno. Parmi les plus forts, Phil Rastelli, dit le Rouillé, bloquait le passage, sans toutefois ignorer les conséquences d'un tel affront. Des années plus tôt, en 1962, Connie, son épouse, furieuse qu'il l'ait trompée avec une femme plus jeune, avait cherché à se venger en parlant à la police. Au début, les agents ne l'écoutèrent que d'une oreille, mais ils furent tout ouïe lorsqu'elle leur livra l'adresse du lieu où la police cachait un important témoin du procès de Big John Ormento (le procès qui avait valu 20 ans de prison à Galante). Ormento lui conseilla de se taire, mais en vain. Peu de temps après, elle était morte.

Phil Rastelli se souvint peut-être de cet épisode lorsque son gendre se fit abattre, peu après que Galante fût sorti de prison. Il se rangea alors, cédant la place qu'il occupait au sommet. En ce temps-là, les Bonanno étaient la plus faible des cinq familles (200 membres seulement, dont les Cotroni, plus 180 associés). Galante entreprit de rétablir intégralement l'ancien code de loyauté et de discipline de la Mafia. Il réactiva la filière française de la drogue et demanda aux Cotroni de s'occuper de l'acheminement des cargaisons d'héroïne. Il cherchait des points de débarquement sur la côte est pour les livraisons en provenance de l'Asie du Sud-Est, et entreprit d'établir des liens avec des fournisseurs sud-américains. À cette fin, il s'allia avec des membres des familles Genovese et Lucchese. Il comptait améliorer la distribution en Amérique du Nord et s'accaparer le marché mexicain qui était sous contrôle montréalais.

Toute cette activité augurait mal pour les trafiquants qui refusaient de céder la place. C'était le cas de Carmine Consalvo, et de son frère Frank. Millionnaire de la drogue à l'âge de 39 ans, Consalvo ne voyait pas l'usage d'un Galante dans son réseau. On crut difficilement à la version policière du suicide lorsqu'on retrouva son corps sous la fenêtre de son luxueux appartement, au 24e étage d'un immeuble de Fort-Lee, New Jersey. Frank Consalvo, son frère, garde du corps d'Aniello Delacroce, lui-même au service de la famille Gambino, jura de se venger. On retrouva son cadavre au pied d'un édifice de la Petite-Italie. Il venait de jouer le dernier acte de ce que la presse avait appelé « le cas des Consalvo volants ». Selon la police, une quarantaine d'autres trafiquants furent assassinés, pendant que Galante reprenait possession du terrain que lui avaient usurpé les Noirs et les Hispaniques de Harlem, de Bedford Stuyvesant, du Bronx, de Newark et de Jersey City. Il reprit le contrôle de certaines activités familiales à Brooklyn, à Long Island et au New Jersey, ainsi que le contrôle total de myriades de petites entreprises familiales, licites et illicites : prêt usuraire, extorsion, pressions syndicales, vêtements, camionnage, restauration, clubs de nuit et, enfin, une fabrique de fromage au Wisconsin.

En libération conditionnelle depuis 1981, Galante devait agir avec prudence. À la moindre erreur, il retournerait derrière les barreaux. Aussi se déplaçait-il avec des gardes du corps, évitant de porter lui-même une arme. Il n'apportait aucun soin à sa tenue vestimentaire. Bien qu'il possédât une épatante garde-robe, il déambulait à Greenwich village vêtu d'une camisole et d'un pantalon retenu à la taille par une corde. Il ne discutait affaires ni au téléphone, ni dans sa maison de Greenwich village, place Waverly, une simple demeure de brique rouge. Il ne se sentait en confiance que dans des cabines téléphoniques et ne mettait jamais rien par écrit. Son impression d'être surveillé était loin d'être de la paranoïa : la Drug Enforcement Agency, le FBI, la Brigade des narcotiques et le bureau du crime organisé du Service de police de New York ne le lâchaient pas d'une semelle.

La police avait donc appris beaucoup de choses à son sujet. Aucune des limousines dans lesquelles Galante se faisait transporter n'était immatriculée à son nom. Parfois, il se baladait dans la Cadillac dorée de sa fille. Celle-ci conduisait comme un cowboy, au point que Galante en rêvait comme d'une recrue de choix pour la Mafia. Père et fille se rendaient fréquemment dans un appartement de la 38ᵉ rue. Galante y retrouvait Ann Acquavella, depuis 20 ans sa maîtresse et mère de deux de ses enfants. Comme Vic Cotroni, Galante était un catholique trop fervent pour se résoudre au divorce. Parmi les restaurants favoris de Galante, il y avait un bar-restaurant près de l'ancien marché de poisson Fulton, de East River. Il choisissait lui-même ses artichauts et ses tomates dans le village, chez Balducci. Il appréciait enfin les produits de la pâtisserie De Robert's, sur la 1re avenue. Sur la 3e avenue, la cuisine du *Tre Amici* faisait ses délices, tout comme l'ambiance du bar-salon Crescent, avenue U, à Brooklyn. Galante aimait jogger le long de l'East River, près de l'édifice des Nations Unies, et jouer au ballon volant au YMCA. Dans la Petite-Italie, il travaillait à la blanchisserie L & T, rue Elizabeth. Bien qu'officiellement employé de cet endroit, il y était traité comme un prince. Ses amis proches pouvaient lui toucher doucement le bras, alors que l'attitude déférente des autres attestait sa puissance. La police relevait les numéros de plaques des voitures des gens qui se rendaient dans sa maison de Hampton Bays, New York, ainsi que les numéros de ses cabines téléphoniques favorites. Les policiers constatèrent également que le petit homme mettait lui-même ses ordures à la rue. À l'automne 1976, la police avait remarqué que Galante avait renvoyé deux associés à Montréal, probablement pour rencontrer les Cotroni, ses alliés de longue date.

Carmine Galante n'eut pas à se donner la peine de mettre ses menaces à exécution à l'endroit de Carlo Gambino. Le truand mourut de sa belle mort dans son lit, dans sa petite retraite de Long Island au bord de la mer. Vulnérable, l'organisation aurait pu devenir une proie facile pour Galante, mais cela aurait été sans tenir compte de la férocité du candidat à la succession, Aniello Delacroce. Celui dont le nom signifie « petit agneau de la croix » n'avait rien d'une victime. Il prenait au contraire un vrai plaisir à tuer. Comme le dit un agent fédéral : « Il aime scruter le regard de ses victimes, tel un ange noir avant de leur retirer la vie. » Delacroce aimait également jouer au prêtre et se faire appeler « père O'Neil », ainsi que la mauvaise prononciation de son prénom lui en avait donné l'idée. Ses proches étaient déconcertés par son habitude d'envoyer une doublure le remplacer en public.

Tandis que le père O'Neil risquait la vendetta avec Galante, ce dernier perdit sa libération conditionnelle pour « association avec des malfaiteurs connus ». Delacroce en profita pour solliciter auprès de la Commission un contrat contre Galante.

Des tueurs d'au moins deux familles souhaitèrent goûter la gloire d'un tel exploit. Le magazine *Time* rapporta que, bien qu'il jouissait d'un statut exceptionnel en prison, Galante dut s'y faire protéger par des hommes armés de la Mafia qui surveillaient sa cellule pendant la nuit. On dit que, lorsque Galante fut transféré au pénitencier fédéral de Danbury, au Connecticut, ses gardes armés le confinèrent jour et nuit dans sa cellule. Les enregistrements révèlent que Galante avait raison de craindre l'extrême-onction du père O'Neil. Un officier de probation de Manhattan avertit les gardiens de Danbury que, « selon une source extrêmement sûre, on allait attenter à la vie de Galante dans [leur] institution ».

On isola Galante. Mangeant et s'entraînant en solitaire, celui-ci ne faisait confiance ni aux gardiens, ni à l'aumônier de la prison. Il aurait été plus à l'aise sur la rue. Au terme d'une suite rocambolesque de péripéties, il fut libéré par erreur, réincarcéré, puis libéré à nouveau sous condition.

En 1977, le FBI vérifia un renseignement à l'effet que le célèbre financier Meyer Lansky avait mis à prix la tête de Galante. Une année plus tard, on revérifia si sa tête n'était pas toujours mise à prix. Si Galante s'en faisait avec cela, il n'en laissa rien paraître au journaliste John J. Miller : « Personne ne me tuera jamais. Ils n'oseraient pas. Ils peuvent m'appeler le patron des patrons, si ça leur chante. Entre vous et moi, tout ce que je fais, c'est cultiver des tomates. »

Carmine Galante remonta au sommet grâce à la vague des zips, ces immigrants de Sicile que l'on faisait venir pour combler des manques dans le milieu. Ils devaient ce nom à la rapidité avec laquelle ils parlaient leur langue natale. Ils faisaient si habilement affaire dans le monde de la drogue, que, dans les années 1980, ils contrôlaient la majeure partie du trafic entre la Sicile et l'Amérique du Nord. En prison, Galante n'avait pas encore rencontré de mafiosi de ce type. Les sommes faramineuses (c'est-à-dire le pouvoir de la narcolire) renforçaient l'autonomie des barons siciliens de la drogue, toujours plus arrogants et plus violents. Dans cette fièvre de pouvoir et de sang, nul n'était en sécurité.

Le 12 juillet 1979, quatre jours après avoir discuté avec Miller, Galante lunchait à Brooklyn, rue Nickerbocker, chez Joe and Mary's. Il voulait y saluer son cousin Giuseppe Curano, alors sur le point de partir en vacances en Sardaigne avec sa femme et sa fille. Le restaurant était raisonnablement sécuritaire pour Galante et sa brigade, dont les membres avaient un sens profond du clan. Arrivés à New York via Montréal, ils savaient également se taire jusqu'à la mort au sujet de leurs activités. C'étaient les pires tueurs du milieu et Galante les considérait comme sa chose. Galante s'était rendu chez *Joe and Mary's* dans une limousine Lincoln couleur sable. L'arrivée avait été légèrement retardée par le chauffeur d'une Plymouth grise, qui s'était énervé parce que la limousine était stationnée en double file sur la rue Nickerbocker. « Eh ! Bouge ta caisse ! » avait-il hurlé. Mais lorsque Galante était sorti de la Lincoln, le chauffeur avait aussitôt reconnu l'homme au profil d'aigle. « Excusez ! Désolé ! », s'écria-t-il, en démarrant en trombe.

Galante se dirigea vers la terrasse ombragée du restaurant et glissa quelques mots à Constance, la mère de Turano, alors occupée à crocheter sous un tableau représentant la Dernière Cène. Deux de ses zips, Baldassare Amato (Baldo) et Cesare Bonventre (Le Grand), l'y rejoignirent. Malgré la canicule, les deux hommes portaient des blousons de cuir. Après avoir mangé une salade et bu du vin rouge sous la tonnelle, Galante alluma un cigare. Vers 14 h 45, Little Mo, un membre de longue date de la famille Bonanno, se plaignit soudain d'une douleur à l'estomac. « J'ai mal, je me sens pas bien. [...] Je dois aller à la maison ! » gémit-il, plié en deux, en se précipitant dehors.

Heureuse initiative ! À ce moment même, quatre cagoulards surgirent dans le restaurant. L'un d'eux garda la porte, sa mitraillette noire contre lui. Les trois autres se dirigèrent droit vers la terrasse avec un fusil à pompe, un fusil de chasse à double baril et des pistolets automatiques. Depuis la cuisine, Constanza, la jeune fille de Turano, entendit son père demander : « Qu'est-ce qui se passe ? » Une pétarade éclata aussitôt dans la salle. Jamais plus Constanza n'entendrait la voix de son père. Une volée de double canon arracha la tête d'un officier de Galante. Atteint en pleine poitrine, Galante tomba à la renverse. Un des tueurs s'approcha de lui et lui tira une dernière balle de 45 dans l'œil gauche. Entre ses dents, le cigare achevait de se consumer.

Le soleil pâlissant de l'après-midi miroitait sur la bague rose du caïd. Sa montre Cartier marchait encore. Accompagnés des gardes du corps de Galante, les tueurs s'éclipsèrent et disparurent dans une Mercury bleue.

Plus tard dans la journée, au club social Ravenite, dans cette véritable mecque touristique qu'est la Petite-Italie, la police surveillait une fête. On croyait que les assassins étaient parmi les invités et qu'ils échangeaient des impressions avec les pseudo-gardes du corps de Galante. Cet été-là, Philip Rastelli, rival de Galante, se trouvait au centre correctionnel fédéral de Manhattan. La police avait remarqué que, avant et après le crime, ce dernier n'avait cessé de recevoir des visites de l'état-major des Bonanno.

Dans un polar, le tueur est toujours le personnage qui n'éveille aucun soupçon. Dans la Mafia, c'est tout le contraire. Presque tout le monde, au club social Ravetine, avait une bonne raison d'éliminer Galante. On penchait pour une réelle conspiration. Même le grand patron, Joe Bonanno, n'appréciait pas beaucoup le style « rentre-dedans » de Galante. Suite à ses tentatives d'envahir les casinos d'Atlantic City, ce dernier s'était mis à dos les grands patrons du jeu.

Galante n'avait pas manqué d'attiser les hostilités en jouant les stars. L'intérêt qu'on lui portait atteignit son zénith en février 1977, lorsque les journalistes rivalisèrent de scoops à son égard dans le *New York Times*, le *Time*, le *New York Daily News* et le *New York Post*. Dans ces articles, un seul leitmotiv : rien n'empêcherait Galante de devenir le patron des patrons de la Mafia. Thomas Plate, un auteur spécialiste de la Mafia, prétendit que le gouvernement lui-même était l'instigateur de cette tempête médiatique. Le service de renseignements (United Intelligence Division – UID) de la Drug Enforcement Administration (DEA) était sous révision à la Maison Blanche. On menaçait de lui couper les vivres. Pour redorer le blason du service, son personnel colligea des renseignements des forces policières dans un impressionnant rapport de 59 pages, intitulé « Rapport sur le crime organisé concernant Carmine Galante ». Redoutable et ambitieux, Galante l'était, bien évidemment. Mais les gens du UID l'avaient choisi pour la simple raison qu'ils le connaissaient bien. Une fois le rapport entre les mains des médias, Galante devint le numéro 1 de l'actualité, ainsi que le service qui l'avait porté aux nues.

Certains dossiers secrets du FBI laissent croire que Galante n'était pas à la hauteur du portrait que les médias en avaient brossé. Le 7 juillet 1979, une note de service du FBI mentionnait : « La presse rapporte que Galante a été tué parce qu'il aspirait au titre de *Il Capo di Tutti* Capi (le chef des chefs). [...] Il n'y a pas eu de chef des chefs de la Mafia depuis que Charles Lucky

Luciano a aboli le titre en 1931 en créant la Commission. À notre avis, Galante n'avait pas cette ambition démesurée. » Cela laisse penser que Galante aurait été victime d'une supercherie de la part du milieu et des autorités en place.

Mort, Galante fut boudé par le milieu et par l'Église. Aucune personnalité ne se pointa au salon funéraire Provenzano Lanza pour lui rendre hommage. Seule l'épouse de laquelle il était séparé, sa fille Nina et son avocat, Roy Cohn (qui s'était fait une réputation de maccarthyste dans les années 1950) étaient présents. « Même son personnel le détestait », dirait un officier de police à propos de Galante. « On découvre beaucoup de choses aux funérailles de quelqu'un, rajouterait-il. Moi, ça m'apprend que Galante ne peut plus faire peur à personne et, surtout, que personne ne veut plus rien savoir de lui. »

En effet, Galante n'était plus très populaire. La veille de son enterrement, le cardinal Terence Cooke annonça: « L'archidiocèse de New York ne peut pas autoriser la célébration des obsèques selon le rite catholique. Nous offrons nos condoléances à la famille, mais nous ne pourrions assumer le scandale que provoquerait une cérémonie liturgique. » Le dernier refus d'enterrer religieusement un homme datait de 1957. Il s'agissait des funérailles du « Bourreau », Albert Anastasia, de la famille Gambino, assassiné alors qu'il se faisait tailler la barbe au Park Sheraton Hotel, à Manhattan. Galante avait volé les gens toute sa vie, on sut pourtant se montrer charitable à son égard : Cooke permit à un prêtre de dire les prières. Sa fille Nina fondit en larmes lorsque le religieux aspergea le cercueil d'eau bénite en disant : « Nos prières s'achèvent et nous te disons adieu. Le départ est triste, mais nous gardons l'espoir de retrouver notre frère dans l'amour et la joie par la miséricorde du Seigneur. Que Dieu soit notre juge. »

Carmine Galante aurait pu donner un nouvel élan à Cotroni dans les années 1970, ainsi qu'il l'avait fait, 20 ans plus tôt. Au lieu de cela, Vic Cotroni avait perdu son successeur, Paolo Violi, et se trouvait maintenant face au vide laissé par le départ de Galante. Il vieillissait, et sa famille devrait sans doute affronter seule les défis des années 1980.

III

SOULÈVEMENT

> *Les monopoles – presque toujours engendrés et soutenus par les gouvernements – deviendraient plus rares et dureraient moins longtemps. Les vieilles dynasties s'effondreraient pour céder la place à des dynasties éphémères. Œuvrer dans l'ombre serait de moins en moins aisé.*
>
> Michel Bliss,
> *Entreprises du Nord.*

Chapitre 18

Les années quatre-vingt

Ça m'étonnerait qu'on le retrouve au bureau de la main-d'œuvre.
Un officier de police commentant la sortie de prison de Frank Cotroni.

Le 25 avril 1979, au terme du tiers de sa sentence de 15 ans pour trafic de cocaïne, le plus jeune des Cotroni fut libéré sur parole. Il ressemblait davantage à un prince au retour d'une croisade qu'à un trafiquant ayant passé des années à Lewisburg, dans l'aile de la Mafia. La chevelure élégamment rejetée à l'arrière, le regard brillant, le sourire radieux, il marchait dans l'aéroport, en compagnie de son avocat new-yorkais. Un chapeau noir coquinement enfoncé sur les yeux, Me Iannuzzi avait également l'allure d'un aventurier. Il se tenait légèrement derrière Cotroni, tandis que le mafioso avançait sous les flashes des journalistes qui s'agglutinaient autour lui. Au fil des années, Cotroni avait gagné en majesté. Il paraissait moins menaçant qu'à l'époque où les revolvers et les battes de baseball se trouvaient toujours, comme par enchantement, à portée de main. Tel un sauveur qu'on n'attendait plus, Cotroni redorerait le blason de sa famille: il transportait un attaché-case contenant une étude sur le crime organisé, et ses doigts brillaient de l'éclat rose d'une imposante chevalière. Cette mise en scène avait à la fois l'heur de flatter son ego et d'attester sans équivoque, à l'intention du milieu, qu'il était de retour.

Ironiquement, avant son incarcération, Frank n'avait pas été si important dans l'organisation. Il s'occupait de ses affaires de drogue, de clubs de nuit et de diverses arnaques, tandis que le véritable chef, Vic, avait déjà choisi son héritier, Paolo Violi. Aux dires de tous, cette situation satisfaisait Frank. Cependant, depuis son passage à Lewisburg, les temps avaient changé. Violi reposait maintenant avec ses frères au cimetière de Notre-Dame-des-Neiges, et l'aile sicilienne avait supplanté la calabraise. Carmine Galante, qui avait tant fait pour lier la famille aux Bonanno, avait disparu. Ses frères, Vic et Pep, étaient, pour leur part, passablement amortis par une décennie de procès, de tribulations et de condamnations. Les holdings, licites et illicites, étaient partout littéralement assiégés. La famille Cotroni elle-même n'était plus ce qu'elle était. Au sein de la Mafia, bastion du conservatisme, il y avait maintenant des divorces et le mariage de Frank Cotroni battait sérieusement de l'aile !

De nouveaux contacts avec les États-Unis s'imposaient, surtout depuis que, plus tôt dans l'année, Galante avait été assassiné. Les nouveaux modes de communication rapprochaient les gens, les lieux. Pour avoir un tant soit peu de succès, Cotroni devait affronter une concurrence planétaire. Les gangsters sortaient de leur quartier, renonçant à toute fausse modestie à la Giacomo Luppino, beau-père de Violi, pour se livrer à la concupiscence féroce des opérations capitalistes de grande envergure.

Pour parvenir à ses fins, Frank Cotroni devrait se démarquer des méthodes traditionnelles de ses frères et de Paolo Violi. Il avait toujours paru bizarre de le classer parmi les criminels italiens, alors qu'il était né à Montréal et que son style était tout à fait nord-américain. Sur la rue, on l'avait affublé de sobriquets français et italien. Tantôt on l'appelait « Le Gros », tantôt « *Il Cice* », qui signifie le cœur tendre et vivace d'une noix. D'un naturel plus expressif que son frère Vic, Frank Cotroni irradiait, en ce 25 avril 1979, l'excitation d'affronter les dangers et les défis qui se présenteraient à lui.

De sombres rumeurs avaient couru à l'effet que Frank avait failli ne pas s'en tirer. On aurait libéré ce prisonnier modèle plus tôt que prévu. Or, selon un officier de police spécialiste de la Mafia, cette attitude de Cotroni n'aurait pas plu à Carmine Galante et les gardiens de Lewisburg auraient eu vent d'un complot. Selon l'expert, « [Galante] pensait que Frank parlait. Les autorités durent assurer la protection de Cotroni. Confiné, celui-ci se serait exclamé : "Lâchez-moi. Je suis pas un *stool*." » Le fond de cette histoire demeure un mystère : un des intéressés est décédé ; l'autre n'accorde pas d'entrevues à la presse.

À Lewisburg, on remet traditionnellement 100 $ aux prisonniers pour les aider à leur sortie. Frank Cotroni ne se donna même pas la peine de les empocher. Quelque part entre Lewisburg et Montréal, il troqua le blouson et le pantalon bruns qu'il avait achetés en prison, pour un magnifique complet gris, avec chemise blanche et cravate assortie. Deux cigares dans la pochette donnaient à l'ensemble une touche festive. Frank fut le premier passager à débarquer de l'avion de la Eastern Airline en provenance de Philadelphie. Arborant un large sourire, il observa à la lettre le sacro-saint principe de l'*omertà*, serrant les mains des reporters et ne répondant à aucune de leurs questions. Tandis qu'il prenait place dans une Cadillac bleu de Prusse, son avocat, Sydney Leithman, déclara : « Je ne sais pas quels sont ses plans. » Un policier aurait alors lancé : « En tout cas, ça m'étonnerait qu'on le retrouve au bureau de la main-d'œuvre. »

Cinq mois après sa libération de Lewisburg, le frère aîné de Frank, Giuseppe, rendit l'âme dans un hôpital. Il ne s'était vraisemblablement jamais remis d'un séjour prolongé dans les cachots humides et primitifs de Stoney Mountain. Libéré, il ne joua plus aucun rôle d'importance au sein de la famille, continuant toutefois d'avoir un œil sur des activités d'extorsion, de trafic de drogue, de paris illicites, de titres volés et de fraude. Il avait aussi des intérêts dans une *spaghetteria* et dans une entreprise de distribution de farine à pizza. Sa belle-mère avait par ailleurs recours à ses talents pour administrer sa propriété, estimée à 500 000 $. On dit que Frank aimait son frère et que sa mort dût l'affecter. Vic, l'aîné de la famille, s'était confiné, quant à lui, à une semi-retraite, luttant contre le cancer qui finirait par l'emporter en septembre 1984. La famille ne paraissait plus aussi vigoureuse que jadis.

Dans l'entourage de Frank Cotroni se trouvait un jeune Québécois, assez bel homme, sans projet d'avenir particulier. Réal Simard se considérait personnellement comme un yuppie, un être voué au culte des biens de ce monde, aimant les enfants et craignant la vue du sang. Des critiques tatillons auraient plutôt vu en lui une brute déguisée en carte de mode, un être plus violent et plus indiscipliné que son patron.

Simard était un pur produit de la rue Saint-Timothée, là où les Cotroni avaient débuté, dans les années 1930. Fils d'un buveur, très porté sur la distribution de raclées à ses enfants, Simard était aussi le neveu d'Armand Courville, ami et associé de Vic Cotroni. Ainsi, longtemps avant de le rencontrer, Simard admirait Frank Cotroni. À cette époque, on apercevait souvent le plus élégant des frères Cotroni dans de grands restaurants, ou au volant de sa Lincoln Continental, symbole de réussite. Cotroni était un modèle pour le jeune homme.

Simard commença par l'extorsion, le port d'armes prohibées et par une série de vols de banque qui musclèrent son casier judiciaire. Cherchait-il la figure paternelle qui lui faisait si cruellement défaut ? Le jour où il rencontra Frank Cotroni en prison, en 1970, Simard déclara qu'il était le neveu d'Armand Courville et Cotroni le prit aussitôt sous son aile. Partageant avec lui la fine Cognac qui lui parvenait dans des tubes à cigares, il commença à lui expliquer que les hold-up n'étaient certainement pas les agissements les plus lucratifs.

Frank Cotroni fit de Simard son chauffeur attitré. C'était une des meilleures méthodes d'ascension. Al Capone avait débuté comme chauffeur de Johnny Torrio et Galante avait fait de même avec Bonanno. La chance de Simard lui valut d'être envié par les hommes de Cotroni, qui supportaient mal d'être devancés par une recrue, qui plus est même pas italienne. Les hommes de Frank se méfiaient des étrangers. Par beau temps, pas de problème : les étrangers fonctionnent. Mais quand éclate la tempête, ils ont la réputation de se mettre à table et de vider leur sac. Mais qu'importe ? Simard jouissait littéralement des émotions qu'il suscitait dans la famille.

Les fonctions de l'engagé se limitaient à conduire le patron depuis sa résidence de Rosemont à divers hôtels ou restaurants du centre-ville, où il traitait ses affaires. À l'occasion, Simard passait chez le nettoyeur ou s'acquittait de missions de ce genre. En général, le grand truand n'aimait pas épiloguer sur la pluie et le beau temps, et n'avait pas encore fait de son chauffeur son premier conseiller. Simard passait donc ses après-midi dans les bars à tuer le temps. Puis Cotroni s'ouvrit peu à peu, témoignant d'une forme de respect à son égard. Une nuit, alors que la Lincoln avançait doucement sous les lampadaires, Cotroni dit soudain : « Réal, je veux que tu fasses quelque chose… de particulier. Du solide. » Une chose très simple : le Gros voulait que Simard tue un homme. Bientôt, Cotroni s'appliqua à transmettre à Simard tout ce qu'il savait sur l'art de l'embuscade, insistant sur une règle essentielle : « Tu ne pars jamais sans lui avoir foutu une dernière balle dans la tête. »

Michel Marion, dit Fatso, 39 ans, était un poids lourd dans le milieu, tant pour sa corpulence que pour sa réputation. C'était un ancien associé du fameux braqueur passé maître de l'évasion, Richard Blass, dit le Chat, tué par la police quelques années plus tôt dans un chalet des Laurentides. Fatso avait réussi à abattre quelques amis de la famille, et son éventuel trépas devait être pour Frank une façon spectaculaire d'annoncer qu'il revenait en force et en pleine forme.

Le 18 janvier 1980, Fatso prenait tranquillement son petit-déjeuner dans un restaurant de Sainte-Adèle, dans les Laurentides, quand Simard entra calmement, extirpant un revolver du journal qu'il tenait contre lui. Marion ne vivait probablement plus quand Simard tira une troisième balle, cette fois dans la tête de la victime. Simard se souviendrait de la réaction de Cotroni, le soir même, à table. Souriant tel un père à son fils, le truand l'aurait pris par le cou et, l'embrassant sur les deux joues, aurait dit : « Je suis content pour toi. T'as vraiment fait une bonne job. »

Giuseppe Montegano ne devait pas être un problème pour Simard. Vendeur de cocaïne du nord de la ville, il avait eu la mauvaise idée de vendre du stock de qualité inférieure aux fils de Frank. On disait qu'il était aussi très près des Siciliens et qu'il avait parlé à la police. Enfin, ses rares chances de s'en sortir fondirent comme neige au soleil lorsqu'il se vanta de faire sniffer sa camelote aux jeunes Cotroni à la pointe du fusil.

Simard pensait attirer Montegano au Club social Agrigento, un club privé de la rue Bélanger appartenant à Francesco Cotroni, le fils de Frank. Il lui ferait une invitation qui ne se refuse pas pour une balade en voiture. À sens unique, bien sûr. Frank ne voulait pas que le sang se répande dans le club de son fils. Mais, flairant le piège, Montegano sauta par la fenêtre. Simard parvint à l'abattre mais le travail fut bâclé. Simard était extrêmement embarrassé, moins par la mort de Montegano que par la façon dont elle s'était produite. Frank le rassura : qu'importait si la police avait fermé le bar, la famille possédait d'autres établissements. Il l'embrassa encore une fois sur les deux joues, en lui précisant qu'il aurait amplement l'occasion de perfectionner son art.

Chapitre 19

Menace sicilienne

> *Nick est revenu quand tout le monde était mort.*
>
> Un officier de police décrivant le retour de Nick Rizzuto à Montréal.

Si vous roulez un ou deux kilomètres vers l'ouest à partir de la vieille prison de Bordeaux, à Montréal, vous tomberez sur une série de manoirs de style Tudor, « plus grands, selon un officier de police, que le palais de justice ». Ce quartier est l'épicentre du tremblement de terre qui ébranla le monde de Frank Cotroni, tandis que ce dernier essayait de reprendre le contrôle de la famille. Plutôt que de se gagner le respect de leur voisinage par la médiation, les Siciliens se créèrent un fief de marbre et de fer forgé, agrémenté de larges fenêtres avec verre cathédrale. Cette création de banlieue les isolait de leur communauté d'origine tel un rideau de silence. Vito Rizzuto, le fils de Nick, dont le visage évoquait celui d'un basset, s'était installé dans ce secteur huppé de la ville, dans une demeure de pierre taillée d'inspiration médiévale. Son père habitait à côté. Nick Rizzuto était considéré comme le plus important mafioso sicilien de Montréal et celui qui profitait le plus de l'assassinat de Paolo Violi. Une quantité de personnages originaires de Cattolica Eraclea, le village natal de Nick Rizzuto, habitaient dans les parages, et plusieurs avaient été photographiés en compagnie de Cesare Bonventre (le Grand), l'exubérant garde du corps de Galante, qui l'avait si hypocritement protégé à la fin.

Envolée, l'époque bénie où le mafioso de service, tel Violi, jouait les Salomon auprès de ses voisins. Ces nouveaux résidants siciliens étaient clairement impliqués dans le trafic de drogue, une activité plus ou moins appropriée pour favoriser le dialogue entre voisins. « Ils n'ont plus de liens [avec la vieille communauté de Saint-Léonard], de préciser un officier de police. Ils veulent que personne s'approche. Ils ne veulent pas leur portrait dans le journal. Ils veulent qu'on les oublie. »

Les policiers comparent parfois le crime organisé à un ballon : si l'on presse assez fort à un endroit, le volume se déplace. C'est ainsi que des Siciliens prirent la place des Calabrais peu de temps après la mort de Paolo Violi, en janvier 1978. La famille Cuntrera-Caruana, qui opérait discrètement sous la gouverne de Nick Rizzuto (de l'aile sicilienne de la famille Cotroni), intensifia ses opérations. On la vit émerger du nord de la ville... à New York, en Suisse, en Angleterre et au Venezuela, où elle jouissait toujours d'excellents contacts politiques. Quelques années plus tard, quand les Calabrais eurent perdu de leur mordant, Nick Rizzuto revint à Montréal. Comme le dit un officier de police de Montréal : « Nick est revenu quand tout le monde était mort. » Pino Arlacchi, le sociologue expert de la Mafia, précise que le fait que les Siciliens soient originaires de petites localités a contribué à leur anonymat : « D'autres familles existent qu'on ne remarque pas, qui sont pourtant extrêmement importantes sur le plan international. [...] Simplement, on ne les remarque pas. »

Les Cuntrera-Caruana incarnaient le nouvel esprit de la Mafia. Leurs modèles étaient les requins de la finance et leur credo la consommation ostentatoire. Ils vivaient et se déplaçaient à un rythme d'enfer dans des BMW 732i ou des Mercedes-Benz 500sel, tout en menant une vie de pacha dans des manoirs anglais, comme *Broomfield Manor* ou *The Hook*. Sortis des vieux quartiers populaires, les enfants étaient inscrits dans des écoles privées de haut niveau, telle Selwyn House, où ils fréquentaient la progéniture des capitalistes les plus en vue. À mesure qu'avançait la décennie, la coupure entre Calabrais et Siciliens s'accentua, reléguant les Cotroni aux vieux quartiers et aux bouges du centre-ville, tandis que les Siciliens, dans leurs demeures cossues, ourdissaient des complots financiers rendus possibles par les milliards de la drogue.

La police trouva les Siciliens plus coriaces que les Calabrais. Leur esprit de clan rendait toute infiltration difficile, voire virtuellement impossible. Comme l'affirmait le sergent-détective Normand Ostiguy, de la brigade antigang de la police de Montréal : « C'est de plus en plus difficile. Ils sont parfaitement au courant des appareils qu'on utilise. » Même interceptées, les conversations étaient difficiles à déchiffrer. Les bandits faisaient usage de codes ; ils ne se limitaient pas à désigner la drogue par le terme « chemise ». Et Ostiguy d'ajouter : « Ils sortent prendre une marche pour parler. Ils ne se risquent plus à discuter au bureau ou dans leur voiture. Ils savent qu'on peut y être, électroniquement parlant. »

Au début des années 1980, Frank Cotroni apprit qu'un des blanchisseurs de longue date de la famille travaillait également pour ses rivaux siciliens. Michel Corrado Celestino Pozza avait été un confident de Louis Greco, l'ami de Vic Cotroni, du temps où Siciliens et Calabrais travaillaient ensemble au sein de la famille. Né à Trente, dans le nord de l'Italie, Pozza n'était ni sicilien ni calabrais. Il n'avait aucune inclination viscérale pour la vendetta. Diplômé de l'université et respecté pour sa compétence financière, Pozza était à la pègre ce qu'un fonctionnaire brillant est à la politique : une personne essentielle à ceux qui détiennent le pouvoir. Il s'était sorti de graves problèmes de jeu à la fin des années 1970 et on s'arrachait maintenant ses services.

On ne sait pas si les Cotroni mesuraient l'ampleur de l'engagement de Pozza auprès des Siciliens. En 1979, celui-ci avait été invité à la station balnéaire de Mondello, en Sicile, en compagnie d'un important blanchisseur de Palerme. Le 16 novembre 1980, on le retrouvait à New York, avec 300 Siciliens, à l'occasion du mariage de Giuseppe Bono, dit Pino, le colosse qui approvisionnait les Cuntrera-Caruana en héroïne avant que ceux-ci ne traitent directement avec la Thaïlande. Puis Bono choisit la fameuse cathédrale Saint-Patrick pour convoler en justes noces avec la fille d'un propriétaire de pizzeria de Queens. La cérémonie fut suivie d'une réception à l'hôtel Pierre, coûtant 64 000 $. Parmi les invités qui batifolaient dans une mer de champagne, on remarqua les Montréalais Nick et Vito Rizzuto, Joseph Lopresti, et la crème des trafiquants new-yorkais et siciliens. À l'instar de Rizzuto, Bono avait transféré ses opérations au Venezuela dans les années 1970.

Frank et Vic Cotroni étaient-ils au courant de ces mondanités ? Le plus sagace des mafiosi peut, à l'occasion, être dérouté devant la complexité des alliances et rivalités de ce milieu. Surtout quand il s'agit d'insulaires hautement paranoïaques, distillant des rumeurs souvent mortelles. Ce que les frères Cotroni savaient de Pozza les agaça toutefois suffisamment pour qu'ils le convoquent. À la fin de la réunion, selon la police, Frank Cotroni aurait glissé à Simard que « quelque chose devrait être fait à propos de lui [Pozza] ».

L'épouse de Michel Pozza se trouvait à l'extérieur de la ville, le 17 septembre 1982. Pozza invita Réal Simard à prendre un verre à la maison. Tout se passa bien, sauf que le matin suivant, Simard attendait Pozza devant sa demeure, armé d'un calibre 22. Cette arme devait faire plus de dommages que son habituel 38. Pozza aurait dû normalement se trouver sous surveillance policière à la suite de ses agissements avec l'Union internationale des ouvriers et ouvrières du vêtement pour dames (UIOVD). Cette surveillance avait été relâchée faute de personnel.

Appelée sur les lieux, la police découvrit beaucoup plus qu'un cadavre. En fouillant la maison et la voiture de Pozza, elle mit la main sur une étude confidentielle du gouvernement du Québec sur la possibilité de légaliser le jeu dans la province, et sur diverses adresses et numéros de téléphone à Palerme, dont certains étaient au nom de Ciancimino, une des figures marquantes de la politique sicilienne.

En Sicile, Vito Ciancimino occupait la scène politique depuis bientôt 30 ans. Il avait dénoncé vertement la Mafia à l'époque où il était démocrate chrétien, et maire de Palerme. Puis il avait œuvré à l'octroi de permis et de contrats extrêmement lucratifs. Sous son mandat, en 1971 et 1972, quelque 4 000 contrats furent accordés, dont 2 500 à trois aînés servant de prête-noms aux opérations de la Mafia. Bien sûr, on se posa des questions. Le fameux combattant anti-Mafia, Giovanni Falcone, notamment, devait bientôt se rendre à Montréal pour se faire sa propre idée sur certaines déclarations de Tommaso Buscetta, l'ancien associé de Frank Cotroni. En 1982, Buscetta se trouvait au Brésil, bouleversé par la mort de ses deux fils. Ne parvenant pas à l'atteindre, ses ennemis s'étaient vengés sur sa famille, dont plus de 14 membres firent les frais d'une vicieuse stratégie pour forcer Buscetta à chercher vengeance en Sicile.

Buscetta s'était allié avec la mauvaise faction d'une guerre civile sanglante, ayant pour enjeu le trafic de la drogue. Son destin était lié à celui de Gaetano Badalmenti, chef de la Commission sicilienne de la Mafia de 1971 à 1978. Badalmenti était un de ceux qui, avec Carmine Galante et Joe Bonanno, avaient organisé, à Palerme, le trafic international de l'héroïne. Vers la fin des années 1960, Buscetta vécut à Toronto et à Montréal, puis déménagea à New York, où il travailla d'abord dans la construction. Le temps de le dire, il administrait des comptoirs à pizza de la Petite-Italie, des couvertures au trafic de la drogue. Arrêté à New York en 1970 pour résidence illégale, il s'enfuit au Brésil où il mit sur pied une affaire d'exportation de cocaïne, qu'il gérait depuis *Rancho Alegre*, sa somptueuse propriété des environs de São Paolo. Pays d'accueil d'une importante communauté sicilienne, calabraise et corse, le Brésil possède 16 000 kilomètres de frontières communes non gardées avec des pays producteurs de drogue : Bolivie, Pérou, Colombie et Paraguay.

Cette année-là, l'intensité du chagrin de Buscetta lui fit faire une chose qu'il aurait crue impensable : témoigner contre la Mafia. Buscetta voyait dans la Mafia une forme de gouvernement parallèle, respectant des principes inviolables. Jamais on ne devait s'attaquer aux épouses et aux enfants. Son rêve avait été pulvérisé, remplacé par une logique meurtrière fondée sur le pouvoir personnel. « Je ne reconnais plus la Mafia, dirait-il. Ce n'est pas l'organisation dans laquelle j'ai passé ma vie. Je crois maintenant à la justice et je ferai tout en mon pouvoir pour qu'elle soit faite. »

Le juge Giovanni Falcone aimait paraphraser Shakespeare : « Le courageux meurt une seule fois ; le lâche, plusieurs fois par jour. » Doté de nerfs à toute épreuve, il avait envoyé plus de 800 mafiosi derrière les barreaux. En entrevue, il impressionnait les journalistes par son humour et son courage. Cible d'une demi-douzaine d'attentats ratés, il trouvait le moyen de blaguer et de lancer des clins d'œil à la ronde. Son assassinat paraissait inévitable et les Siciliens pariaient sur l'heure de sa fin.

En janvier 1985, Falcone débarqua au Canada sous bonne garde pour enquêter, à la lumière des révélations de Buscetta, sur l'assassinat de Michel Pozza, le blanchisseur de Cotroni. Pendant trois jours, au cinquième étage du Palais de justice de Montréal, Falcone entendit une douzaine de témoins, dont des banquiers, des notaires et la veuve de Pozza. Le passage du juge à Montréal faisait partie d'une odyssée nord-américaine devant lui permettre d'étayer la preuve contre la Mafia, à partir des révélations de Buscetta. Le juge passait les renseignements au crible, les soumettant à une logique machiavélique qu'il se faisait fort de maîtriser : « Si j'ai une recette ? Bien sûr. Ne suis-je pas sicilien ? Je me demande constamment ce que je ferais à la place des mafiosi dans telle ou telle situation. J'y arrive en général droit dans le mille. »

En enquêtant sur le cas Pozza, les autorités découvrirent que Frank Cotroni n'était pas le seul à en vouloir au comptable. Pozza avait investi des millions de dollars au Québec pour Ciancimino, l'ancien maire de Palerme. Désastreux pour le Sicilien, ces investissements s'étaient avérés rentables pour Pozza. Après avoir été son invité à la station balnéaire de Mondello, c'était terriblement ingrat de sa part. Surtout, comme le découvrirait un spécialiste canadien de la Mafia, « qu'il pratiquait des taux [d'intérêt] exorbitants ».

Le sort de Pozza vient rappeler à quel point le milieu, toujours violent, s'était réduit. Le meurtre de Pozza n'avait pas résolu le problème de Cotroni avec les Siciliens. La filière nord-sud qu'ils cultivaient continuait de transcender le pouvoir d'un seul individu, si intelligent fût-il. Il était temps pour Frank Cotroni de faire appel à sa fibre nationaliste et de regarder vers l'ouest. Ce serait Toronto.

Chapitre 20

Go west, young man

> *Il est évident que nous devons concentrer nos efforts sur la famille Cotroni de Montréal.*
>
> Rapport de police présenté la veille de Noël 1983 au procureur général de l'Ontario, Roy McMurtry, par la brigade spéciale antiracket de Toronto.

Le 14 novembre 1983, à l'aéroport international de Toronto, on trouva le corps criblé de balles du gangster torontois Paul Volpe dans le coffre de la BMW de location de son épouse. Tous les regards se tournèrent vers les Cotroni. Réal Simard, le tueur à gages de la famille, avait été vu dans la région et personne n'ignorait que Frank Cotroni souhaitait s'y établir définitivement. On supposa que Volpe avait été tué pour dégager la voie. Des relations est-ouest plus cordiales pouvaient compenser pour l'effondrement de la filière new-yorkaise.

Frank Cotroni se plaignait souvent que le problème avec «Toronto la Généreuse» était une cruelle pénurie de policiers soudoyés. Profitant de l'exode des capitaux à l'aube de la victoire du Parti québécois, Toronto supplantait maintenant Montréal comme métropole du Canada. Les cyniques observeront que cette décision «d'affaires» de Cotroni coïncidait curieusement avec la résurgence des tensions avec Rizzuto, le Sicilien de Montréal.

Cecil Kirby, un tueur à gages de la famille Commisso, crut pendant un certain temps – à l'instar de la police de Toronto –

aux rumeurs selon lesquelles Vic Cotroni aurait ordonné le meurtre de Volpe. Lubie passagère d'enquêteur : on affirma bientôt que les Montréalais s'étaient toujours bien entendus avec Volpe, et que celui-ci aurait pu être un allié de première force à Toronto. En fait, Frank s'entendait si bien avec Volpe, qu'un jour, à son insu, il lui avait présenté un agent double désireux de participer aux opérations de Volpe à Atlantic City. Enfin, Vic Cotroni et Volpe s'entendaient apparemment comme larrons en foire. Ils avaient été vus avec les Luppino en train de deviser joyeusement dans un restaurant suisse de Bay-Bloor Street. Dans *Mob Rule*, un ouvrage largement consacré à Volpe, James Dubro fait remarquer que le *capo* torontois trouvait important de rendre hommage à Vic Cotroni, notamment en lui baisant respectueusement la main.

Au début des années 1980, Toronto semblait avide de sang frais, au propre comme au figuré. John Papalia, de Hamilton, profitait d'un certain relâchement au sein du pouvoir pour mener ses rackets, exigeant, rue Danforth, sa part des Grecs propriétaires de tripots. Les beaux jours de Papalia étaient néanmoins derrière lui. Un officier de police de Toronto raconta à la blague que Johnny Pops n'osait plus prendre de vacances de peur qu'on ne lui vole ses rackets. « C'est un criminel de la préhistoire, préciserait-il. [...] Son pouvoir lui vient du passé, pas de ce qu'il fait actuellement. » Peut-être Michele Racco, dit Mike, le boulanger de l'avenue Saint-Clair, en avait-il imposé, mais il était décédé de cause naturelle en 1980, et son fils Domenic n'avait pas la maturité nécessaire pour le remplacer. Il dirigeait le groupe Siderno avec les frères Commisso, mais ceux-ci, inculpés de toutes parts, purgeaient des peines de prison.

La police redoubla donc d'attention lorsque Frank Cotroni luncha sur l'avenue Saint-Clair, dans la Petite-Italie, avec Rocco Zito. Ce modeste grand-père avait fait partie de la Ndrangheta, 30 ans plus tôt, avant son arrivée au Canada. Cotroni avait beaucoup voyagé en Europe au début des années 1980, officiellement pour son entreprise d'importation de céramique. Or, la police savait que l'on dissimulait de l'héroïne dans des carreaux de céramique. Zito avait longtemps été soupçonné de collusion avec des trafiquants d'héroïne, dont Tommaso Buscetta. Au cours de l'hiver 1983, Frank Cotroni venait à Toronto au moins une fois par mois et se promenait dans la ville, conduit par le boxeur Eddie

Melo, dit l'Ouragan. La police observa Cotroni se rendre dans une salle de billard de la rue Bloor Ouest, dans un restaurant branché de Yorkville, chez un barbier italien de l'avenue Danforth, et, enfin, au Delta's Chelsea Inn, où il aurait eu une idylle avec une employée.

Les policiers n'ignoraient pas que Melo, le chauffeur de Cotroni, ait été un organisateur du Local 75 de l'Union internationale des employés d'hôtels et de restaurants, et que Cotroni en ait rencontré les représentants. Ils savaient également que le lieutenant de Cotroni, Claude Faber, était venu à Toronto. Tous ses frais d'hôtel, incluant les repas, le bar et quelques films, avaient été facturés au Local 75. Longtemps associé avec le crime organisé, ce syndicat fut une source de curiosité, de colère ou d'embarras pour les honnêtes travailleurs. En 1981, il eut le douteux honneur d'être le premier organisme à avoir jamais été répudié par la Fédération des travailleurs du Québec pour conduite dérogeante. Le syndicat entretenait des liens très étroits avec les directeurs d'hôtel et les Cotroni. Dans les années 1980, aux États-Unis, des rapports sénatoriaux et du ministère de la Justice indiquaient que le crime organisé contrôlait une large part du syndicat, et plus précisément Joseph Auippa (dit Joe Doves) de Chicago. Une présence musclée dans ces organismes permet non seulement aux gangsters d'empocher les contributions des employés, mais également de faire pression sur les hôtels pour que ceux-ci traitent avec des entreprises de la pègre. On parle ici de machines distributrices, de services de location de linge et autres, mais surtout de strip-teaseuses.

En 1981, la puissante Union internationale des travailleurs et travailleuses unis de l'alimentation et du commerce (TUAC) avait goûté à la conception du syndicalisme de Melo, notamment quand elle avait rivalisé avec le Local 75 pour représenter les travailleurs de l'aéroport de Toronto. Un barman se plaignit de ce que Melo l'aurait menacé d'un revolver en disant : « Tu ne voudrais pas qu'il arrive rien à ta femme et à tes enfants, non ? » Pour sa défense, Melo montra ses poings à l'officier de police en déclarant : « Ma seule arme, c'est ça. »

À l'approche de la Noël 1983, la police était particulièrement sur ses gardes. Domenic Racco avait été assassiné le même mois que Volpe, ainsi que Vincenzo Cherubino, un truand moins connu des autorités. La police craignait que la présence de Frank

Cotroni à Toronto n'exacerbe les tensions dans le milieu. « Je pense que [Frank] Cotroni considérait Toronto comme une mine d'or, celle que Volpe n'avait pas su exploiter », dirait un officier de police de Toronto spécialisé dans le crime organisé. Au cours d'une réunion avec les chefs de police du sud de l'Ontario, on avertit Roy McMurtry, le procureur général de l'Ontario, que la situation était grave. « Il est clair que nous devons concentrer nos efforts sur la famille Cotroni de Montréal. [...] Inutile de dire que [Frank] Cotroni est la menace numéro un. »

Sur la moquette rose bonbon de son penthouse de la rue Bay, ou au volant de sa Mercedes argentée, Réal Simard, homme de confiance de Frank Cotroni à Toronto, dégageait l'assurance du maître. Au début des années 1980, Cotroni contrôlait deux agences qui fournissaient des danseuses nues aux clubs *topless* de l'Ontario – une entreprise qui prenait une expansion particulière dans le sud de cette province. Ces danseuses étaient plus avantageuses que des strip-teaseuses de renom car elles dansaient continuellement pour des salaires dérisoires. Les clubs se bornant à les payer cinq dollars de l'heure et à les héberger, les filles vivaient surtout de pourboires. De 40 à 80 $ allaient chaque semaine à l'agence. De surcroît, les danseuses enrichissaient l'organisation en achetant leur cocaïne dans les clubs mêmes où elles travaillaient.

Au début, Paolo Cotroni, le fils de Frank, avait eu la responsabilité du service de danse aux tables mais s'était vite lassé du métier, alors que son père avait tout fait pour dégager le terrain à Toronto. Comme bien des pères qui essaient de faciliter la vie à leurs enfants, Frank Cotroni se trouvait dans une situation embarrassante. Heureusement, Simard offrit de sauver l'honneur de son patron en remplaçant Paolo. À la tête de Prestige Entertainment, au 329 rue Saint-Georges, Simard jouait les yuppies accomplis alors que, d'instinct, il suivrait toujours la loi de la rue.

Le 29 novembre 1983, Simard se dirigeait, tel un fauve, vers la chambre 345 de l'hôtel Seaway, sur les bords du lac Ontario. Son champ d'action ne se limitait pas au commerce de la chair ; il vendait également de la cocaïne à Toronto. C'est notamment ce qui le conduisit au Seaway ce soir-là. Il voulait transmettre à un de ses hommes la leçon que Frank Cotroni lui avait apprise quelques années plus tôt : si tu veux être sûr de tuer quelqu'un, mets-lui une dernière balle dans la tête.

Le dealer de drogue Robert Hétu avait fait de la boxe et avait été entraîneur au club Champion de George Cherry à Montréal, mieux connu sous le nom de « club des Hilton ». Les Hilton étaient une famille de boxeurs très populaires au Québec, et que Frank Cotroni appréciait particulièrement. Pour sa part, Robert Hétu, petit mais dangereux, s'était déjà vanté d'avoir tué quatre hommes. Ce soir-là, il se trouvait au Seaway en compagnie de Joseph Héroux, un revendeur de drogue. Les deux hommes attendaient Simard et son acolyte Richard Clément, qui devaient venir payer une dette de cocaïne. Mille fois, Hétu se rejouerait la scène précédant le moment où Héroux, contre toute attente, se retrouverait sur le sol avec quatre balles dans la tête et une dans le cou.

Hétu trouvait que le *deal* sentait mauvais, et il avait pris le soin de planquer 30 grammes de « poudre » derrière le miroir. Vers 18 heures, Clément avait téléphoné pour vérifier si Héroux et Hétu se trouvaient seuls, et avait dit qu'il arriverait sous peu pour compléter le *deal*. Entre 18 h 30 et 19 heures, environ, Héroux et Hétu entendirent des coups à la porte. « Qui est là ? » demanda Hétu. « David et Richard », répliqua Simard (qui se faisait appeler David à Toronto).

Héroux était resté assis sur le lit pendant que Hétu était allé ouvrir la porte. Cinq ans plus tard, ayant gardé des éclats de balles dans la tête, Hétu essaierait de se rappeler de ce qui s'était passé, comment Simard « [l']avait d'abord atteint au menton, puis en arrière de la tête, et comment l'associé de Simard [l']avait encore tiré à l'oreille gauche, manquant chaque fois le cerveau ».

Avec trois balles dans le crâne, Hétu bénéficia d'un point de vue particulier sur la suite des événements. Des années plus tard, il luttait encore pour se remémorer ce qui s'était passé : « Lorsque tu reçois la balle, y'a pas de douleur, mais t'as l'impression que ta tête bouge. » Hétu retenait son souffle et demeurait aussi immobile que ses nerfs le lui permettaient. « Pour faire croire que j'étais mort et éviter de m'en faire envoyer une autre », préciserait-il. Tourné vers le lit, il entendit clairement les dernières paroles de Héroux : « Es-tu fou, Clément ? » Puis la triple décharge feutrée du calibre silencieux d'un fusil le fit taire pour toujours. « Je me sentais mourir, se rappellerait Hétu. C'est difficile quand celui qui t'a tiré est juste là… T'as la chienne. »

Plus tôt ce mois-là, au cours d'une visite au bureau de Simard sur la rue Saint-George, Hétu avait réclamé un revolver et Simard lui avait tendu un pistolet 22, qu'il venait d'extraire du faux plafond. Celui-ci fut retrouvé par la police, dans la chambre 345 du Seaway, près du corps de Héroux. Aucune balle n'avait été tirée. Quant à Simard, il avait porté des gants, mais pas la fausse barbe dont il servait d'habitude, car elle lui irritait la peau.

Simard fut arrêté le lendemain du meurtre. Cela contrariait ses projets de retourner à Montréal assassiner George Cherry, propriétaire du Club Champion. L'attaque, approuvée par Frank Cotroni, selon Simard, avait été prévue le soir même d'un match de boxe. Simard admit avoir tiré sur Héroux et Hétu au Seaway, et préciserait que Clément était fier d'avoir participé à ce bain de sang : « [Clément] a dit que c'était sa première fois [qu'il participait à un crime] et il avait l'air content. Il a dit : "Je l'ai fait, je l'ai fait." Alors on s'est embrassés. Une tradition italienne quand tu fais quelque chose pour le parrain. »

Clément avait fui Toronto avec son amie danseuse. Avant d'y revenir un bref moment, il était passé par Hamilton et London. Puis il était reparti aux chutes du Niagara, à Québec, à Calgary, à Vancouver, Paris, Chypre et au Liban. La police de Toronto envoya des affiches signalétiques de Clément à Interpol qui les fit circuler dans 146 pays. La poursuite eut l'heur d'épuiser Clément, qui finit par se rendre.

Frank Cotroni devait s'interroger sur Simard. Saurait-il se taire face à des menaces d'emprisonnement ou révélerait-il tout pour sauver sa peau ? Cotroni ignorait encore qu'il y avait un danger potentiellement beaucoup plus grand dans son entourage. Il avait rencontré un homme, un blanchisseur européen, avec qui il s'était lié d'amitié. Après deux ans et demi, Cotroni avait invité le blanchisseur au mariage de sa fille et lui avait présenté Paul Volpe. En vérité, l'homme était un officier de police qui accumulait les indices pour anéantir le dernier espoir de l'empire Cotroni.

Chapitre 21

Le Cyclone

> *On était de la merde pour lui, et il avait raison.*
>
> Le tueur à gages de Frank Cotroni, décrivant la façon dont ils étaient perçus par l'ancien champion de boxe Matthew Hilton.

Insensible aux insinuations de Réal Simard, à l'effet que Cotroni aurait approuvé le complot pour le tuer, George Cherry n'avait que du bon à dire sur Frank Cotroni. On peut supposer que cette façon positive de parler était un réflexe de survie dans un monde mené par Cotroni. Cependant, lorsque Cherry évoqua sa longue association professionnelle et amicale avec les Cotroni, il est clair qu'il avait éprouvé pour eux une réelle affection.

George Cherry avait un visage poupin. Il aurait pu passer pour le frère du chanteur Mel Torme. Sa carte de visite, noire et brillante, le représentait souriant, en smoking, visiblement fier de lui-même et de sa position sociale. Les murs du bureau de son club de boxe Champion, dans le quartier ouvrier de Rosemont, étaient tapissés de photos le montrant en compagnie de ses boxeurs favoris, dont les poids lourds Joe Frazier et Floyd Patterson. Dans la salle, près du ring, il y avait une grande photo des frères Hilton, à l'époque où ils étaient encore innocents et pleins d'avenir. Non loin, une plaque commémorative était gravée des noms des bénéficiaires du club. On pouvait y lire celui de Nick Cotroni, fils de Vic. La rencontre de Cherry et de Frank Cotroni, et en particulier l'enfance de Cherry, sont dignes d'un roman de Charles Dickens.

L'histoire commence lorsque Cherry perdit sa mère, alors qu'il n'avait que cinq ans. Son père se trouvant en prison, le petit Cherry grandit dans des orphelinats. De neuf à 11 ans, il vécut avec son père, qui s'était remarié. Cette famille, fragile, ne tiendrait pas la route et George quitta définitivement la maison à 11 ans. Pendant des années, développant un sens de la rue qui lui servirait toute sa vie, il dormit dans des voitures non verrouillées. Un matin d'été, il sommeillait dans une Oldsmobile, lorsqu'il fut réveillé par la vision d'un gros visage rubicond aux cheveux noirs.

– Hé ! Qu'est-ce que tu fais là, toi ?
– J'vole pas votre voiture, monsieur. Je fais juste dormir. J'suis pas un voleur ! J'peux même pas conduire !

L'impressionnant visage rubicond scellerait son destin. L'étranger – nul autre que Frank Cotroni – lui demanda s'il voulait travailler pour lui. Le jeune Cherry passa ainsi tout un été à la campagne, chez son protecteur. Il lavait la Oldsmobile, tondait le gazon, faisait la vaisselle, et avait enfin le sentiment de faire partie d'une famille. De retour à Montréal, Cherry se fit des amis. Il passait tous ses week-end avec eux à la maison de campagne de Cotroni : « On était comme sa petite *gang*, se rappellerait-il. On jouait au volley-ball, on mangeait des spaghetti. Ils en faisaient plein, tous les dimanches, pour tout le monde. »

Cherry trouva bientôt du travail dans un club de nuit. Il vendit ensuite des billets de boxe, pour éventuellement ouvrir le club de boxe Champion. Cotroni était aux premières loges des combats top-amateurs et professionnels, et l'hôte de réceptions courues en clôture de matches. Lorsqu'il s'agissait de combats amateurs, le caïd glissait un billet de 50 $ en douce aux promoteurs : « Paie-leur une couple de hot-dogs et de Coke », suggérait-il. Pour les combats de pro, il achetait des billets à la douzaine. Cherry dira que Cotroni et lui étaient amis, rien de plus : « Je faisais pas partie de son organisation, rien de ça. »

Selon Cherry, Frank Cotroni était toujours poli, compatissant envers les pauvres et capable de désamorcer des situations explosives d'un simple mot. « Il aimait donner des poignées de main. Il vous respectait car il aimait lui-même être respecté. C'était vraiment quelqu'un de bien. Je l'ai vu au gym et, très, très souvent, avec du monde qui avaient même pas de quoi manger. Il leur offrait le lunch, leur donnait des vêtements. [...] Il avait un cœur grand comme une maison. » Cotroni était tranquille et aimable, mais sa parole ne souffrait aucune réplique dans le milieu : « J'ai connu du monde qui avait du trouble avec des gars durs, dangereux. Ils cherchaient quoi faire. Alors ils disaient : "Frank, ce gars-là me donne du trouble." Et Frank disait : "OK, je vais lui parler." [...] Je l'ai souvent vu faire ça. »

Selon Cherry, ce rôle de médiateur faisait partie de l'ordre des choses à Montréal-Nord et dans les clubs du centre-ville. « Avec le nom qu'il avait, dirait-il, c'était vraiment sa job. » Mais Cherry appréciait nettement moins Réal Simard, son chauffeur, qu'il disait profiter du nom des Cotroni : « C'était un frais. Il se prenait pour un autre. Il parlait avec le nez en l'air comme si le monde lui appartenait. Il était toujours comme ça. Il aimait donner des ordres, humilier le monde. Je l'ai vu [...] frapper des gars dans des clubs, pour rien. Rien. Le gars se défendait pas parce qu'il savait avec qui il se tenait, et tout ça. Il se promenait dans le centre-ville et dans les clubs comme chez lui. C'était pas le genre de monsieur Cotroni, qui était tranquille. Cette attitude-là l'embarrassait. »

Dans ces conditions, pour le moins correctes, on peut se demander quelles raisons auraient pu pousser le gentil et poli Cotroni à vouloir éliminer George Cherry, son ami de longue date ? Aux dires de Simard, en effet, Cotroni aurait approuvé l'idée de descendre Cherry lors d'un combat de boxe, le 4 décembre 1983. On sait que ce plan échoua parce que, le lendemain du meurtre de Héroux, Simard s'était fait arrêter à l'hôtel Seaway de Toronto. Selon Simard, l'idée de tuer Cherry relevait d'une décision d'affaires parfaitement objective. Simard s'était rendu à Toronto avec son acolyte Richard Clément pour éliminer deux hommes soupçonnés de vouloir tuer Clément qui avait une dette envers Cherry. Cotroni, selon Simard, avait accepté que non seulement Joseph Héroux et Robert Hétu disparaîtraient, mais également George Cherry, dès le retour des hommes à Montréal. « Question de montrer clairement à Montréal que la famille Cotroni prenait le contrôle de Toronto. »

George Cherry et Frank Cotroni éprouvaient le même intérêt pour les Hilton, une famille de boxeurs aux corps comme des enclumes et aux visages d'enfants de chœur. Cherry affirma avoir mis sur pied le club de boxe Champion pour permettre aux frères Hilton de s'entraîner. L'initiative dut plaire à Frank Cotroni, car l'émergence des Hilton sur la scène de la boxe professionnelle apportait un peu de soleil dans sa vie, plutôt sombre à cette époque. Les frères Hilton étaient les fils de Dave Hilton senior, un vieil ami de Frank. Le Gros appréciait leur compagnie. Pauline, son ex-femme, confia à *La Patrie* qu'«un des plus grands souhaits de Frank était qu'un de ses fils devienne joueur de hockey ou champion de boxe. Surtout la boxe. Plus que la médecine ou le droit».

Non seulement Frank Cotroni aimait observer des hommes se battre, mais il comprit vite qu'il y avait de l'argent à faire avec la boxe et du prestige à en retirer – tout comme son frère Vic avait eu avantage à promouvoir des artistes dans ses clubs. En plus, l'univers de la boxe offrait la possibilité de vivre une solide camaraderie. En 1980, lorsque Sugar Ray Leonard se retrouva en compétition avec Thomas Hearns pour le titre de champion mondial poids moyen, Cotroni fit projeter le match dans une salle d'un grand hôtel. Tout le monde du milieu fut invité et même, par inadvertance, un agent double. Grâce à cette initiative, Cotroni connut l'excitation du match, la camaraderie et les bénéfices des frais d'admission.

Il avait également compris que la boxe pouvait lui rapporter beaucoup d'argent sans qu'il doive se faire démolir sur le ring. En effet, les boxeurs offraient non seulement des muscles et de colossales rentrées d'argent, mais ils acceptaient, à l'occasion, de se transformer en passeurs d'héroïne. L'opération Borgia permit de découvrir que Cotroni avait des liens avec environ 40 boxeurs, promoteurs et entraîneurs de Toronto, Hull, Winnipeg, Cornwall, Montréal et Boston; et l'opération Uptown montra qu'il s'intéressait aux populaires boxeurs torontois, Eddie Melo et Nicky Furlano, attachés à l'entraîneur Travis Sugden. Selon des policiers, certains combats avaient toutes les chances d'être truqués. «Des fois ils manquaient le gars et ils tombaient quand même», déclara un agent anti-Mafia, amateur de boxe. En avril 1984, les services de renseignements de la police provinciale de l'Ontario apprirent que les promoteurs truquèrent un combat de Furlano de façon à ce qu'il rencontre Aaron Pryor, le champion national. On dit que Joe Natale, un bookmaker de Toronto également usurier, avait participé à l'arnaque dans laquelle Pryor, très accro à la drogue, perdit sa bourse.

À la fin des années 1950, il n'y avait pas de profits très consistants à faire, lorsque Frank, devenu ami de Dave Hilton senior, conduisit de Montréal à Québec pour le voir gagner le titre canadien de champion poids plume. Cotroni aimait bien raconter ses propres expériences de lutte, sans pour autant préciser quelle était sa force. Il frappait plutôt à l'extérieur du ring, à l'encontre des règles du marquis de Queensberry ; en plus de crochets et de directs, il faisait usage de battes de baseball et de pistolets. Dans son genre, Cotroni était un champion : sa performance dans la rue lui avait valu le surnom de « Cyclone » dans la presse à scandale.

Hilton senior, malgré son titre de champion, était frustré d'être petit car la célébrité et la richesse, de toute évidence, étaient réservées aux poids lourds. Toutefois, l'habileté et la cruauté de Hilton au combat effrayaient la plupart de ses adversaires top niveau. Ils préféraient changer de catégorie plutôt que d'avoir à encaisser l'implacable martèlement, qui se terminait inévitablement par un crochet à la tête – une ruade de mulet ! Hilton senior s'était notamment entraîné avec Cassius Clay, mieux connu sous le nom de Muhammad Ali. À la fois fier et timide, Hilton avait dû combattre dans des catégories supérieures pour des chèques qui n'excédaient pas 500 $, quand ils passaient. Mais Hilton dut bientôt affronter son plus redoutable adversaire : la bouteille. Et combattre parfois les deux en même temps. Même ivre, titubant dans les cordages, il gagnait encore. Traversant cet enfer, Hilton bénéficia toujours du soutien de son ami Frank Cotroni : « J'étais un sacré buveur, avouerait-il. Frank, c'était celui qui me disait : "Voyons Dave, bois pas comme ça. […] Tu te fais mal." […] Frank, c'était un gars fin. […] J'pense que je l'ai jamais entendu dire quoi que ce soit de croche sur personne. […] Je l'ai jamais vu maltraiter qui que ce soit non plus. Je le connais depuis longtemps et je l'ai jamais vu s'engueuler avec personne. […] J'étais pas mal fou. Si je buvais, j'étais vraiment pas cool et il me disait : "Relaxe. Ça vaut pas la peine. Mets-toi pas dans le trouble." »

Dave senior quitta la boxe en 1976, à l'âge de 36 ans, avec une fiche de 138-15 et 70 knock-out. Ses fils semblaient avoir une chance de décrocher le titre mondial et de profiter des avantages qui n'avaient pas été accordés à leur père. Les frères Hilton, en effet, semblaient génétiquement programmés pour boxer. On retrouvait des boxeurs à mains nues jusqu'à deux générations en amont, des deux côtés de la famille. Les frères Hilton ne feraient qu'une bouchée de la compétition. Ils faisaient de longs voyages épuisants avec leur père, s'entassaient à cinq dans la même chambre d'hôtel, partageaient les couvertures et l'espoir d'obtenir un jour le titre qui les sortirait de la misère. La couleur de leur peau ajoutait à leur valeur marchande, excellent argument de vente dans ce monde avide de dénicher « le Grand Espoir blanc », celui qui damerait le pion à tous ces champions noirs.

Cotroni soutenait les frères Hilton. Il payait le loyer, l'épicerie, et savait leur remonter le moral. « J'ai souvent couru après un dollar pour acheter une pinte de lait, se rappellerait Dave Hilton Senior. […] Frank Cotroni ne disait jamais non. Il ne me posait pas de questions. » Il ajouta avoir toujours remboursé les sommes prêtées, contrairement à ce qu'indique un rapport de police, qui évalue l'investissement de Cotroni dans la famille à 100 000 $. Hilton rapporte que Cotroni s'entendait bien avec ses enfants. « Il n'a jamais essayé de les entraîner […] dans quoi que ce soit de pas correct », préciserait-il. Hilton demeura loyal à son vieil ami en dépit de la notoriété douteuse que Cotroni connut dans les années 1970. « Le seul parrain que je connais est celui que j'ai vu à la télé », déclarerait-il en riant. Puis, redevenant sérieux, il ajouterait : « Je ne sais rien de ce qu'on raconte [dans les journaux]. Je suis sûr d'une chose, par exemple : s'il avait fait quoi que ce soit, il serait pas venu me le raconter. Il aurait évité de me mettre dans le trouble. C'était pas son genre. »

Frank Cotroni était comme chez lui au club Champion. Il assistait à tous les combats de boxe amateurs et professionnels, même si les boxeurs montréalais n'étaient pas particulièrement rentables. Mais tout changea le 27 juin 1987 à Atlantic City, lorsque Matthew Hilton remporta le titre de poids moyen junior de la Fédération internationale de boxe contre Buster Drayton, par décision unanime des juges. Hilton devenait le premier Canadien champion mondial en presque un demi-siècle. Quant à Frank Cotroni, « il était très heureux », de se souvenir Hilton senior. « Il [Cotroni] était en dedans [en prison sous une inculpation de drogue]. Il n'a pas vu le combat, mais il a envoyé un message par quelqu'un. […] Il était vraiment heureux. »

Le promoteur Henri Spitzer réfute l'idée que Cotroni ait pu corrompre le milieu de la boxe. Selon lui, Cotroni allait également au Forum voir les parties des Canadiens, et au Stade olympique applaudir les Expos. « C'était un fan. [...] À un match de boxe, il achetait tous les billets de la première rangée. C'est évident que celui qui est dans la première rangée est plus remarqué que s'il se trouve dans les bleus ou les rouges. » Toujours d'après Spitzer, Frank Cotroni n'avait rien à cacher : « Il était partout : dans les grands hôtels, les grands restaurants. Partout. [...] Dans les salles à dîner, les halls, il était là ! Il ne cachait rien à personne. Pas plus que les Hilton, ou moi, ou qui que ce soit dans son entourage. »

Spitzer balaye du revers de la main l'idée que Cotroni ait pu déceler dans la boxe une occasion de faire de l'argent : « En ce qui me concerne, il n'a jamais eu aucun contact [avec la boxe], rien du tout. Pourquoi en aurait-il eu ? Y'a pas d'argent. Y'a rien. [...] Ça n'a juste pas de sens. Même avec les Hilton. Y'a jamais eu d'argent ici. Y'a un peu d'argent maintenant avec Matthew, Matthew Hilton, parce qu'il est le champion du monde. Mais il a signé avec Don King [le promoteur américain] il y a deux ou trois ans. [...] Maintenant, c'qui s'passe aux États entre Cotroni, King pis les autres, on le sait pas. »

Réal Simard, tueur vedette du magazine *Gentleman's Quarterly*, était loin de partager ce point de vue. Selon lui, personne ne sut jamais pourquoi Frank Shoofey, le gérant des Hilton, fut abattu devant son bureau de la rue Cherrier, tard dans la nuit, le 15 octobre 1985. C'était l'œuvre d'un professionnel, et Simard connaissait ce genre de choses. Dans certains cercles, Shoofey était considéré comme « l'avocat de la rue ». La liste de ses clients ressemblait à la liste des principaux recherchés de la police, dont les frères Dubois, fameux rivaux de Frank.

Simard soutenait deux hypothèses à propos du meurtre de Shoofey : « La première, c'est les boxeurs. La deuxième, c'est un avocat... À cause, disons, euh, d'une affaire de cœur. » La première hypothèse, selon Simard, est la plus plausible. Déjà en 1984, Frank Cotroni prélevait une partie des gages des Hilton. Convaincu d'être bientôt extradé aux États-Unis pour faire face à des accusations de trafic de drogue au Connecticut, Cotroni songeait à brader sa mainmise sur l'équipe pour faire un coup d'argent. « Lorsque Don King lui a offert 100 000 pour les Hilton, il a accepté. Mais il a ajouté que King devait en discuter avec Frank Shoofey, l'avocat. C'était lui le gérant. [...] Shoofey a jamais marché dans le *deal*. »

Selon Simard, Shoofey avait refusé parce que Dave Hilton senior, le père, avait été arnaqué par Cotroni. L'obstination de Shoofey retardait la conclusion du *deal* et agaçait certaines personnes très dangereuses et bien branchées dans le milieu. « Frank Shoofey était très dérangeant pour eux, [...] parce qu'il aidait les frères Hilton. »

Plus tard, David Hilton senior apprécierait l'entente avec les productions Don King. Celles-ci offrirent à trois de ses fils (Dave junior, Matthew et Alex) une visibilité et des revenus décents. Dans la boxe, comme dans d'autres domaines de la vie de Frank Cotroni, l'attrait des États-Unis était fort. « Il nous décrochait de gros combats, de se rappeler David Hilton senior. King, c'est le meilleur. Y'a produit plein de champions dans le passé et il peut faire des champions de nous autres, [...] si on fournit. »

Cet optimisme fut néanmoins anéanti par une série de tragédies personnelles qui, pendant une décennie, assombrit l'existence des Hilton. Après avoir revendiqué le titre de champion poids moyen canadien dans son adolescence, Alex Hilton, 21 ans, était devenu alcoolique et risquait trois mois de prison pour voies de fait et possession d'armes. En 1985, David junior perdit le contrôle de sa moto. Il se fracassa une jambe et un doigt. Ce boxeur, sans doute le plus doué des frères Hilton, dut renoncer momentanément à sa carrière. Mais le coup le plus dur frappa un an plus tard, lorsque Stewart, le bébé de la famille, se tua à 17 ans, au volant de son véhicule, en compagnie d'une jeune fille de son âge. Stewart et Matthew étaient particulièrement liés. Ils avaient partagé la même chambre pendant des années. La mort de Stewart bouleversa Matthew au plus profond de son âme. Il redoubla d'efforts pour obtenir le titre.

Réal Simard affirme avoir toujours considéré Matthew comme un être à part. Simard et Cotroni se rendaient souvent au club Champion assister à l'entraînement des frères Hilton. « David junior voulait devenir un *big shot*, de se souvenir Simard. [...] Frank Cotroni l'impressionnait, de la même façon qu'il m'avait impressionné, moi, quand j'étais jeune. Mais Matthew, je dois dire, c'est le seul qui a jamais fait attention à nous autres. Y'a jamais, jamais accepté d'argent de Frank. Il ne nous parlait pas. On était toujours avec des filles. David arrêtait son entraînement, il venait nous voir. Il parlait aux filles pour essayer de les impressionner. [...] »

« Matthew, c'était le seul qui voulait rien savoir. J'ai toujours trouvé ça correct. Je me disais : "Y'a quelque chose dans la tête, le jeune. Y fait son affaire." Qu'est-ce qu'il faisait ? Y tapait, y tapait sur le sac, pis y tapait encore. Sans faire attention à nous autres. On était de la merde pour lui, et il avait raison. Tu sais ce qu'il faisait ? À la place d'accepter notre argent, il lavait de la vaisselle dans un restaurant. [...]. Il [Frank Cotroni] a détruit ces jeunes-là. Tu sais pourquoi ? Les gars étaient innocents. Ils savaient rien. Ils savaient même pas que les clubs et les discothèques, ça existait. Les chars sport non plus. Ils avaient jamais eu d'argent et Frank est arrivé avec son *cash*, des filles autour de lui, son pouvoir. Il emmenait les gars dans les clubs, les présentait à des filles, à tout le monde. »

« Alors ils ont perdu le contrôle de leur vie. C'était tout nouveau pour eux. Tu sais, un jeune de 18 ans, dans un gros char, de l'argent plein les poches, il est plus trop intéressé à boxer. Cotroni a détruit ces gars-là. Pas intentionnellement. Mais parce qu'il savait pas c'était quoi, des boxeurs. George Cherry me l'avait dit. Y'avait dit : "J'sais pas pour Frank, avec les jeunes. C'est pas bon pour eux, la manière qu'il les gâte. Il est en train de les détruire." Les boxeurs ont besoin d'en arracher pour devenir bons. [...] Pourquoi quelqu'un irait recevoir des coups dans la face, si c'est pas pour de l'argent ? »

En 1984, Cotroni constata que quelque chose n'allait pas avec les Hilton. Cette année-là, Jacques Beauchamp, chroniqueur sportif au *Journal de Montréal*, reçut un coup de téléphone de Cotroni. « C'était après la première rencontre entre Davy Hilton et Mario Cusson. Il m'avait dit : "Jacques, je t'ai jamais dérangé. Je sais ce que tu as déjà fait pour des personnes âgées, des handicapés et des jeunes qui ont des problèmes. J'aimerais savoir si tu peux faire quelque chose pour les Hilton et leur père. Ils ont des problèmes. Je veux pas qu'ils prennent une mauvaise pente. Ils sont jeunes et ils peuvent faire des erreurs. J'pense que si quelqu'un leur parlait, ça leur ferait pas de tort." »

Beauchamp accepta sans pour autant régler le problème. Simard précisa que Cotroni ne s'était pas contenté de nuire aux boxeurs avec ses élans de tendresse mal placés : « Sais-tu [pourquoi] Dave Hilton junior a arrêté la boxe ? Parce que la dernière fois, il a fait 118 000 $ et il s'est retrouvé avec seulement 50 000. Où est-ce que tu penses que le reste est allé ? Dans les poches de

Frank Cotroni. C'est la vérité. [...] Si les frères Hilton sont finis, c'est à cause de Frank Cotroni. Il les a tués. »

En 1988, les gens se demandaient si Matthew n'était pas également en danger. Il était lié par un contrat d'exclusivité à Don King, un *gambler* devenu riche et célèbre en faisant la promotion de la boxe, après avoir purgé une peine de prison pour meurtre. Un porte-parole de King avait traité Matthew Hilton de « cabochon », de « stupide qui fait juste à sa tête », peu de temps avant la première défaite de Matthew dans le ring. L'Américain Robert Hines (dit Bam Bam), un perdant chronique, avait survécu à deux coups d'assommoir pour, finalement, l'emporter par décision unanime des juges. L'adversaire de Hines n'était plus le Matthew Hilton que Simard avait respecté ; il était rouillé, lessivé. Celui qui avait remporté 30 combats à titre professionnel et 106 combats amateurs ne pouvait plus que faire semblant de se battre. Lorsque tout fut terminé, la presse annonça que le dernier espoir des frères Hilton s'était envolé.

Deux semaines après que Matthew eût perdu son titre, son grand frère Alex fit de nouveau les manchettes. Un juge montréalais le traita de vicieux et de sans-cœur. Ajoutant qu'il souffrait d'un dédoublement de personnalité, il le condamna à cinq années de prison. Alex, qui n'avait que 24 ans, s'y trouvait déjà lorsqu'il reçut une seconde sentence pour avoir ordonné un triple assaut sexuel sur un prisonnier de Bordeaux, et pour avoir défoncé la rate d'un codétenu qui essayait de s'interposer. En rendant son jugement, le juge Pierre Brassard de la Cour du Québec affirma ne pas comprendre comment Alex pouvait respecter les avertissements d'un arbitre et faire fi de sa propre conscience.

Le père, Dave Hilton senior, changea de ton lorsqu'on lui demanda si sa famille avait souffert de son amitié avec les Cotroni. Il se lança dans un flot de paroles, espérant peut-être que la réponse viendrait d'elle-même, au fil des mots : « J'pense pas que ça nous ait vraiment fait du bien. [...] Tout le monde connaît Frank Cotroni. Je suis pas le seul dans le domaine. Il a aidé pas mal de boxeurs amateurs. Et d'équipes amateurs à se lancer. Il a beaucoup donné pour ça. Il était pas mal généreux. [...] Il voulait pas qu'on en parle. Il a fait ça avec son cœur. »

D'après Hilton, les histoires voulant que Cotroni ait contrôlé la boxe et ses fils étaient de purs mensonges : « D'abord, je l'aurais pas laissé faire. Je laissais personne dire à mes fils quoi faire.

Il était comme un oncle pour eux. Il les amenait au restaurant ou ailleurs, et c'était tout. La plupart du temps, j'étais là. On est allés dans un paquet de restaurants. Pis il faisait des barbecues. C'était un gars ordinaire […]. Si les enfants voulaient avoir un hamburger chez *McDonald's*, par exemple, il allait chez *McDonald's* avec eux. »

Dave Hilton senior refuse de dénigrer celui qui l'aida à l'époque où il ne pouvait même pas acheter une pinte de lait. « Je regrette rien. Il est toujours mon ami. »

Chapitre 22

La revanche de l'Oncle Sam

Frank Cotroni est probablement fini.
Un officier de police montréalais.

En Floride, la police surveillait avec inquiétude la rencontre des gangs Cotroni et Dubois, qui trinquaient à la perspective de nouvelles affaires lucratives. À couteaux tirés dans leur province d'origine, ces gangs nouaient maintenant d'étranges alliances dans le Petit Montréal, un secteur de la ville de Hollywood, en Floride. Une température de rêve et la possibilité de faire des affaires y avaient attiré de nombreux Québécois à la fin des années 1970. Plusieurs avait fui la tourmente politique et le climat d'incertitude qui régnaient en 1976, à la suite de l'élection du Parti québécois. À Hollywood, des hôtels avaient hissé le drapeau canadien et s'étaient adaptés aux goûts des exilés. Contrairement à New York, le sud de la Floride était considéré comme une zone franche, ouverte à toute personne peu soucieuse de morale, possédant du cran et de l'ambition. Depuis qu'il s'était fait damer le pion dans l'axe Montréal-New York, le groupe Cotroni y voyait une possibilité d'expansion. Les racines criminelles étaient profondes dans le sud de la Floride. Soixante ans plus tôt, Al Capone en avait fait sa retraite hivernale. Enfin, de formidables quantités de drogue en provenance d'Amérique du Sud y transitaient régulièrement.

On envisageait d'y légaliser sous peu les casinos, ce qui laissait planer la perspective de profits supplémentaires pour les bandits montréalais, forts d'une longue expérience dans le jeu. Il était aussi plus facile de s'y procurer des armes. L'éloignement et la langue avaient l'avantage de brouiller l'échange de renseignements entre les policiers américains et leurs homologues canadiens.

Au début des années 1980, les Canadiens firent sourciller le milieu américain en s'emparant de secteurs entiers de Hollywood, y achetant hôtels, restaurants et ateliers de carrosserie pour relooker les voitures volées. Une douzaine de pizzerias furent incendiées entre 1982 et 1984, tandis que des Canadiens voraces essayaient de s'approprier une tranche de ce marché. Appréhendant peut-être une conclusion torride, le propriétaire d'une nouvelle pizzeria baptisa son commerce « Kaboom Pizza ». New York tenta de s'opposer à l'avancée des Montréalais en envoyant leurs propres hommes à Miami, soit une centaine de membres de la famille Gambino.

Willie Obront, le blanchisseur de la famille Cotroni, avait intégré cette fournaise en 1980. Un séjour qui ne devait pas durer longtemps. Le 21 juillet 1983, à la suite d'une enquête appelée la « Filière canadienne », on découvrit, à l'extérieur de sa demeure, un kilo de cocaïne, et on l'arrêta avec 39 autres personnes. Inculpé d'une douzaine de chefs d'accusation relatifs à la drogue, Obront fut condamné à 20 ans de prison. Les Cotroni venaient de perdre un des piliers de leur organisation.

L'opération « Filière canadienne » n'était pourtant rien en comparaison de l'opération « Avalanche ». En mars 1987, Obront et Nick Cotroni, le fils de Vic, furent inculpés dans le cadre d'une enquête conjointe de la DEA américaine, du FBI et de la Gendarmerie royale du Canada, relative à un réseau de trafic de Quaaludes aux États-Unis. Le coup de filet était de taille. En plus des Obront et de Nick Cotroni, 20 Canadiens, 27 Américains et deux Colombiens étaient appréhendés. D'une ampleur sans précédent, le réseau assurait plus de 70 % du trafic de Quaaludes en sol américain. Les imitations de ce tranquillisant étaient envoyées depuis le Québec vers la Floride dans des camions de tourbe et de bois d'œuvre, puis distribuées à travers les États-Unis. Les profits potentiels étaient époustouflants, les 13,5 millions de tranquillisants exportés pouvant être produits à cinq cents (5¢) l'unité et revendus entre six et sept dollars pièce. De 1981 à 1986, la bande d'Obront avait aussi fait entrer au Canada entre 35 et 40 kilos de cocaïne.

Au pays les affaires allaient plutôt mal. Une opération d'infiltration avait fourni une masse de renseignements sur les activités de Frank Cotroni. Peu après, Réal Simard, tueur à gages à la solde de ce dernier, avait vendu son patron en échange de la possibilité d'une libération conditionnelle après dix ans de pénitencier. Il semble que l'œuvre de Shirley MacLaine ait été en partie responsable de sa conversion, en particulier un passage de *L'Amour foudre*, où elle affirme : « Toute action, bonne ou mauvaise, revient à celle ou celui qui la commet, peut-être pas dans cette vie mais dans le futur. Et personne n'y échappe. »

Mais Frank Cotroni recevrait encore d'autres mauvaises nouvelles du Connecticut, où on l'avait inculpé pour complot d'importation d'héroïne, avec les Montréalais Giovanni Marra (dit Johnny), Joseph Delvecchio (dit Joe Crow) et Oreste Abbamonte (dit Ernie Boy), et leur associé américain, Anthony DiGorolamo (dit Gaetano, Toke, Guy Sr.). Cotroni avait rencontré Delvecchio et Abbamonte lors de son séjour dans l'aile de la Mafia, au pénitencier de Lewisburg. Abbamonte était un personnage particulièrement inquiétant, avec, en guise de tête, un crâne délavé coiffé d'une impétueuse moumoute. Après qu'on lui eût fait miroiter l'avantage de nouveaux contacts sur le marché américain, Cotroni faisait face à une possibilité de 25 ans de prison. Et il lui en restait encore 11 à purger pour trafic de cocaïne. S'il devait écoper ne fût-ce que d'une fraction de cette sentence, il pouvait dire adieu à l'empire familial.

Frank Cotroni dut avoir de sérieux gargouillis d'estomac lorsque Delvecchio et Abbamonte plaidèrent coupable, écopant chacun de cinq années d'emprisonnement pour trafic interétatique et complicité. Leur associé, Michael Corcione de New York, fut également condamné à quatre ans de prison, après avoir reconnu sa culpabilité.

Devant l'imminence d'une inculpation potentiellement désastreuse, l'avocat de Cotroni, Sydney Leithman, drapa son client de la nouvelle *Charte canadienne des droits et libertés*, et d'une pléthore d'autres dispositions susceptibles d'empêcher son extradition vers le Connecticut. Leithman fit valoir qu'on n'avait produit en cour que des transcriptions de conversations téléphoniques avec la côte est, et non pas les enregistrements originaux, comme l'exigeait la règle de la meilleure preuve. En outre, il y était fait mention de « couches », terme que la police interpréta comme voulant dire des « lots d'héroïne ». Or, les procureurs devaient apprendre que le terme signifiait bel et bien ce qu'il désignait. Bon père de famille, Cotroni considérait certaines marques de couches américaines supérieures à celles vendues au Québec. Claude Faber, le bras droit de Cotroni, connaissait enfin la paternité et Cotroni avait utilisé son réseau pour importer des couches pour son enfant.

Il semble que les Cotroni ne pouvaient plus répondre à la porte sans faire face à des policiers ou à une inculpation de drogue. Affolante, la liste de leurs problèmes rappelait les malheurs de la famille avec le service d'inspection des alcools un demi-siècle plus tôt. La fille de Frank, Rosita, et son mari, Nicola Bruno, furent inculpés de trafic de cocaïne; son fils Francesco fut également inculpé de possession de 1,5 gramme de haschich dans un club du centre-ville, et, enfin, son autre fils, Michel, fut arrêté à sa résidence de la rue Beaubien pour possession de 25 grammes de cocaïne et sept grammes de haschich dans le but d'en faire le trafic. Plus grave: Francesco fut inculpé, en même temps que son père et Claude Faber, pour le meurtre de Giuseppe Montegano, au club privé de Francesco. À l'instar de tous les pères, Cotroni ne pouvait s'empêcher de s'inquiéter pour ses enfants. Sur le point de retourner en prison pour le meurtre de Montegano, il fit parvenir un message à un ancien officier de police de Montréal, le priant de garder l'œil sur ses enfants pour qu'ils ne fassent pas de bêtises.

Entre-temps, les prisonniers québécois découvraient qu'il y a pire dans la vie que de partager un bloc cellulaire avec Frank Cotroni. Quelques années auparavant, à Bordeaux, il avait offert pour Noël 50 paires de pantoufles, une douzaine de radios transistors et quelques bas de Noël à ses compagnons de cellule. Il envoya aussi des paniers remplis d'étrennes dans son ancien quartier. Incarcéré à Acapulco au début des années 1970, il avait obtenu qu'on améliore la nourriture et qu'on organise des activités pour les détenus. Un compagnon de cellule qui avait attrapé la gangrène après s'être blessé à la jambe dans une rixe avec un policier, put se faire traiter aux frais du truand. Et lors de la tenue, en prison, de leur propre version des olympiques, ce fut encore Frank qui remit les médailles.

De nouveau incarcéré pour le meurtre de Giuseppe Montegano, Cotroni tâcha d'améliorer l'ordinaire de ses codétenus au pénitencier à sécurité maximale Archambault. Il organisa un concert gratuit pour 350 d'entre eux. « Ce n'est pas mon genre de faire des spectacles gratuits, déclara la chanteuse Michèle Richard, mais ça m'a fait grand plaisir d'accepter l'invitation de M. Cotroni, qui a toujours suivi ma carrière. Ce n'était pas un spectacle ordinaire. Toutes les lumières étaient allumées et je pouvais voir toute une gamme d'émotions sur les visages. À la fin du spectacle, ils se sont mis en rang pour venir m'embrasser. Ce sont de vrais gentlemen. »

Depuis sa retraite forcée, Frank accorda aussi une rare entrevue, annonçant qu'il préparait un livre de recettes. Il se disait scrupuleusement honnête dans la cuisine, mais admit que seuls les deux-tiers des recettes étaient de son cru. « Je n'aime pas mentir, dirait-il, et je n'ai pas fait assez de recettes pour tout un livre. » S'il impressionnait encore ses compagnons de cellule, les policiers voyaient les choses différemment : « Frank Cotroni est probablement fini, dirait un policier montréalais. Maintenant, c'est [Nick] Rizzuto qui mène. »

Nick Rizzuto et son fils, Vic, n'étaient pourtant pas en position de se réjouir de leur emprise sur l'aile calabraise de la famille. Nick avait été arrêté en février 1988, dans la propriété familiale à Caracas, après que la police eût trouvé 800 grammes de cocaïne cachés dans une ceinture conçue pour passer de la drogue dans les aéroports. Les autorités italiennes espéraient également obtenir son extradition pour être en mesure de l'inculper d'association mafieuse.

Sur le boulevard Gouin dans le nord de Montréal, dans le fief des Rizzuto, le climat n'était donc pas des plus sereins. Un péril plus grand encore menaçait la bande, comme d'ailleurs l'ensemble de la pègre. Une nouvelle arme, plus dévastatrice encore que les tables d'écoute, venait d'être approuvée au Parlement : le projet de loi C-61 habilitait en effet les autorités à retracer et à saisir les recettes du crime. Ce projet était étayé de lois afférentes permettant aux forces policières américaines et britanniques de faire enquête en sol canadien. Selon la nouvelle loi, il était désormais interdit de canaliser les recettes du crime dans des entreprises légitimes. La Couronne pouvait saisir tous les avoirs d'une firme servant de couverture à la pègre. Cette terrible efficacité demeurait toutefois théorique, sans effet immédiat, car les policiers attendaient encore de pouvoir l'appliquer. Les services de police locaux se plaignaient, quant à eux, de l'augmentation de la paperasse, alors que les sommes saisies allaient directement au gouvernement fédéral.

Les forces policières déploraient que le Canada n'ait pas un programme de protection des témoins comparable à celui des États-Unis. Un programme qui aurait prévu leur relocalisation, le transfert d'identité et des émoluments pour les truands prêts à livrer leurs anciens patrons. À la fin des années 1980, l'approche des Canadiens était plus timide et moins élaborée que celle des Américains. Sans un tel programme, rares seraient les Ciro Nieris et Réal Simard qui auraient osé avoir recours à la délation.

Au tournant de la décennie, la rue reprenait ses droits. Une concurrence féroce sévissait entre les bandes iranienne, chinoise, colombienne et jamaïcaine. L'ancien associé de Cotroni, Joe Bonanno, n'était plus qu'une pièce de musée. Inexorablement, de nouveaux liens avec New York se tissaient. Liens sans lesquels les gangs nord-américains, quels qu'ils soient, sont peu de chose.

Les dés étaient jetés quant à l'avenir de la famille Cotroni. S'il est amusant de spéculer, il ne faut pas oublier que les théories s'écroulent à la vitesse d'une balle sifflant dans la nuit. Aucun candidat digne de ce nom ne s'était présenté pour prendre la relève de Vic Cotroni à la tête d'une confédération du crime réunissant les Calabrais, les Siciliens et les autres. Il ne s'en présenterait probablement jamais : le monde était plus compliqué et compétitif que dans les années 1950. Pourtant, Claude Faber, premier lieutenant de Frank Cotroni, emprisonné pour meurtre, sortirait bientôt de prison. Il arrive qu'une sentence soit l'occasion pour un bandit de se faire des contacts et ce pourrait être le cas de Faber.

Du fond de sa prison, Frank Cotroni demeurait en contact avec la pègre torontoise, tandis que la tête de son ancien chauffeur, Eddie Melo, était mise à prix, et que lui-même faisait face à un nouveau procès aux États-Unis pour trafic d'héroïne. C'était dans l'ordre des choses : les États-Unis avait permis aux Cotroni de s'enrichir ; il était normal qu'ils réclament leur dû.

IV
Convergence

Chapitre 23

Vieillir

> Je souhaite voir mes enfants et mes *petits-enfants grandir*.
>
> Frank Cotroni discutant en prison avec le reporter Yves Chartrand.

Frank Cotroni était songeur, en septembre 1991, lorsque Yves Chartrand, du *Journal de Montréal*, le rencontra à l'établissement à sécurité minimale Montée Saint-François, à Laval. Travaillant à un reportage sur les conditions de vie en prison, Chartrand avait aperçu le célèbre caïd jouer au softball dans la cour et en avait profité pour solliciter une interview.

À 60 ans, Cotroni n'excellait pas à ce sport, mais il y prenait un plaisir évident. Il était devenu une sorte de commissaire, organisant des rencontres entre une équipe invitée de dentistes et une de détenus qui comptait au moins un tueur. Les prisonniers appréciaient Cotroni, qu'ils appelaient « Frank », tout en gardant avec lui une distance respectueuse. Les gardes aussi, semblaient l'apprécier. « Ça, c'est un homme organisé », dirait un garde à Chartrand, avec une pointe d'admiration.

Cotroni se montra aimable quand on lui demanda s'il avait quelque mot à dire au journaliste.

– Avez-vous un peu de liberté dans cette prison ? demanda Chartrand.

– Suis-moi, répliqua Cotroni.

Ce disant, il le conduisit vers un bâtiment. Sortant un trousseau de clefs de sa poche, il ouvrit une porte ; puis, un peu plus loin, une autre porte. Avançant, Chartrand put distinctement sentir un parfum de tomate. Dans la pièce dans laquelle il pénétra avec Cotroni, un plat de sauce à spaghetti mijotait sur le feu. Entre deux bouffées d'un cigare de prix, le Gros déclara qu'il renonçait à sa vie de criminel pour s'occuper désormais de sa famille. « Je veux voir grandir mes six enfants et mes huit petits-enfants. C'est en prison qu'on finit par comprendre le prix de la liberté et à quel point ça vaut la peine de la défendre. [...] Durant mon séjour ici, j'ai fait mon possible pour semer un peu de joie. »

Cotroni avait certainement eu le temps de réfléchir à son existence. À la veille des années 1990, les événements lui donnaient aussi matière à réflexion. On ne sut pas comment, en prison, il avait pu réagir au meurtre de Sydney Leithman, l'avocat qui, 20 ans plus tôt, l'avait aidé à sa conférence de presse. Le matin du 13 mai 1991, Leithman se trouvait seul au volant de sa Saab noire. Comme d'habitude, il se dirigeait vers son bureau. Ce matin-là, il devait peaufiner un argumentaire pour une cause de trafic de drogue impliquant des Colombiens. Soudain, à l'angle de la rue Rockland et de l'avenue Monmouth, une voiture bloqua la voie à un feu rouge. Il était 6 h 48. Un jeune homme sortit d'une cabine téléphonique, s'approcha de la Saab, brandit un automatique 45 et tira. Tranquillement, précisément, professionnellement. Un automobiliste, horrifié, observait la scène, mais le tireur l'ignora et continua à vider son chargeur sur l'avocat. Puis il lança un sachet de *smoked-meat* sur le corps de sa victime. S'agissait-il d'un geste antisémite ? Le tireur venait-il tout simplement de se rendre compte qu'il n'aurait plus le temps de se faire un lunch ? Quelle que soit la réponse, le meurtre de Leithman dut rappeler à Frank Cotroni à quel point le crime organisé, désormais mondialisé, ne laissait plus de place à l'erreur. Frank Cotroni avait perdu de nombreuses batailles juridiques, mais, de toute évidence, cela n'aurait jamais été une raison de tuer son avocat.

Le 6 juillet 1991, Frank Cotroni eut une permission d'un jour pour assister au mariage de son fils Francesco et de Mylena DiMaulo, la fille de son vieil ami Joe DiMaulo. Il dut en ressentir une joie douce-amère, et cela explique peut-être pourquoi il s'attarda sur l'importance de la famille, l'après-midi où il fut interviewé par Chartrand. Un détective de la Communauté urbaine de Montréal, qui avait suivi Cotroni pendant une majeure partie de sa carrière, ne fut pas très impressionné par le discours très « famille » et « vive la joie » du caïd : « Si vous croyez que Cotroni est un nouvel homme, marmonna-t-il, vous croyez certainement aussi au père Noël et aux soucoupes volantes. »

Le début des années 1990 fut rude pour Vito Rizzuto, le fils de Nick, inculpé de complot pour importation de 16 tonnes de haschich au Canada. Les chefs d'accusation partirent toutefois en fumée en novembre 1990, lorsque la GRC admit avoir enregistré des discussions entre l'avocat de Rizzuto et d'autres avocats de la défense engagés dans l'affaire. D'ordinaire peu loquace avec les étrangers, Vito Rizzuto était alors assez heureux pour lancer aux reporters : « Un mot peut signifier beaucoup, surtout quand ce mot est : acquittement. »

Chapitre 24

World Inc.

> *La Mafia n'est pas un fléau de Dieu. C'est un phénomène humain et, comme tout phénomène humain, cela a un début et une fin.*
>
> Le juge Giovanni Falcone,
> chevalier de la lutte anti-Mafia.

« Pauvre Joe », le sobriquet de Giuseppe Lopresti, n'était pas tout à fait adéquat. Certes, le Montréalais au regard triste et doux remuait à peine en parlant. Sa voix éteinte, sa structure frêle et ses manières pacifiques n'auraient jamais, non plus, attiré l'attention dans une foule. Mais Lopresti, au fond, cherchait peut-être justement à se fondre dans le paysage, et à se mériter ce surnom. En vérité, aperçu au volant de sa Porsche cerise dernier modèle, roulant en direction de la résidence néo-Tudor qu'il s'était fait construire selon ses indications, Pauvre Joe n'avait pas l'air si misérable, après tout. Sa résidence était tout à fait dans le ton de la rue Antoine-Berthelet, une impasse où ses voisins les plus proches étaient Nick Rizzuto, Vito Rizzuto et le beau-frère de Nick, Paolo Renda. Lopresti fréquentait un cercle de nantis, qui se déplaçaient sur la terre en Porsche, en Mercedes et en Jaguar, voire en Bentley et en Ferrari. Mais pour des raisons qui demeurent obscures, les proches de Lopresti (dont un homme d'affaires étroitement lié au Parti libéral) persistaient à l'appeler Pauvre Joe.

Si l'on en juge par ses fréquentations, Lopresti n'était pas n'importe qui dans le milieu. Dix ans après son arrivée au

Canada, en 1969, il s'était étroitement lié avec des Siciliens, amis de Rizzuto, impliqués dans le meurtre de Paolo Violi. D'aucuns pensaient que Lopresti lui-même avait joué un rôle dans la disparition de Violi. Parmi ses relations new-yorkaises se trouvait, en effet, Cesare Bonventre, alias Le Grand, un Sicilien nouvellement débarqué. Devenu garde du corps de Carmine Galante, celui-ci, on s'en souvient, en avait profité, le 12 juillet 1979, pour orchestrer sa mort. Ce dernier s'était également trouvé à la réception que Giuseppe Bono, dit Pino, avait donnée le 16 novembre 1982, à l'hôtel Pierre de New York. La police y avait remarqué que des membres de la famille mafieuse Ciaculli de Palerme bavardaient avec un chef de la Camorra, l'organisation criminelle napolitaine, ainsi qu'avec des membres des familles new-yorkaises Bonanno et Gambino.

La position exacte qu'occupait Lopresti dans le milieu demeure énigmatique. Sans doute est-il significatif qu'il soit né à Cattolica Eraclea, dans la province d'Agrigente, en Sicile. Ce petit village fut le berceau de nombreux chefs de file de la Mafia. Les nouveaux arrivants siciliens, tels Joe Lopresti, forçaient les autorités à modifier, sinon à déchirer les diagrammes au moyen desquels ils tentaient de se représenter les liens au sein des familles. Le FBI considérait Lopresti comme un membre de la famille Bonanno de New York ; mais celui-ci était tout aussi proche de la famille Gambino de Paul Gotti, le *Dapper Don*. Les contacts de Lopresti s'étendaient jusqu'à un associé de Lucien Rivard, un redoutable trafiquant d'héroïne montréalais des années 1960. À cette époque, de sanglantes luttes intestines et l'accroissement de la pression policière en Italie avaient forcé la nouvelle vague de trafiquants d'héroïne et de blanchisseurs siciliens – dont faisait partie Lopresti – à s'exiler partout sur la planète. Même s'ils opéraient avec l'assentiment des familles mafieuses nord-américaines, les Lopresti et Bonventre agissaient de façon souvent indépendante du milieu.

Le nom de Lopresti refit surface dans la saga de la Pizza Connection, alors qu'on l'inculpa d'importation de 30 kilos d'héroïne pour le compte de la famille Gambino. Le coup de filet provoqua d'énormes problèmes avec la famille Gambino. Son chef, Paul Castellano, avait en effet décrété qu'il n'y aurait pas de trafic de drogue tant qu'il serait patron. Castellano, dit Gros Paul ou le Pape, devait maintenant réaliser ce que les législateurs savent depuis l'aube des temps : qu'il est plus facile d'édicter des lois que de les faire respecter. Eddie Lino et John Carneglia, inculpés avec Lopresti, étaient de ceux qui préféraient changer de patron plutôt que de comportement. Une aile rebelle de la famille Gambino fit appel à Lino et à Carneglia pour se débarrasser de Castellano. Son exécution eut lieu devant un *steakhouse* de New York, laissant la voie libre à John Gotti.

Un mouchard du FBI enregistra Pauvre Joe en 1982, alors que celui-ci négociait un deal majeur avec Gene, le frère de John Gotti, et avec Angelo Ruggiero, dit Quack Quack, un soldat de la famille Gambino. Au procès de la Pizza Connection, les jurés entendirent Lopresti sur cassette. Le 16 mai 1982, ce dernier confirmait à Ruggiero qu'il avait parlé à un membre montréalais de la famille Cuntrera-Caruana, récemment installé à Caracas, précisant : « Il a dit qu'il était certain à 100 % que notre chargement s'en venait. Ça va être au Canada dans une semaine et demie avant d'arriver chez vous. »

Des allégations de manipulation de jury retardèrent le procès à plusieurs reprises. Le 7 février 1990, au terme de trois semaines de procès, on acquitta Lopresti, Eddie Lino et l'ancien Montréalais Gerlando Sciascia de la famille Bonanno. Un expert appelé à la barre avait expliqué que les enregistrements avaient pu être trafiqués de façon indétectable. Lopresti retourna dans son confortable manoir de la rue Antoine-Berthelet. Avec la chance qu'il avait à cette époque, il aurait certainement pu porter un autre nom que celui de Pauvre Joe.

Le 28 avril 1992, les Calabrais de Montréal se réunirent chez un ancien prête-nom de la famille Cotroni. L'hôte était une figure respectable du cercle de Frank Cotroni, qui avait le pouvoir de lancer et de stopper tout aussi vite de grosses affaires. Le lendemain, alors que les policiers s'interrogeaient sur l'objectif de cette rencontre, Joe Lopresti se rendit à un rendez-vous. On ne sait pas qui il allait rencontrer, lorsqu'il quitta la rue Antoine-Berthelet au volant de sa Porsche. Mais on n'avait pas non plus de raison particulière de se le demander, étant donné que cet homme rencontrait quotidiennement une foule de gens dans des salles de racket-ball, des Dunkin Donut, des discothèques, des entreprises de construction, des boulangeries, des bars sportifs.

Et personne n'avait à lui expliquer l'importance de se protéger. Surtout depuis que ses vieux associés, Lino et Bonventre, avaient été assassinés à la suite des enregistrements de Quack Quack Ruggiero. Le meurtre de Bonventre était particulièrement dérangeant : son corps avait été retrouvé en deux morceaux dans deux barils d'huile. Voulait-on rappeler qu'il avait « doublé » son vieux patron, Carmine Galante ? Ou peut-être le Grand ne rentrait-il tout simplement pas dans un seul baril ? Quoi qu'il en soit, Lopresti devait faire confiance à la personne qu'il rencontra dans un restaurant du boulevard Décarie, car il en repartit avec elle dans son véhicule.

Dans la nuit du 29 avril 1992, vers 22 h 30, les cheminots du Canadien National découvrirent un grand sac en plastique aux abords de la voie ferrée, non loin de la 54e Avenue et du boulevard Henri-Bourassa, dans l'est de Montréal. Constatant que le sac était taché de sang, ils alertèrent immédiatement la police. Les enquêteurs ne firent ni une ni deux : c'était un travail de professionnel. Tout indice avait disparu et, dans le sac, il y avait non seulement une dépouille, mais 4 000 $. Arrogance ou respect de la victime ? Le coup n'avait certainement pas été fait par un voyou à la petite semaine.

Au moment où les policiers retrouvèrent la Porsche de Lopresti dans le parking du restaurant, une pagette sonnait à l'intérieur. C'était Enzo, son fils de 23 ans. On l'appela pour qu'il vienne identifier le corps de son père à la morgue de la rue Parthenais.

Au salon mortuaire de la rue Beaubien, où le corps fut exposé, on se tenait à carreau. Inutile de dire qu'il y avait de bonnes chances que les meurtriers s'y trouvent. Bien qu'on y comptât très peu de Calabrais de l'ancien groupe Violi-Cotroni, il y avait un top-mafioso sicilien de Montréal et un certain nombre d'importants mafiosi que New York et Toronto avaient discrètement délégués.

La mort de Lopresti avait sans doute été aussi significative que sa vie, mais personne n'aurait vraiment su dire pourquoi. Lopresti n'avait jamais fait part de ce qu'il savait. Le fait que la liste des suspects de son meurtre fût longue témoignait de son esprit subtil et de sa grande influence. Avait-on convoité le territoire de Lopresti ? S'agissait-il d'une lutte intestine de la famille Gotti ? Les rivaux calabrais de Lopresti, membres du groupe Cotroni, avaient-il attendu le moment opportun pour se venger de la mort de Paolo Violi, survenue 15 années plus tôt ?

Que dire de la rencontre des Calabrais la veille du meurtre ? L'hôte avait-il tranché pour la paix ou pour la guerre ? Quel rôle y avait tenu Frank Cotroni ? Cet été-là, il devait être libéré sur parole après avoir purgé une peine pour le meurtre d'un informateur et pour trafic d'héroïne. Le meurtre était-il le signe que Cotroni redébarquait en force ? Le Gros s'interrogeait-il autant que tous les autres ?

Plus tôt dans l'année, deux associés de Lopresti avaient été abattus. Normand Hébert, qui avait mené un *deal* de 300 kilos de haschich, avait été assassiné le 4 janvier dans sa Porsche sur un terrain de stationnement d'un *Harvey's* de Montréal-Nord. Et le 23 février 1992, Santo Coverini avait été abattu lors d'un rendez-vous dans la Petite-Bourgogne, au centre-ville de Montréal. Y avait-il un lien entre ces meurtres et celui de Lopresti ? Ou simplement, le trafic de drogue appelait-il obligatoirement la violence ?

Après les funérailles, d'importants caïds siciliens de Toronto se rassemblèrent en un petit comité, sans pour autant qu'il s'ensuive de représailles. Ceux-ci avaient-ils autorisé le meurtre ? Ne savaient-ils tout simplement pas qui se cachait derrière l'attaque ? On raconta même que le tueur était une femme, ce qui expliquerait que l'habile mafioso ne se soit pas méfié. Il n'y avait pas de réponse facile, sinon pas de réponse du tout. Les meurtres sont souvent insolubles. Autant pour les bandits que pour la police. L'influence de Lopresti avait été à l'image d'un canon fumant, aussi fatale qu'insaisissable.

Sa vie durant, le juge Giovanni Falcone s'était voué corps et âme à comprendre les agissements d'hommes comme Lopresti. Cela le gardait en perpétuel état de danger et lui vaudrait d'être sauvagement assassiné. Il ne restait qu'à en déterminer l'heure et la méthode.

Falcone et son épouse étaient toujours accompagnés de 17 à 60 gardes du corps. Triés sur le volet, ceux-ci possédaient du sang-froid et des réflexes rapides. Ils surveillaient continuellement la demeure de Falcone, dans des hélicoptères ou sur le terrain. Règle générale, ils n'avaient aucun conjoint ou enfant pour entraver leur mandat. Falcone et sa femme ne pouvaient jamais se livrer à des activités apparemment banales, telles jogger ou aller au magasin du coin. Cela aurait été un véritable suicide. Lorsqu'il buvait un café à l'extérieur, Falcone commandait dix tasses et n'en avalait qu'une, afin de réduire le risque de tomber sur celle qui aurait été empoisonnée. Un jour où il avait assisté à une séance de cinéma, les gardes avaient dû vider la salle, vérifier l'identité de chaque spectateur, réserver les trois premières rangées pour le juge et son escorte. « Je ne vais plus au cinéma, confierait le juge. C'est trop compliqué pour tout le monde. » Sa magnifique villa donnait sur la mer mais, depuis que ses gardes avaient trouvé une charge de 20 kilos d'explosifs reliée à un détonateur sous le quai flottant à quelques mètres de la rive, Falcone pouvait difficilement s'y détendre. À Palerme, ses voisins craignaient d'être pris entre deux feux et l'engageaient vivement à déménager. Dans tout le reste de l'Italie, on multipliait les paris sur la façon dont il quitterait ce bas-monde. Falcone gardait son sens de l'humour, bien sûr. Cependant, ses cheveux grisonnaient prématurément, il fumait constamment et souffrait de solitude.

Falcone séjournait régulièrement au Canada, par affaires ou pour le plaisir. Il s'arrêtait à Montréal, mais aussi à Ottawa, le plus souvent au quartier général de la GRC. Puis il se rendait dans la région de Toronto, où la Mafia avait largement investi dans l'immobilier, l'alimentation, les manufactures et les restaurants. Il décrivait les clans Cotroni, Rizzuto et Caruana aux agents de la GRC, mais ne s'attardait pas aux machinations quotidiennes d'un groupe en particulier. Falcone brossait un portrait d'ensemble, en précisant aux policiers que la Mafia ne devait pas être bénie sans confession. Les mafiosi, en effet, ne volaient pas aux riches pour donner aux pauvres. Leurs victimes de prédilection étaient des juges, des policiers et des journalistes, mais également, hélas, des femmes et des enfants. Si les voleurs avaient jadis fait montre d'un certain sens de l'honneur, ces jours-là étaient bel et bien révolus. Mais avaient-ils jamais existé ?

Falcone démystifiait la Mafia sicilienne, son pouvoir et la structure pyramidale de l'organisation. Il voulait que la police saisisse bien la différence entre ce qu'on appelait des membres initiés et des associés, siciliens ou autres, au chapitre de la confiance ou du processus décisionnel. Certes, un associé pouvait sembler puissant, mais il ne commanderait jamais le respect du membre reçu. Il était essentiel que la police comprenne ces nuances. Si la Mafia sicilienne s'établissait dans une kyrielle de pays, sa mentalité et ses structures demeuraient fondamentalement les mêmes.

Mais encore : la police devait apprendre à coopérer à l'échelle mondiale, car les groupes criminels, eux, le faisaient. Falcone avait appris que des membres de la Mafia agissaient en qualité d'experts financiers ou de blanchisseurs pour le compte des nouveaux cartels colombiens de la cocaïne et de trafiquants asiatiques établis. Somme toute, ceux qui contrôlaient l'argent étaient les plus puissants et les plus difficiles à attraper. Les autres n'étaient que des pions.

Curieusement, Falcone trouva au Canada, refuge d'un si grand nombre de ses adversaires mafieux et de leurs investissements, non seulement des renseignements mais la paix. Le juge aimait conduire à travers les Prairies et pénétrer dans le parc national de Banff en compagnie de son épouse Francesca et de son garde du corps de la GRC. Il goûtait pleinement la majesté naturelle du paysage et l'air pur des Rocheuses. La région touristique lui donnait l'illusion fugace d'être à l'abri de ceux qui lui souhaitaient une mort brutale et non naturelle.

Au printemps 1992, Giovanni Falcone avait de bonnes raisons d'être optimiste. Il dirigerait bientôt une nouvelle agence anti-Mafia, et deviendrait le premier procureur en chef anti-Mafia de l'Italie. Cependant, personne n'ignorait qu'il retournait souvent à Palerme avec Francesca, et surtout qu'une seule route reliait l'aéroport Punta Raisi au centre-ville de Palerme. Salvatore Riina, dit Toto ou la Bête, son ennemi, avait tout le temps d'imaginer une façon de lui tendre un piège. Sachant que cette menace planait sans cesse sur lui, Falcone prenait ses précautions : au cas où une taupe se serait creusé une galerie dans le service de sécurité, il voyageait en jet privé dans le plus grand secret. Mais le samedi 23 mai 1992, alors qu'il conduisait, avec sa femme, de l'aéroport vers le centre-ville de Palerme, Falcone vit se confirmer ses soupçons.

Il parut normal qu'un énorme trou ait été creusé au beau milieu de l'autoroute par une équipe d'employés, et qu'il fut repavé peu après. Normal aussi, sans doute, qu'un homme ait été perché sur la falaise blanche dominant la même autoroute. Une seule pression sur le bouton, et une tonne de dynamite pulvérisa 500 mètres de béton, laissant un cratère de 13 mètres de profondeur défigurer l'autoroute. Falcone survécut pourtant jusqu'à l'hôpital. Francesca, elle, s'accrocha pendant cinq heures encore avant de rendre son dernier souffle.

Le juge Paolo Borsellino, le collaborateur de Falcone, eut le douteux honneur d'être considéré comme son successeur. Le 20 juillet 1992, il fut abattu à Palerme, alors qu'il rendait visite à sa mère. Quelques jours plus tard, le 29 juillet 1992, Giovanni Lizzio, le chef de l'escouade anti-extorsion, y passa à son tour. Dire qu'un homme dangereux joue avec la mort lorsqu'il s'isole est une vérité de La Palice, et c'est bien ce que devaient ressentir les représentants de la loi italienne, cet été-là. Le gouvernement italien ne pouvait penser venir à bout d'une Mafia mondialisée. En mars 1993, Liliana Ferraro, juge et directrice des affaires pénales du ministère italien de la Justice, expliqua au *Toronto Star* que le Canada devait revoir sa loi sur l'extradition, plus impraticable, à son avis, que celles de la Grande-Bretagne et des États-Unis. « Nous ne gagnerons pas cette guerre sans l'aide des autres pays », affirma-t-elle.

Chapitre 25

Promesses en l'air

Pourquoi pas transformer tout le pays en église ?

Joe DiMaulo, ridiculisant
l'idée de casinos non-fumeurs.

Joe DiMaulo était de bonne humeur en juillet 1983, lorsqu'un reporter lui demanda de l'interviewer dans son café du boulevard Viau, à Saint-Léonard, à quelques pas de son club de nuit. Le reporter voulait savoir ce qu'il pensait de l'intention du gouvernement d'ouvrir des casinos en Ontario et au Québec. DiMaulo ne put s'empêcher de rire. Si les gouvernements voulaient des casinos propres, ils n'avaient qu'à en confier la gestion à la Mafia. « Ce serait la meilleure chose, dit-il avec un large sourire. Il n'y aurait ni pickpockets ni prostituées. »

DiMaulo se pliait au jeu de l'interview. Celle-ci se déroulait en présence d'un robuste gaillard à la moustache panoramique, moulé dans un t-shirt noir et décoré d'un télé-avertisseur de fonction, sorte de motard tiré à quatre épingles. Que la pègre puisse être chargée de veiller sur la virginité des casinos faisait rigoler DiMaulo. D'autres que lui auraient frémi. Un rapport de la Commission d'enquête sur le crime organisé, en date de 1977, présentait DiMaulo comme un lieutenant de Frank Cotroni. Or, trois mois avant l'interview, ce dernier avait été libéré après avoir purgé une peine pour trafic d'héroïne et l'assassinat de cinq personnes.

Ancien portier de boîtes de nuit et gérant de salon de massage, DiMaulo avait été acquitté d'un triple meurtre au début des années 1970. Moins chanceux, son frère Vincenzo, alias Jimmy, avait été reconnu coupable de meurtre à la fin des années 1960. Un mois avant l'interview de juin 1993, Richard McGinnis, directeur de la brigade contre le crime organisé de la police de Montréal, expliquait le danger de confier à la pègre l'industrie des vidéo-poker. Ces machines venaient au deuxième rang dans leurs sources de revenus, tout de suite après le trafic des stupéfiants. Sensible à cet argument, le gouvernement du Québec décida de miser sur les travers de sa population pour se renflouer.

Parfaitement détendu dans sa chemise hawaïenne « pure soie », DiMaulo aboya une réponse non équivoque à l'idée qu'il ait approché le gouvernement du Québec pour cette histoire de casinos. « C'est rien que de la propagande », se reprit-il un instant après, affectant la parfaite maîtrise de soi. Interrogé sur l'intention du gouvernement ontarien d'interdire l'usage du tabac dans ses casinos, il éclata de rire : « Pourquoi pas transformer tout le pays en église ? »

À l'été 1993, en guise de message clair à Frank Cotroni, on enregistra des explosions dans deux commerces de vidéo-poker appartenant à son fils Nick, 43 ans. Si Joe DiMaulo trouvait cela drôle, d'autres avaient l'air de moins s'amuser.

À Montréal, à l'angle de la rue Peel et du boulevard de Maisonneuve, l'élégant bureau de change n'avait peut-être pas les jolis calendriers de la concurrence, mais était néanmoins extrêmement populaire. Parmi les illustres clients du Centre monétaire international de Montréal, on comptait Jimmy DiMaulo, le frère de Joe, et l'avocat Joseph Lagana, un associé de Vito Rizzuto. Ces hommes se présentaient régulièrement au comptoir avec des sac remplis de petites coupures. Bien situé, le bureau offrait des taux avantageux. Mais surtout, on n'y posait pas de questions. Aussi, sa direction ne tarda pas à avoir un problème de taille, auquel la concurrence elle-même n'osait rêver : un plus gros chiffre d'affaires que ce qu'elle pouvait gérer.

Dès son ouverture en 1990, en effet, le bureau avait attiré, comme par enchantement, quelque 25 groupes du crime organisé. Un tel résultat était tout simplement affolant pour le Centre monétaire international de Montréal, qui, on l'aura compris, n'était pas en affaires au sens classique du terme. La GRC en était le véritable propriétaire, et ses agents doubles, le personnel empressé et discret qui en faisait le charme. Il s'agissait de l'opération policière baptisée « Opération 90-26C », ou « Opération Contrat ». Le seul problème de la GRC fut de se retrouver avec une clientèle disproportionnée, comptant des Hells Angels, la Mafia sicilienne, les cartels colombiens, la Bande de l'Ouest et la vieille famille Cotroni.

Ce qui aurait dû réjouir les agents vira bientôt au cauchemar. Privée de ressources adéquates, la GRC ne put enquêter que sur deux des 25 groupes qui recyclèrent, entre 1990 et 1994, et par ses bons soins, 135 millions de dollars d'argent sale. Elle ne pouvait même pas identifier toutes les familles criminelles qu'elle aidait de la sorte, et dut contribuer, contre son gré, à l'importation et à la revente de quelque 5 000 kilos de cocaïne au Canada, pour une valeur au détail de deux milliards de dollars.

Sabatino Nicolucci, dit Sam, était un des bons clients de ce bureau original. Le mafieux fit 168 transactions en deux ans, et la GRC l'enregistra à 405 reprises à son insu. Proche de Joseph Lagana, Nicolucci était un membre important de la Mafia sicilienne. Il intriguait également avec David Rouleau, un gros nom du chapitre de Sherbrooke des Hells Angels. Ils envoyaient de la cocaïne en Angleterre, aux Hells Angels, et aidaient les bandes chinoises à faire rentrer de l'héroïne à New York.

Les activités de Nicolucci semblaient d'autant plus pittoresques que celui-ci se trouvait en libération conditionnelle à la suite d'une sentence pour trafic de drogue. Les policiers, cependant, ne furent pas obligés d'intervenir, car les associés du malfrat mirent eux-mêmes un terme à ses multiples activités. Nicolucci fut kidnappé dans un bar *topless* de la rue Jean-Talon, pour n'avoir pas remboursé ses fournisseurs colombiens du cartel de Cali. Son téléphone cellulaire étant demeuré allumé, la police tenta de le localiser par triangulation. Elle le repéra dans le nord de Montréal. Mais avant qu'elle pût préciser l'endroit, Nicolucci fut transféré à Miami avec ses ravisseurs, lesquels l'emmenèrent ensuite dans la région de Cali, en Colombie. On crut d'abord qu'il avait été exécuté, mais le cartel en voulait plus à son argent qu'à sa peau. On lui permit de tenter de rembourser sa dette à partir de l'endroit où on le gardait enfermé. La police intercepta éventuellement une communication téléphonique qu'il eut avec une femme du nord de Montréal.

La situation de Nicolucci était pour le moins précaire. Il était recherché par la justice canadienne pour 233 chefs d'accusation pour blanchiment d'argent et trafic de drogue, sans compter le fait d'avoir aidé les Hells Angels à acheminer 500 kilos de cocaïne en Angleterre. Ses ravisseurs, quant à eux, lui laissaient entendre qu'ils ne le libéreraient qu'en échange des 1,7 million de dollars qu'il leur devait. Derechef, forces policières et criminelles collaborèrent à un objectif commun : les associés de Nicolucci se rendirent au faux bureau de change pour préparer la rançon. Contre toute attente, la police décida de clore l'opération Contrat.

Enfin, un commando de la Drug Enforcement Agency parvint à libérer l'otage, que l'on remit aux autorités américaines à Bogota. En mai 1996, il était de retour au Québec. Au terme de son procès, en décembre 1997, il fut condamné à 19 ans de prison pour avoir tenté d'importer plus de 400 kilos d'héroïne et blanchi quelque 30 millions de dollars.

Le caporal Jocelyn Chagnon de la GRC avait participé à l'arrestation des suspects de l'opération Contrat. En juillet 1995, il reçut la visite de son propriétaire. Celui-ci lui demanda s'il était possible d'épargner à Jimmy DiMaulo (de la bande de Frank Cotroni) une partie des 15 années de prison exigées par la Couronne. Si la chose pouvait être arrangée, un ami verserait à Chagnon la coquette somme de 100 000 $.

Chagnon avertit ses supérieurs, qui convinrent de tendre un piège aux bandits. Le 7 août 1995, Chagnon reçut à nouveau son propriétaire à son appartement, après qu'on y eût dissimulé des micros et une caméra. Prudent, celui-ci formula l'offre sans émettre aucun son. Les policiers parurent toutefois satisfaits et passèrent à l'action. On arrêta des suspects, dont Joe DiMaulo, pour tentative de corruption sur la personne d'un policier. Le 18 août 1995, cependant, il fut relâché faute de preuve. Cette fois, il avait l'air moins allègre qu'à son habitude, même s'il lança une boutade à la presse : « Deux jours dans une cellule de 10 pieds par 40 pieds, c'est pas génial, mais, comme je respecte la loi... »

Personne ne rapporte avoir entendu DiMaulo rire lorsque, en mars 1997, son frère Jimmy plaida coupable aux chefs d'accusation pesant contre lui. Il fut condamné à 12 ans de réclusion pour

Maurice Boucher au centre avec des membres des Hells Angels.

Maurice Boucher (troisième à partir de la droite,
debout avec un t-shirt des Hells Angels) avec les Rockers en 1996.

Les funérailles de Vincent Cotroni, à Montréal en 1984, ont attiré des centaines de personnes.

Le mariage de Francesco Cotroni, le fils de Frank, et de Mylena DiMaulo, la fille de Joe, a consacré l'union des deux familles.

Vito Rizzuto.

Johnny Papalia (Pops) à la fin des années 1950.

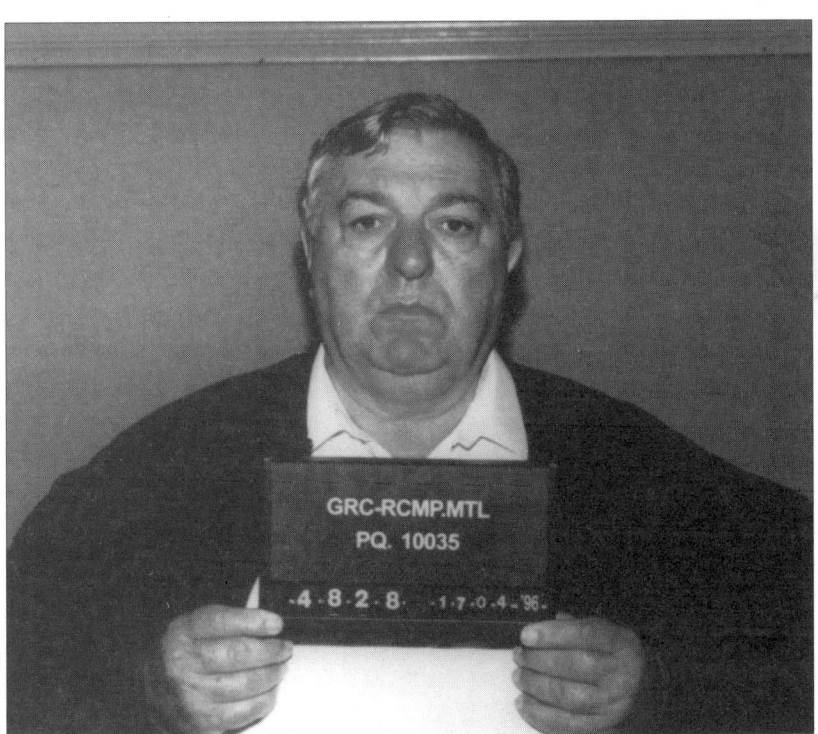

En 2002, Frank Cotroni est retourné au pénitencier pour avoir manqué aux conditions de sa dernière libération conditionnelle.

Les frères Violi : Francesco, Paolo et Rocco, tous assassinés. (Collection Michel Auger).

Les familles Luppino et Violi au baptême du fils de Paolo Violi à la fin des années 1960. Paolo (deuxième rangée à gauche), sa femme (à gauche) et la fille de Giacomo Luppino (derrière Paolo), le vieux sage de la Mafia sud-ontarienne. Le parrain de l'enfant était Vic Cotroni, chef de la Mafia (devant à droite). Également : son frère Frank (derrière Grazia), Palmina Puliafito (devant, à gauche), Rocco, le frère de Paolo (derrière Vic), Francesco (au-dessus de l'épaule gauche de Luppino) et Antonio, de l'Ohio (en haut, à gauche).

Funérailles de Giuseppe Violi. Rocco, frère jumeau de Giuseppe (à l'extrême droite). Paolo devant son père Domenico (cheveux blancs), chef de la Ndrangheta italienne. Le *Don* de Hamilton, Giacomo Luppino, derrière Domenico (Photo Michel Auger).

Le cadavre de Paolo Violi.
(Collection Michel Auger).

Vincent Cotroni a été durant des années le criminel le plus respecté des membres de la pègre montréalaise.

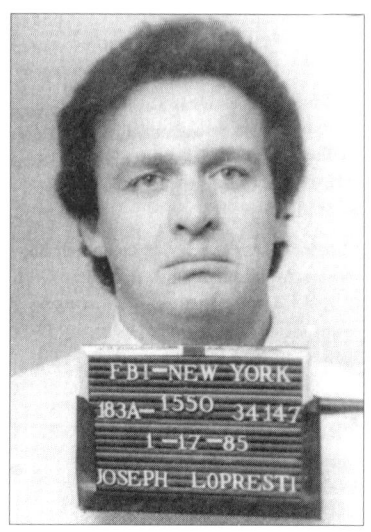

Photographie signalétique américaine de Joe Lopresti, 1985.

Le chauffeur de Paul Volpe, Peter Scarcella (à gauche), discutant avec le boxeur Eddie Melo (à droite), à Toronto.

Nick Rizzuto.

Le patron sicilien Giuseppe Bono mangeant une pizza à Manhattan trois jours après son spectaculaire mariage le 16 novembre 1980, cérémonie qui fit venir à New York des mafiosi de Montréal, notamment Joe Lopresti.

Domenic Musitano, chef de la pègre de Hamilton.

Carmen Barillaro, associé de Frank Cotroni et lieutenant de Johnny (Pops) Papalia de Hamilton.

Photographie signalétique de Ken Murdock. Tueur à gages de la famille Musitano, qui a tué Johnny (Pops) Papalia, Carmen Barillaro et le concierge d'une aciérie.

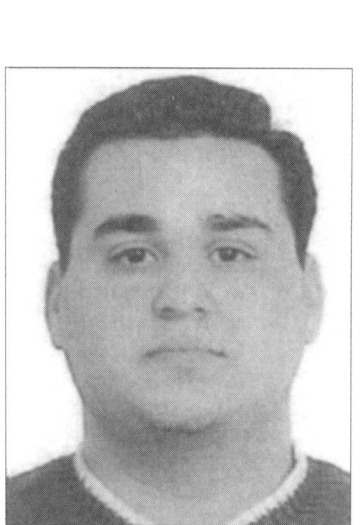

Photographie signalétique de Angelo Musitano. Fils de Domenic Musitano et reconnu coupable des meurtres de Johnny (Pops) Papalia et de Carmen Barillaro.

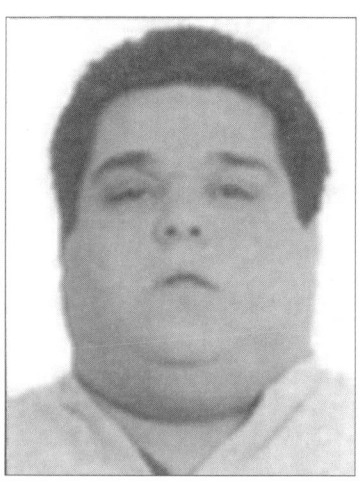

Photographie signalétique de Pasquale Musitano (Pat). Fils de Domenic Musitano et reconnu coupable des meurtres de Johnny (Pops) Papalia et de Carmen Barillaro.

complot de trafic de drogue, ainsi qu'à deux peines de huit ans pour blanchiment d'argent, devant être purgées de façon consécutive. Pour sa participation à la tentative de corruption ratée, le propriétaire fut condamné, pour sa part, à une sentence de 18 mois avec sursis. On lui épargna la prison.

Si l'opération du Centre monétaire international de Montréal n'avait pas permis d'inculper Vito Rizzuto, elle avait tout de même affecté son golf. À 55 ans, Rizzuto s'enorgueillissait de jouer au golf 100 fois par année dans des clubs privés des environs de Montréal, et de participer à l'occasion à des tournois au profit d'associations italiennes. Quand il n'était pas sur le vert, il fréquentait, à l'instar de son père, un club social de la rue Jarry Est. En effet, Nick était rentré à Montréal après avoir purgé une peine de cinq ans au Venezuela pour trafic de cocaïne.

L'opération du bureau de change eut pour effet de compromettre définitivement la quadrette de golf de Rizzuto. Son coéquipier et ami d'enfance, Valentino Morielli, fut envoyé en prison pour complot d'importation de cocaïne au Canada, via Miami et les îles Cayman. Un autre partenaire de golf de Vito, l'avocat Joseph Lagana – une des meilleures prises de la GRC – fut condamné à 13 ans de prison. L'avocat fut libéré deux ans plus tard, grâce à un programme pour délinquants non violents.

Le 17 avril 1993, pendant que le Tout-Montréal tombait dans le panneau de la GRC, Frank Cotroni était libéré sur parole. À le voir sillonner les rues de Montréal et de Toronto en compagnie d'immigrés iraquiens et iraniens, on comprit qu'il avait bien profité de son séjour en prison. Cotroni rencontra un certain Mahmood Adolaymi, dit Moe. Cet ancien soldat iraquien propriétaire d'une petite boîte d'import-export dans le centre-ville de Toronto lui avait été présenté par l'intermédiaire du Marocain Shahrias Lalehzar. Ce dernier savait que Cotroni avait l'intention de se remettre au travail et, si possible, d'importer de l'héroïne à partir de l'Europe. C'était en mai 1993, quelques semaines à peine après sa sortie de prison. Lalehzar avait dit à Moe qu'il travaillait pour Cotroni depuis près d'un an. De toute évidence, l'incarcération n'avait pas empêché le Gros de vaquer à ses affaires.

En année sabbatique, un professeur se ressource, se repositionne, développe la stratégie qui lui permettra d'aller plus loin. Ainsi en était-il de Cotroni, qui était devenu un meilleur criminel. Il travaillait maintenant avec des associés du Moyen-Orient, qu'il avait connus en prison. « Une excellente collaboration, commenterait un jour Moe. Du genre "je te gratte le dos, tu me grattes le dos". Sinon, ça aurait été la guerre. »

En septembre 1993, Moe rencontra la famille et participa à plusieurs réunions d'affaires avec Frank et Francesco Cotroni. Les lieutenants Antonio « Tony » Volpato et Giovanni « Johnny » Marra, ainsi que Lalehzar et d'autres, étaient présents lors des réunions qui se tenaient dans des restaurants contrôlés par les Cotroni. En guise de bienvenue, un des membres de la famille fit comprendre à Moe que la trahison n'était pas leur fort : « Si tu me baises, je vais te trouver, déclara l'homme. Je vais te trouver où que tu sois. Pense pas que tu peux t'en sortir. On est partout. »

Cotroni était allé quelques fois à Toronto. Avenue Saint-Clair Ouest, dans l'ancien secteur italien, il avait retrouvé deux vieux copains. Le premier, un conditionneur de viande et gérant de salle de réception, avait été autrefois trafiquant d'alcool ; le second était un vieux boulanger sympathique. Chacun d'eux dirigeait une cellule de la Ndrangheta, la Mafia calabraise.

Le 16 décembre 1993, dans un restaurant de Montréal, Moe rencontra Frank et Francesco Cotroni, de même que Tony Volpato et Lalehzar. Moe était légèrement offusqué. Pourquoi Frank ne l'avait-il pas appelé quand il était à Toronto ? Cotroni répondit qu'il ne voulait pas lui faire courir de risques, car il se sentait constamment surveillé par la police. Les affaires procédèrent, prudemment, et lentement.

Le 22 février 1994, Lalehzar mentionna à Moe une « saisie dans l'est ». Celle-ci aurait affecté leurs « amis ». C'était à l'époque où la GRC avait intercepté 5 385 kilos de cocaïne en Nouvelle-Écosse. Lalehzar précisa que Frank et Tony avaient perdu beaucoup d'argent. Apparemment, ils n'avaient plus d'autre choix que de faire affaire avec Moe. Peu de temps après, l'ancien boxeur Eddie Melo, le vieil ami torontois de Cotroni, affirma qu'il se rendrait à l'entreprise d'import-export de Moe, la Hudson Brownell Company, question de vérifier.

Le 22 juillet 1994, une rencontre eut lieu dans un chic restaurant non mafieux de Toronto. Un endroit particulièrement apprécié des stars de cinéma d'Hollywood Nord. Volpato, Melo, un avocat torontois et Moe s'y trouvaient. L'avocat, un proche d'Eddie Melo, semblait toujours là lorsque les Montréalais débarquaient. On demanda encore une fois à Moe de parler de son business. Une fois sorti du restaurant, Volpato prit Moe à part et dit qu'il irait au Venezuela pendant quelques semaines « ouvrir quelques portes ». La bande avait trouvé un entrepôt à Toronto et s'apprêtait à le remplir. On dit à Moe d'être patient, de « juste attendre ». « On va te faire signe. Attends, jusqu'à ce qu'on te fasse signe », rapporterait Moe.

Le 7 décembre 1994, Lalehzar dit à Moe que Tony Volpato voulait lui parler seul à seul, sans Frank Cotroni. Il pensait être capable d'organiser quelque chose avec les Siciliens de Montréal. Cotroni était important, mais il n'était pas le seul joueur en ville.

Le 26 janvier 1995, ayant été aperçu en compagnie de Volpato, et d'autres, Frank Cotroni perdit sa libération conditionnelle. Son retour en prison n'entrava en rien le processus. Depuis sa cellule, il ordonna à un membre de la famille d'aller en Colombie rencontrer deux chefs du cartel de Cali. On dit à Moe que, après cette longue attente, il y aurait un premier envoi de 200 à 500 kilos de cocaïne dans un cargo de crevettes en provenance de l'Équateur. Un deuxième envoi de 2 000 kilos suivrait presque aussitôt. Enfin, on recevrait éventuellement des cargaisons pouvant atteindre 10 000 kilos, dont une partie serait redirigée vers le milieu colombien de New York. Un des deux envois de cocaïne ferait partie d'un chargement de céramique en provenance de Panama, tandis que l'autre serait envoyé dans des cales remplies de café écologique péruvien. À la veille de l'opération, Cotroni fut de nouveau libéré sur parole. Le 26 septembre 1995, le caïd devait être dans un état euphorique : la drogue allait finalement arriver, il allait être libéré. La vie était belle ! À l'établissement à sécurité minimale Montée Saint-François de Laval, une trentaine de codétenus lui préparèrent une touchante cérémonie d'adieu avec roastbeef et côtelettes de porc introduites à grands frais dans la prison. Mais le *party* fut bousillé par des gardes qui confisquèrent l'objet de la contrebande. Mauvais augure pour Cotroni ? Il ne lui restait qu'à espérer que les autorités civiles ne soient pas aussi vigilantes.

Cette fois, la libération de Cotroni dura un peu plus de six mois. En effet, le 17 avril 1996, il était de nouveau sous les verrous, inculpé de complot dans le but d'importer 180 kilos de drogue. Le vieux renard ne tarda pas à apprendre que Moe était un agent double de la GRC, agissant dans le cadre d'une nouvelle opération policière.

Le 4 avril 1997, Frank Cotroni fit face à de nouvelles inculpations de trafic de drogue. Johnny Marra, son bras droit, venait d'être condamné à 14 ans de prison, et l'affaire se présentait mal. On avait démontré au procès de Marra que Cotroni avait des contacts directs avec le cartel de Cali et qu'il était présent sur toute la côte est américaine. À 66 ans, se sentant peu combatif, Cotroni plaida coupable. Du plaidoyer au verdict, la procédure ne dura que 25 minutes. Cotroni reçut une condamnation de sept années avec obligation d'en purger la moitié avant d'être libéré sur parole. Son fils Francesco, 36 ans, écopa pour sa part de huit ans de pénitencier.

La police aime bien parler du « facteur maîtresse » au sujet des enregistrements clandestins : un facteur démultiplicateur qui confond le client lorsqu'on l'a intercepté en train de se vanter de ses exploits extra-conjugaux. Si le bandit est marié à une femme issue d'une famille criminelle, cela représente une terrible source d'embarras. Quoi de plus avantageux, dans ces conditions, que de plaider coupable ? Le client sait parfaitement que l'alternative consiste à écouter l'enregistrement en cour, devant l'épouse et la belle-famille. Une épreuve atterrante, même pour les truands les plus endurcis.

Ce n'était toutefois pas le cas pour Frank Cotroni quand il plaida coupable. Et ce n'était pas, non plus, qu'il ait eu une révélation ou qu'il ait été pris de remords. Cotroni avait évalué froidement le matériel et reconnu la défaite. Il ne lui restait qu'à réduire ses pertes. Il n'était pas sans savoir que sa notoriété jouait contre lui devant un jury. Il devait aussi avoir pensé que, s'il coopérait, il pourrait être envoyé dans un établissement à sécurité minimale où on lui faciliterait la vie. Souffrant de problèmes de circulation aux jambes, il allait devoir subir deux opérations et celles-ci pouvaient être pratiquées en prison. En outre, on lui avait déjà permis, à l'établissement Montée Saint-François, de se déplacer dans une voiturette de golf. S'il se défendait, il risquait une sentence deux fois plus sévère, à l'instar de celle de Marra. « Je pense qu'il a évalué les risques et qu'il s'est dit que la sentence proposée était raisonnable », reconnut le procureur Richard Starck.

Chapitre 26

Mort de Johnny Pops

*Pourquoi s'en faire avec ses ennemis ?
On est toujours enterrés par nos amis.*
Ron Sandelli, ancien chef des
renseignements de la police de Toronto.

John Murdock était un batailleur de rue, un petit truand. Pas du genre à se poser des questions sur le sens de ses actes. Pourtant, ce samedi après-midi du 31 mai 1997, Murdock marcha avec une certaine nervosité jusqu'au bureau de Galaxy Vending, sur la rue Railway, dans l'ancien quartier italien de Hamilton.

Aussi loin qu'un Hamiltonois puisse se souvenir, la rue Railway, un cul-de-sac, a toujours été le centre du domaine personnel de Johnny Pops Papalia, le vieil associé de Frank Cotroni. L'année même de la naissance de John Papalia, à Hamilton, en 1924, un double meurtre survint sur la petite rue, alors que des trafiquants d'alcool luttaient pour le contrôle de leur business. Un des bootleggers était le père de Papalia, Antonio. Il travaillait pour Rocco Perri, le lieutenant canadien de Al Capone. Des années plus tard, Perri disparut, et sa femme, Bessy, fut assassinée. Des doigts soupçonneux pointèrent le petit cul-de-sac, et tout particulièrement Antonio Papalia. Depuis cette lointaine époque, Johnny Pops avait aménagé dans un penthouse à cinq minutes de marche de là. Quotidiennement, à pied ou dans sa Cadillac, il retournait sur la rue Railway. Les demeures décrépites appartenaient presque toutes aux membres et aux amis de la famille. Tous les yeux et les oreilles devaient lui être sympathiques.

Au cours des dernières semaines, Ken Murdock avait déjà rencontré Johnny Pops deux fois. La première, Murdock avait trouvé qu'il y avait trop de monde dans la rue Railway et il s'était éclipsé. La seconde, il s'était rendu au penthouse de Papalia, rue Market, mais s'était trompé de porte. Le temps de se rendre compte de son erreur, et Papalia ouvrait à un visiteur. Chaque fois, Murdock avait emporté un fusil chargé. Chaque fois, il avait perdu son sang-froid et renoncé à ses desseins.

Ce samedi 31 mai 1997, donc, Murdock rassembla son courage et poussa la porte du bureau de Galaxy Vending. Deux hommes discutaient dans l'entrée. Bien qu'il fût pour la première fois en sa présence, Murdock reconnut immédiatement Johnny Pops. On voyait souvent sa photo dans les journaux et dans des livres. Il passait même parfois au bulletin de nouvelles. Ainsi, son nez crochu et ses joues balafrées étaient-ils aussi caractéristiques du secteur industriel de Hamilton que ses aciéries et ses comptoirs de beignes.

Murdock osa lui adresser la parole : « Je suis Ken Murdock, dit-il. Pourriez-vous m'accorder une minute… dehors ? » Papalia et l'homme qui se trouvait près de lui jetèrent un regard dur à l'intrus. Johnny Pops était passé maître dans l'art de la cryogénie, soit du regard réfrigérant : en un instant, ses yeux prenaient une expression totalement dénuée d'émotion et d'humanité, qui glaçait l'adversaire. Cet après-midi-là, toutefois, Papalia décida d'accorder quelques minutes à Murdock. Campé droit devant lui dans le parking, il le somma d'en venir au fait.

Murdock raconta une histoire comme quoi Pasquale Musitano, dit Pat, le fils de feu Dominic Musitano, lui devait 10 000 $. En réalité, il tâchait de gagner du temps. « On peut dire que j'essayais de trouver le courage de faire ce que j'avais à faire », dirait Murdock. Ce qu'il avait à faire était à la fois simple et terrifiant : trucider le plus célèbre caïd de la ville.

Murdock demanda à Johnny Pops de le conseiller sur la façon dont il pouvait récupérer les 10 000 $. Papalia répliqua qu'il voulait savoir pourquoi Murdock lui demandait ça.

– Apparemment, vous êtes son parrain, répliqua Murdock.

Un instant, Johnny Pops eut l'air songeur. Trop nerveux pour se taire, Murdock parla de son beau-père qui avait fait du temps avec Johnny Pops au pénitencier de Collins Bay.

Papalia sortit alors un paquet de cigarettes et en offrit une à Murdock. Vingt minutes plus tard, il termina abruptement la conversation en disant : « Fais ce que tu veux, Murdock. Je m'en mêle pas. »

Papalia tourna les talons. Murdock en profita pour sortir son 38, qu'il pointa vers la nuque de Papalia. Ella Lautenbach, qui venait d'emménager sur la rue Railway, entendit le coup. Une femme hurla : « Rentrez les enfants ! Il se passe quelque chose ! » La semaine précédente, Ella Lautenbach avait vu Johnny Pops distribuer des Popscicles aux enfants du quartier. Il gisait maintenant sur le sol, dans une mare de sang. Elle s'approcha, saisit sa main et vérifia son pouls pendant la minute interminable que mit l'ambulance à arriver.

Murdock prit la fuite dans un *pickup* vert. Il se rendit jusqu'à un atelier de carrosserie où il avait laissé un second véhicule, un Chrysler Intrepid, pour ensuite filer vers son domicile de l'avenue Knocks, dans le secteur industriel de Hamilton Est. Tout en conduisant, il glissa le revolver dans un sac en papier et le lança à l'arrière d'un camion stationné dans le parking d'un des nombreux Tim Horton's de la ville.

Vers 14 h 30, une heure environ après le meurtre, Murdock fut appelé sur son télé-avertisseur par le détective Vic Rees de la police de Hamilton-Wentworth. Le message arriva à l'instant même où Papalia rendait son dernier souffle à l'hôpital. Murdock rappela l'officier de police, préférant engager tout de suite le dialogue. Rees voulait savoir si Murdock était au courant de ce qui s'était passé sur la rue Railway.

– Non. Il s'est passé quelque chose ? mentit Murdock.

Avant de songer à arrêter qui que ce soit, les enquêteurs échafaudent des hypothèses à partir des indices qu'ils possèdent : le meurtre de Papalia n'avait certes pas été effectué dans les règles. Le tueur avait tiré Pops à l'arrière de la tête, sans doute pour éviter son regard. De surcroît, il n'avait tiré qu'une seule balle, ce qui ne garantissait pas la mort de sa victime. « Un coup de couillon », conclut un policier qui en avait vu d'autres, et qui connaissait Johnny Pops depuis des lustres.

L'affaire en resta là.

Les amateurs de bonne bouffe avaient un faible pour la pizza à croûte mince et savoureuse du Gathering Spot. Dans ce lieu à la mode, on pouvait croiser Pasquale Musitano, dont le père était décédé quelques années plus tôt d'une crise cardiaque. Ce soir-là,

Murdock n'avait pas envie d'être seul. Il emprunta la rue James Nord vers le Gathering Spot, à environ dix minutes de marche du bureau de Papalia.

À la solde du vieux Musitano, Murdock avait été impliqué dans le meurtre de Salvatore Alaimo, un concierge de l'aciérie Stelco. Murdock n'avait rien contre Alaimo, il n'avait fait qu'obéir aux ordres. Il avait abattu l'homme alors qu'il travaillait dans son garage. Murdock apprendrait, éventuellement, qu'Alaimo avait eu la malchance d'être lié à quelqu'un qui avait indisposé le vieux. Or, ce dernier était mort. Fidèle de nature, Murdock s'engagea auprès de ses fils, Pat et Angelo, qu'il considérait des amis. Il aimait croire que ceux-ci lui témoignaient confiance et respect, surtout depuis le jour où les frères l'avaient gratifié d'une magnifique bague en or frappée à ses initiales. Murdock comprenait qu'une question d'argent avait motivé le coup contre Johnny Pops. Pat était en dette avec le gangster et, comme le dirait un jour Murdock : « Ça pressait. Il avait commencé à se sentir mal de devoir du *cash* à Johnny. Ça revient à peu près à ça. J'pense qu'y'avait pas l'argent, et de la façon dont il m'a demandé de régler ça pour lui, j'pense qu'il avait peur. »

D'autres sont d'avis que les motifs de Pat Musitano étaient beaucoup plus élaborés. On le savait très près des Siciliens de Montréal qui venaient de s'installer en Ontario. Or ceux-ci considéraient Johnny Pops comme un obstacle à leur expansion, une relique de la vieille Cosa Nostra. Bien sûr, les Musitano ne voyaient aucune raison d'expliquer tout cela à cette teigne de Murdock.

« J'avais vu Pat dehors, et je lui ai dit que c'était fini. On s'est embrassés. Puis il a dit quelque chose comme : "Merci." Et que la place grouillait de policiers, donc de m'en aller" », se rappellerait Murdock au sujet de l'après-midi du meurtre de Papalia.

Murdock espérait de l'argent ainsi que des remerciements, mais ce n'était pas le temps d'exiger quoi que ce soit. Il devait recevoir 10 000 $ et 15 onces de cocaïne pour cette exécution, mais il déclara qu'il l'aurait volontiers fait pour rien, car c'était « pour la famille ». Au bout du compte, il n'empocherait que la drogue et 2 000 $. La petite habitude chérie de Murdock exigeait qu'il trouve environ 10 grammes par semaine. « Ça rend parano, mais au moins ça gèle », dirait-il.

On s'interrogea beaucoup à savoir qui avait tiré sur Johnny Pops. Papalia et son vieil associé, Ennio Mora, avaient incontestablement investi de l'argent dans l'immobilier pour le compte d'une bande de Siciliens de Montréal qui s'étaient installés à Toronto au début des années 1990. Les mafieux avaient ouvert un restaurant assez classe sur le chemin Avenue, et un club de nuit qui en jetait tout autant dans le West End. Mais des millions de dollars avaient disparu. Le bandit venait d'admettre les nouveaux venus dans le club très peu sélect des ennemis de Johnny Pops. Mora avait été tué l'automne précédent, ce qui donnait du poids à la thèse des Siciliens en colère. Mais peut-être, aussi, Johnny Pops avait-il été simplement tué par un allumé désireux d'assassiner une célébrité ? Cela aurait expliqué le caractère débraillé du meurtre. Il y avait aussi pas mal de brasse-camarade entre Papalia et des trafiquants de cigarettes, sans compter les bandes de motards. Même dans sa propre bande, il en était qui trouvaient des raisons de grogner parce que le vieux avait l'air de vouloir battre des records de longévité. À moins que quelqu'un ne s'en occupe. Du reste, Johnny Pops représentait la vieille école, tandis que les Hells Angels et les Siciliens de Montréal étaient la nouvelle vague. Ceux qui ne s'adaptaient pas au changement risquaient d'être engloutis. Les spécialistes de la pègre s'accordaient toutefois à penser que Pops ne devaient pas craindre son meurtrier : il lui avait tourné le dos, ce qui était rarissime chez le gangster.

« Pourquoi s'en faire avec ses ennemis ? On est toujours enterrés par nos amis », déclarerait Ron Sandelli, ancien chef des renseignements de la police de Toronto, qui, pendant des années, travailla sur des cas impliquant Papalia.

Déjà éprouvée, la famille eut un second choc en apprenant que l'Église refusait de célébrer les obsèques du truand. Une première au Canada ! Le père Gerard Bergie, porte-parole du diocèse de Hamilton, admit que c'était là une mesure « spéciale ». On se souviendra qu'en 1979, Carmine Galante s'était également vu refuser un enterrement catholique à New York, à l'instar, avant lui, d'Albert Anastasia, l'Exécuteur. Domenic Pugliese, un ami proche des Papalia, estima que le diocèse abusait de son autorité en prenant une telle décision : « Jésus a été crucifié entre deux voleurs, rappela-t-il. L'évêque est-il au-dessus de Jésus ? »

L'Église trouva difficile d'inclure le caïd parmi les brebis du Seigneur. Si quelqu'un avait voulu s'en débarrasser, c'est qu'il était encore dangereux. Et comme on lui avait tiré dans le dos, il n'avait pas eu le temps de se repentir. Jésus pardonne aux pécheurs, mais encore faut-il qu'ils aient le « ferme propos ». « Rien n'indique que Papalia se soit repenti de ses activités criminelles », dirait Bergie.

Ses propres collègues lui lancèrent la dernière pierre. On ne compta que 350 personnes au service célébré sur la rue Barton Est, à dix minutes de la rue Railway, là où Johnny Pops était né, avait grandi et s'était éteint. Comble d'insolence, Pat Musitano tint audience à l'extérieur du salon, tout en posant pour les photographes de la presse et les services de police. « Ce n'était vraiment pas respectueux [de sa part] », dirait un vieil officier de police spécialisé dans le crime organisé. « Quand on pense aux gens de sa génération [...] ils n'étaient pas là pour se pavaner. » Au salon, une proche de la famille du défunt, en larmes, traita le tueur de « lâche ». Enfin, un prêtre prononça des prières pour le repos de l'âme de la canaille et pour le réconfort de sa famille.

Johnny Pops avait été assez important pour que, dans les années 1960, le sénateur américain Robert Kennedy le mentionne dans une enquête sur le crime organisé. Vingt ans plus tard, un rapport de police le classait comme le truand numéro un de l'Ontario. Mais ses funérailles, selon les observateurs, étaient bien maigres si l'on tient compte de sa notoriété. Un seul landau de fleurs accompagnait la dépouille dans son dernier voyage vers le crématorium de Bayview, à Burlington. C'est peu, si l'on songe aux funérailles de Vic Cotroni. Ne comptaient-elles pas 23 landaus de fleurs, et un remarquable ensemble de cuivres ? Même l'obscur associé du truand, Enio Mora, de Toronto, s'était mérité cinq landaus quelques mois plus tôt, après que son corps eût été retrouvé criblé de balles dans le coffre de sa Cadillac dorée. « Pour un gars avec ses connexions, on s'attendait [...] à de plus beaux arrangements floraux », dirait un officier de police, comme s'il commentait le défilé du Rose Bowl ou de la Saint-Jean.

Il ne fallut pas longtemps pour que l'onde de choc atteignît Buffalo, dans l'État de New York, à une heure de route du lieu du crime. Les frères Musitano eurent vent qu'un meeting s'y tenait, auquel participait Carmen Barillaro, le lieutenant ontarien de Papalia à Niagara Falls. Ce que les frères apprirent de la rencontre était à la fois insultant et lourd de menaces. « En gros, ça disait que Pat était le prochain, de se rappeler Murdock. Le seul détail que j'en ai, c'est que le meeting a eu lieu, qu'il a été "callé" d'en haut. Carmen aurait dit à table : "Je vais m'occuper moi-même du tas de m..." »

C'est ainsi que, le 23 juillet 1997, à la veille du 53ᵉ anniversaire de Barillaro, Murdock et Angelo Musitano se rendirent à Niagara Falls. Angelo attendit dans la voiture pendant que Murdock monta les marches de la demeure « bon chic bon genre » de Carmen Barillaro. À l'homme qui répondit à la porte, Murdock demanda si la Corvette rouge dans l'allée était à vendre. Barillaro, car c'était lui, n'était pas d'humeur à perdre son temps avec un idiot ou un étranger. Et Murdock semblait être les deux à la fois. Il lui dit de dégager. Fini les gentillesses : Murdock poussa le colosse à l'intérieur, tirant un 9 millimètres de sous sa veste. « Il semblait comprendre ce qui se passait », se souviendrait Murdock. Barillaro se précipita dans une autre pièce, pour soudain faire volte-face. Murdock lui tira deux balles au visage. Le lieutenant de Papalia mourut sur-le-champ.

À la fin de l'année 1988, Murdock fut arrêté pour extorsion. En prison, il attendit d'abord stoïquement son procès. Mais il fut bouleversé quand la police lui fit entendre un enregistrement où il était clair que ceux qu'il cherchait tant à impressionner, ses propres amis, avaient eu l'intention de l'éliminer. Murdock abdiqua, acceptant de dénoncer ses anciens acolytes. Le 22 octobre 1998, après avoir signé une entente de coopération avec la police, il plaida coupable sur trois chefs d'accusation de meurtre au second degré, acceptant une condamnation à vie avec possibilité de libération conditionnelle après 13 ans pour les meurtres de Salvatore Alaimo, Papalia et Barillaro.

Le 16 juin 1999, à l'enquête préliminaire, Murdock se présenta à la barre et témoigna contre ses anciens amis. Sur le banc des accusés, les frères Musitano le regardaient avec une expression dédaigneuse, méprisante. Pat et Angelo furent accusés de meurtre au premier degré et Angelo également inculpé du meurtre de Barillaro.

« Je connais Ang depuis je suis haut comme ça », confirma Murdock, contre-interrogé par Dean Paquette, l'avocat de la défense. « Vous savez, c'est la chose la plus dure à faire pour moi ici. Ça me tue, parce que j'ai toujours aimé ces gars-là. » Murdock se retourna alors vers Pat et Angelo Musitano : « Comprenez-vous ? Même si vous me croyez pas, je sais que ça vous fait mal. Mais moi aussi. » Pat, 32 ans, haussa les épaules et regarda au ciel, tandis qu'Angelo, 22 ans, se tourna vers sa mère, ses sœurs, son frère et toute la coterie des Musitano. Exaspérés, les frères durent tout de même plaider coupable aux accusations de complot pour le meurtre de Barillaro. Ils furent condamnés à 10 ans de prison.

Quatre mois après le meurtre de Johnny Pops, un autre événement rappela à Frank Cotroni que la vie était un petit jeu qui avait une fin. Le samedi 30 août 1997, un groupe d'aînés retourna dans le vieux quartier de la Petite-Italie pour célébrer, à l'église Notre-Dame-de-la-Difera, les obsèques d'Antonietta Cotroni. Née Seminaro, la veuve de Pep (frère de Frank) était décédée à l'âge de 73 ans des suites d'une longue maladie. Après la mort de son époux, elle avait vécu à Ville Mont-Royal et se rendait chaque jour rue Sainte-Catherine Est, dans son petit commerce de perruques. Antonietta Cotroni avait également géré une société immobilière appartenant à la famille et administré un certain nombre de ses propriétés. Pep avait souvent été incarcéré avant de mourir de cause naturelle en septembre 1979. Antonietta avait dû élever elle-même ses enfants. Une des dernières figures maternelles du clan Cotroni disparaissait et on évoqua avec tendresse les festins italiens qu'elle préparait pour ses filles et ses petits-enfants.

Au moment de sa mort, le seul survivant des frères Cotroni, Frank, était en prison, ainsi que son fils Francesco, inculpés de trafic de cocaïne. Ils ne purent goûter au bonheur d'entendre l'orchestre de 18 musiciens italiens jouer, en costumes bleus, une marche funèbre de Chopin, tandis que le corbillard gris avançait. Neuf limousines de même couleur suivaient les énormes bouquets mortuaires dont certains, en forme de lettres, étaient destinés à « Mamma » et à « Ma tante ». Cela semblait surgir d'une autre époque. Peut-être cela l'était-il. Une forte saveur sud-américaine marquait désormais le vieux quartier où les Cotroni avaient bâti leur empire. Les vieilles familles italiennes n'y retournaient plus que pour s'y marier ou y être enterrées.

Chapitre 27

Comme un sou neuf

> *C'est complètement faux.*
> Alfonso Caruana, ancien éleveur de
> porcs et blanchisseur international.

La question arriva comme un coup en plein visage. Qu'espérer d'autre d'un avocat à l'emploi de Revenu Canada? Dans le cadre de l'enquête du ministère, l'avocate Chantal Comtois venait de demander à Alfonso Caruana, 51 ans, s'il était le parrain de la Mafia.
– Si seulement c'était vrai, répliqua Caruana.
Ne s'en laissant pas imposer, l'avocate poursuivit:
– Est-il vrai que vous possédez un domaine de 160 kilomètres carrés au Venezuela, près de la frontière colombienne?
– C'est complètement faux, répliqua l'homme, qui vivait maintenant dans la communauté de Woodbridge, au nord de Toronto.
Caruana avait été forcé à comparaître pour se défendre d'une réclamation de Revenu Canada se chiffrant à 29,8 millions de dollars en arriérés d'impôts, plus pénalités. La réclamation était dure à avaler, étant donné que Caruana prétendait ne gagner que 400 $ par semaine à laver et cirer des voitures dans son lave-autos.
Au cours des audiences, on s'évertua à faire en sorte que Caruana explique enfin comment il se faisait que des gens lui apportaient constamment de l'argent, et comment cet argent finissait invariablement par se retrouver en Suisse.

– Vous faisiez des aller-retour entre le Venezuela, Montréal et la Suisse ? demanda le juge Guthrie.
– Non, on m'apportait l'argent, répliqua Caruana.
– Qui ça, « on » ? demanda le juge.
– Des voyageurs, répondit Caruana, refusant d'élaborer.

Derek Guthrie, juge à la Cour supérieure, constata que 21 millions de dollars avaient été déposés dans le compte bancaire de Caruana en 1981, alors qu'il n'avait produit aucun rapport d'impôt cette année-là. Caruana eut l'air perplexe en entendant ce chiffre ; il affirma ne pas pouvoir l'expliquer. Après que ces méga-sommes aient transité par le biais de son compte, Caruana avait fait faillite.

Pendant des années, Caruana avait été capable d'éviter que quiconque s'intéresse à ses activités. Son père avait acquis ses lettres de noblesse dans la Mafia avec Giuseppe Settecasi, le don d'Agrigente, en Sicile, celui-là même qu'on envoya à Montréal dans les années 1970 pour régler le différend opposant Paolo Violi et Nick Rizzuto. La famille avait immigré au Canada en 1967, alors qu'il était adolescent. Alfonso Caruana, lui, avait trouvé le chemin du Palais de justice de Montréal par une voie tortueuse. Depuis le petit village de Siculiana, en Sicile, celle-ci l'avait conduit à Montréal, puis en Amérique du Sud et en Angleterre, où il avait vécu dans l'enclave sicilienne de Stockbrocker Belt, à Woking, près de Londres. Peu de temps avant qu'une vague d'arrestations visant les blanchisseurs et les trafiquants de drogue n'emporte ses associés, Caruana avait quitté l'Europe. Au cours de leurs pérégrinations, les familles Caruana et Cuntrera, toutes deux originaires de Siculiana, se lièrent par différents mariages, créant, selon le mot de Tom Blickman, chercheur dans le domaine, « un curieux amalgame de patriarcat clanique ayant survécu au passage des siècles (qui les protège de l'infiltration) et d'esprit d'entreprise ouvert à la mondialisation, si illégitime fût-elle ».

Il y avait plus grave, encore, pour Caruana, que ces démêlés avec l'impôt. Le clan des Corleone, en Sicile, le trouvant trop riche et trop puissant, voulait le faire disparaître. Les autorités italiennes, pour leur part, avaient lancé un mandat d'arrêt contre lui afin qu'il purge une peine de 22 ans, après avoir été condamné par contumace pour trafic de drogue et association mafieuse.

Au demeurant, ses démêlés avec Revenu Canada ne dataient pas d'hier. Déjà, lorsqu'il s'était installé au Venezuela dans les années 1980 – affirmant alors être devenu éleveur de porcs – le ministère avait saisi 800 000 $ d'actifs lui appartenant. Mais à la clôture des audiences, en 1997, Caruana pouvait se féliciter d'avoir bien joué : le juge Guthrie ne lui ordonna de payer que 90 000 $ sur une période de trois ans. « Je ne crois pas un mot de ce qu'il a dit, dirait le juge. Pas plus à la faillite qu'au témoignage de son épouse, truffé d'erreurs, d'hésitations et d'explications boiteuses. Mais je dois rendre mon jugement sur la base de faits, pas sur des soupçons. »

À peine un an plus tard, le 15 juillet 1998, l'éleveur à la mémoire défaillante fit de nouveau l'objet d'un examen, cette fois plus méticuleux. Arrêté, avec 13 autres personnes, dans le cadre d'une série de raids nocturnes menés par 200 policiers de Toronto, de Montréal, des États-Unis et du Mexique, Caruana fut accusé de complot pour importation de cocaïne et pour en faire le trafic.

Lorsqu'il ne lavait pas de voitures ou ne s'occupait pas de ses cochons, Caruana, selon la police, siégeait à la tête d'une famille mafieuse multimilliardaire, une des plus puissantes au monde. Spécialisée dans le trafic de drogue et le blanchiment d'argent, celle-ci avait des « bureaux » à Miami, New York, Mexico, Toronto, Montréal, Houston, mais également en Italie, en Espagne, aux Pays-Bas, au Venezuela, à Aruba, en Angleterre, en France, en Allemagne, en Thaïlande et en Inde. L'organisation transitait les profits de la drogue depuis des comptes bancaires à Toronto et Montréal, via des comptes anonymes ouverts à Lugano, en Suisse, vers Miami, Houston et Mexico, et, de là, vers la Colombie.

Le journaliste Giuseppe D'Avanzo, collaborateur à *La Repubblica*, avait baptisé cette famille « les Rothschild de la Mafia ». Quant aux policiers canadiens, leurs efforts portaient le nom de code de « Projet Omertà », faisant référence à l'inexpugnable loi du silence, dont Caruana était un éloquent exemple. Son frère Gerlando, 54 ans, de Saint-Léonard, et Pasquale, 50 ans, de Maple, en Ontario, furent également arrêtés. Gangsters et policiers étaient d'accord : il s'agissait d'un coup de filet majeur.

Caruana avait toujours réussi, malgré sa notoriété auprès des policiers, à jouir d'une relative tranquillité dans sa résidence de Goldpark Court, à Woodbridge. Sa famille faisait dans la finance et la gestion de projets, pas dans le meurtre. Dans un monde où les plus grands étaient surnommés « l'Exécuteur » ou « la Bête », Caruana se faisait appeler « le Fantôme ». Lors de son arrestation, et malgré une impression d'aller au bûcher, Caruana sut garder la tête haute, même lorsque la voiture de police qui le transportait fut assaillie par une meute de photographes. Cette attitude contrastait avec la navrante apathie d'un de ses coaccusés, qu'on avait extrait du véhicule de police, le regard perdu, en shorts, chemise carrelée et pantoufles assorties, suivi d'un policier portant un plateau de médicaments.

Au printemps de la même année, en Espagne, la police italienne mit la main sur Pasquale Caruana, le beau-frère d'Alfonso Caruana. Septuagénaire confiné à la chaise roulante, Caruana s'était soustrait à la justice italienne en attendant son verdict dans une cause de trafic de drogue, causant tout un scandale dans son pays d'origine. Pasquale et ses frères, Paolo et Gaspare, avaient vécu au Venezuela avant d'en être expulsés pour « raisons de sécurité ». Ils avaient toutefois largement investi dans l'immobilier, à Montréal et, indirectement, à Toronto.

La police avait été mise au courant de leurs opérations par Tommaso Buscetta, l'ancien associé de Frank Cotroni, devenu un « repenti ». Du temps de Buscetta à Montréal, Alfonso Caruana était encore « jongleur de pâte à pizza » dans un modeste restaurant de la métropole, alors que sa femme s'occupait de la caisse. Au moment de leur arrestation, on les accusa d'avoir blanchi, entre 1980 et 1984, quelque 70 millions de dollars de profits de drogue.

L'entreprise de plusieurs milliards de dollars fut frappée de plein fouet par une opération policière fonctionnant sur un budget de misère. Parce qu'il est difficile, voire impossible d'infiltrer une famille traditionnelle de la Mafia, la police devait avoir recours à l'écoute électronique. Or les tables d'écoute, la transcription des conversations et la surveillance des suspects – qui ne poinçonnent pas toujours à heure régulière – coûtent extrêmement cher. L'opération, qui coûta sur deux ans deux millions de dollars au trésor public, se retrouva sans ressources. Le service de renseignements criminels de l'Ontario finit par y injecter de l'argent neuf – une somme qu'on qualifierait de « substantielle ». Bien qu'elle fût au courant de l'existence et des activités d'autres importants criminels, à Woodbridge et ailleurs au Canada, la police n'avait pas les moyens de les faire tomber.

On condamna Alfonso Caruana à 18 ans de prison. La police se vanta d'avoir atteint la tête d'une puissante organisation criminelle, intelligemment gérée et richissime, mais reconnut ne pas l'avoir décimée pour autant. Il existait toujours une myriade de groupes, poursuivant les mêmes objectifs sous divers visages. On estime que chaque année, au Canada, il se blanchit pour 17 milliards de dollars d'argent sale, ce qui fait de ce pays, selon le mot de Ben Soave, commissaire principal à la GRC et chef du service de renseignements unifié de la région de Toronto, « un paradis du crime organisé ».

La légèreté des sentences imposées aux accusés confirmerait cette affirmation. Antonio LaRosa fut condamné à quatre ans de prison pour avoir tenté d'importer 1 500 kilos d'héroïne au Canada. Au terme de huit mois de pénitencier, classé délinquant primaire non violent, il fut libéré sur parole. Le neveu d'Alfonso, Giuseppe Caruana, eut droit au même traitement pour les mêmes raisons. « Rien ne permet de croire que vous ayez l'intention de commettre un crime avec violence », conclut la Commission nationale des libérations conditionnelles. La remarque valait également pour Alfonso Caruana. Ayant plaidé coupable en février 2002, et purgé une partie de sa peine, il fut admissible à la libération conditionnelle. Alors qu'il était condamné par contumace à 22 ans de prison en Italie ! Cette fois, faisant montre de bon sens, la Commission exerça son droit de regard et ne le laissa pas partir le jour même de sa comparution.

Chapitre 28

Nouvelle donne

> *J'ai fait un* deal *avec les Italiens. C'est ça le prix.*
> Un membre des Hells Angels parlant de fixer le prix de la cocaïne avec la Mafia.

Si Paul, le fils de Frank, n'avait pas été un Cotroni, il n'aurait certainement pas fait les manchettes nationales le 23 août 1998. Cette nuit-là, Paul Cotroni venait tout juste d'arriver dans son modeste *split-level* de la rue Pigalle, à Repentigny. Alors qu'il s'extrayait de sa Corvette bleu ciel, deux hommes firent feu dans sa direction. Alertée par les détonations, sa femme sortit, pour trouver son mari baignant dans son sang, blessé de trois balles à la tête et au cou. Déjà, ses agresseurs avaient pris la fuite. Le lendemain matin, la police trouva deux pistolets sur un terrain vague, à quelques pas de la salle des Témoins de Jéhovah. Sous le soleil de midi, les flaques de sang séché dans l'allée des Cotroni avaient commencé à intriguer les enfants du voisinage, tandis que leurs parents racontaient aux reporters ce que disent en général les voisins des mafiosi : que les Cotroni étaient des gens tranquilles et aimables. Après 36 heures de lutte contre la mort, Paul Cotroni rendit l'âme au service de neurologie de l'Hôpital Sacré-Cœur de Montréal.

Fils d'un célèbre malfaiteur, Paul n'était pas passé inaperçu de la police, même si celle-ci ne le considérait pas comme un joueur d'importance dans le milieu. On dit que Paul Cotroni avait frayé un peu avec les Hells Angels et leurs clubs affiliés, les

Rockers et les Death Riders. On l'avait accusé à deux reprises, en 1990 et 1992, de possession simple, mais chaque fois les chefs étaient tombés avant le procès. Puis, en 1991, la police ayant trouvé dans son garage un bateau réputé disparu et sa remorque, Paul Cotroni avait plaidé coupable à des accusations de possession d'objets volés, et reçu une amende. Il n'était pas innocent, mais on ne pouvait pas le considérer pour autant comme un parrain.

Selon la rumeur, Paul aurait refilé de la cocaïne éventée, voire coupée aux motards, se disant que son nom le protégerait d'éventuelles représailles. Frustrés, les motards avaient évalué la situation et conclu que Frank, du fond de sa prison, n'était plus une menace pour eux. «Ils [la famille Cotroni] n'avaient plus les moyens de frapper», dirait un officier d'expérience. Francesco, 37 ans, le frère cadet de Paul, aurait certainement riposté, ayant déjà été condamné, en 1981, pour le meurtre d'un *dealer* récalcitrant. Mais, se trouvant également incarcéré pour complot d'importation de 180 kilos de cocaïne, il ne pouvait rien faire.

Le meurtre de Paul Cotroni était un avertissement sans équivoque, et de taille, à la vieille Mafia. Aucune bande n'avait jusqu'ici osé exécuter un fils de *capo*. Rien ne serait plus pareil. Seul point positif au tableau: Rosina, la fille de Frank, après avoir plaidé coupable à des accusations de complot et de trafic de stupéfiants, ne reçut qu'une sentence de 18 mois avec sursis. Elle dut faire du travail communautaire et observer un couvre-feu pendant la durée de sa sentence.

Au tournant du millénaire, il était difficile de se rappeler l'époque où, en 1973, Paolo Violi reprochait à Frank Cotroni de s'être montré trop doux avec les motards, disant qu'il serait «entré dans le club, clients pas clients, qu'il les aurait alignés contre le mur, et... ra-ta-ta-ta!» Mais Violi avait disparu depuis longtemps, et les motards étaient devenus plus forts qu'on aurait pu l'imaginer. En l'an 2000, le chef des Hells, Maurice «Mom» Boucher, avec ses cheveux gris coupés court, ses lunettes cerclées d'acier et son corps musculeux, était aussi connu des Québécois que la plupart des vedettes et des politiciens de la province.

En 1973, à l'époque où Violi avait fait sa remarque sur les motards, Mom Boucher était peu connu. Il faisait sa première apparition en cour pour un vol de 200 $. C'était même quatre ans avant que les Hells Angels n'arrivent au Canada. Boucher se retrouva en cour en 1976, écopant cette fois de 40 mois de prison pour vol à main armée. Il se remit assez bien de cette aventure, vivant sur une ferme de la rive sud de Montréal, où l'on élevait des chevaux. Officiellement, il fut tour à tour vendeur de voitures d'occasion, agent d'immeuble, cuisinier et travailleur de la construction.

Jusqu'à ce qu'elle soit dissoute, en 1984, Boucher faisait partie de la bande des SS. Le 1er mai 1987, il acquit son statut de membre à part entière des Hells Angels. Chef du chapitre de Montréal en 1990, il prenait, en 1995, le contrôle des fameux Nomads, après avoir passé quatre mois en prison pour possession d'arme non enregistrée. Les Nomads étaient le fer de lance des Hells en Ontario, ayant aussi pour mission de faire la guerre aux Rock Machine. Il semble que Boucher ait bien fait son travail. « Les membres considéraient Boucher comme un dieu », reconnut l'informateur Serge Boutin au procès de Mom Boucher, en l'absence du jury.

En juillet 2000, il y eut une rencontre dans un restaurant de la rive sud de Montréal entre le Hells Normand Robitaille, des Nomads, et un groupe de jeunes motards, dont une personne enregistrée au service de police comme étant l'agent No 3683. Membre des Rockers, le club-école des Hells, Dany Kane (l'agent en question) était également le chauffeur et le garde du corps de Robitaille. Sur la rue, Kane avait la réputation d'être potentiellement dangereux, ayant échappé de justesse à une inculpation de meurtre à Halifax. Ce que personne ne savait, toutefois, c'est qu'il était gay à ses heures. Une qualité qui l'aurait mis au ban de la communauté des motards. Mais s'ils avaient su qu'il était aussi officier de police, c'aurait été sa fête... mortelle.

Dans le restaurant de la rive sud, on discuta cocaïne. « Le prix du kilo, c'est 50 000 [$]. J'ai fait un *deal* avec les Italiens. C'est ça le prix », annonça Robitaille au groupe de Rockers. Ainsi, le prix du kilo venait de faire un bond de 10 000 $! La Mafia fournissait les Nomads en cocaïne ; ces derniers fournissaient à leur tour tous les chapitres du Québec en haschich et en *coke*, à l'exception de celui, autonome, de Sherbrooke. Les motards fixaient le prix sur la rue, et Dieu protège celle ou celui qui ne le respecterait pas. Dans le monde des affaires légitimes, il est illégal d'imposer des prix. Dans le monde interlope, c'est la façon de faire.

Les Hells Angels collaboraient aussi avec la Mafia et une coterie de *dockers* irlandais du port de Montréal. Les Italiens importaient la drogue par bateau, et les débardeurs la laissaient passer en échange du tiers de la cargaison. Les motards allaient ensuite chercher leur part, qu'ils transportaient de-ci de-là, au Québec, assez longtemps pour repérer les policiers qui les suivaient. On savait que le coût d'une telle filature était exorbitant. Celle-ci exigeait le concours de 30 policiers affectés jour et nuit à la surveillance, à la recherche et à l'interception des suspects. Les motards n'avaient donc qu'à patienter de quatre à huit semaines, jusqu'à ce que le budget de la police soit épuisé. Ils inondaient ensuite le marché de leur précieuse médication.

En septembre 2000, toutefois, les motards firent une monstrueuse erreur de calcul. Ils eurent l'heur, et le malheur, de commander le meurtre du journaliste Michel Auger du *Journal de Montréal*. Ce dernier avait, entre autres, révélé que les Bandidos damaient le pion aux Hells dans leur expansion en Ontario, et il avait conspué les Hells et les Rock Machine pour une guerre qui avait fait de nombreuses victimes dans la population. « J'ai été tiré parce que je disais la vérité », affirmerait Auger, qui survécut à six balles tirées d'un pistolet muni d'un silencieux.

Auger est un journaliste aimé et respecté au Québec et à l'extérieur de la province. La réaction fut immédiate et puissante. Les journalistes organisèrent une marche de solidarité à Ottawa et à Montréal. On prit à partie les autorités fédérales et provinciales pour qu'elles revoient la législation antigang, anticipant les lois musclées qui seraient un jour ratifiées pour combattre le terrorisme. Le Premier ministre Chrétien se trouva lui-même dans l'eau chaude.

Auger devait apprendre que les motards envisageaient également d'abattre l'animatrice Jocelyne Cazin, de TVA ; Serge Ménard, ministre de la Sécurité publique ; Jacques Duchesneau, ancien chef du Service de police de la Communauté urbaine de Montréal, ainsi que plusieurs juges. Leur but ? Terroriser la population et miner le système judiciaire et la démocratie. Désormais, les Canadiens ne pouvaient plus prétendre que des actes de guerre comme celui qui avait enlevé la vie au juge Falcone et à son épouse, en Italie, ne les concernaient pas. Ceux qui avaient voulu tuer Auger, Cazin, Ménard, Duchesneau et les autres étaient des criminels du terroir, plus dangereux que tout ce qui était entré au pays par le système de l'immigration. Après ces événements, on considéra de plus en plus les Hells Angels comme des terroristes domestiques, et non plus comme de quelconques hors-la-loi mal dégrossis. Après la réaction massive du public à l'attentat, on abandonna l'idée de tuer Cazin, Ménard, Duchesneau et les autres.

Chapitre 29

Knock-out

> *Je n'ai vu personne de la Mafia depuis trois ou quatre ans. Ils sont tous en prison.*
> Eddie Melo, en 1999.

À une certaine époque, Eddie Melo ne se souciait que de l'image qu'il projetait. Dans la rue et les salles d'entraînement des alentours de l'avenue Ossington, dans le West End de Toronto, il était une véritable légende. Lorsqu'il ne se battait pas, il en jetait : « J'étais toujours en train de me battre, dirait-il. Si j'avais un œil au beurre noir, je ne le cachais pas. Au contraire. Enfant, quand j'avais des égratignures et que je revenais à la maison en saignant, ma mère criait. Mais je me disais : "Si tu veux faire mal à quelqu'un, faut que t'en prennes aussi." » David Brown fut un des partenaires d'entraînement de Melo au Club sportif de Toronto, le gym Sully : « Jeune, Melo se promenait avec ses deux dobermans, se souvient-il. Personne sur Ossington aurait osé le provoquer. »

Fils d'ouvrier, aîné d'une famille de cinq, Melo quitta l'école en neuvième année. À 17 ans, installé à Verdun, il se lança dans la boxe professionnelle grâce à un faux certificat de naissance. Son style acharné et impitoyable lui mérita le surnom d'Ouragan. Bientôt, il attira l'attention de Frank Cotroni. Non seulement était-il rapide, mais il frappait fort. George Chuvalo, ancien champion de boxe canadien, catégorie poids lourds, le décrivait comme un « boxeur de classe mondiale ».

Quelques années passèrent, puis, dans la jeune vingtaine, il se retira avec une fiche de 24 victoires par K.-O. en 38 combats. Il avait alors tout pour lui. Marié à une ancienne Miss Alouette de Montréal (qui lui avait donné un enfant), il roulait en Lincoln Continental, habitait une jolie maison en banlieue de Toronto et faisait partie du personnel de l'Union internationale des employés d'hôtels et de restaurants. Il possédait aussi des bijoux personnels évalués à 20 000 $. Souffrant de lésions au cerveau causées par les coups reçus, il était toutefois sujet à des crises de violence. Enfin, il s'était solidement lié d'amitié avec Frank Cotroni, qu'il appelait son « fan numéro un ».

Dans la région de Toronto, Melo s'occupait pour Cotroni de ses affaires de danseuses aux tables et de location de machines à sous. À cette époque, il trouva le moyen d'exaspérer Papalia. Celui-ci, selon une source policière, aurait dit à Cotroni : « Mets-le en laisse ou je le tue. » Johnny Pops n'était pas le seul à avoir pris Melo en grippe. En 1989, un groupe de jeunes truands décida qu'il était temps que Melo lève le camp. Melo avait foutu une raclée à un des leurs dans une salle de billard de la rue College, dans la Petite-Italie. On fournit au tueur un 357 magnum pour Melo, et un 22 pour son acolyte, Frank Natale Roda. Éventé par la police, le complot eut pour effet de précipiter certains événements dans la vie personnelle de Melo. Il se sépara de Sine, son épouse, se réconcilia avec elle, jusqu'à ce qu'ils se séparent pour de bon en avril 1989. Peu après, Sine déménagea sur la côte ouest avec leurs deux filles.

Voulaient-ils de l'action ? Les policiers savaient qu'ils n'avaient qu'à filer Melo. Les agents de surveillance notèrent qu'il rencontra, dans un restaurant branché de Yorkville, un Hells Angel de la Colombie-Britannique, spécialiste du prêt usuraire. En 1993, un rapport de la police italienne en fit un membre de la famille Siderno de Toronto, en dépit de ses origines portugaises et de ses liens avec Frank Cotroni. En août 1994, on le surprit sur table d'écoute en train de discuter avec Tony Volpato, un associé de Cotroni. La teneur de leur conversation n'était pas des plus rassurantes : « Je suis allé quand ils ont eu leur meeting, disait Melo à Volpato. J'ai eu une couple de gars. On s'est occupé de tout. Tu sais ce que je veux dire. [...] On a fait ce qu'il faut, y'a plus de problème. [...] Je suis pas mal sûr que c'est ce qu'il fallait faire. [...] Et puis *fuck* l'autre. » Volpato avait répondu : « Je lui ai déjà dit, à l'autre. Mes *compari*, quoi qu'ils décident, ça marche pour la famille, ici. […] Il m'a rappelé en disant: "Tony, je veux te voir." […] Je lui ai dit: "Si tu veux me voir, viens-t'en." »

Melo n'était pas directement impliqué dans l'opération de la GRC menée par l'agent d'origine iraquienne Mahmood Adolaymi. Mais le fait, au début de 1990, que Cotroni et Volpato, son bras droit, se retrouvent en prison isola singulièrement Melo, alors dans la force de l'âge. Il décida de retourner là où il se sentait le plus à l'aise, sur le ring. Il pensa même se refaire un nom, d'abord en Europe puis en Amérique du Sud, pour éventuellement briguer le titre de champion du monde auquel il rêvait depuis sa jeunesse. Son gérant, Harold Arviv, un homme d'affaires de la rue Bay, avait déjà fait de la prison pour avoir incendié sa propre discothèque de la rue Bloor afin de bénéficier des primes d'assurances.

Bref, les affaires ne marchèrent pas comme prévu et Melo dut, cette fois à l'extérieur du ring, faire face à un adversaire autrement redoutable. En 30 années au Canada, il n'avait jamais éprouvé la nécessité de demander sa citoyenneté. Or, les autorités décidèrent du jour au lendemain de le déporter au Portugal, son pays d'origine, alors qu'il se trouvait au Canada depuis presque 30 ans. « Mes parents ont immigré pour nous donner une meilleure vie, protesta-t-il. J'ai tout fait au Canada. J'ai eu deux filles, puis un autre enfant. Et j'ai eu pas mal de trouble, aussi. » Sa famille déclara que cette bataille avait miné la santé du père de Melo et causé un stress énorme dans la famille. Selon elle, Melo allait perdre à la fois le soutien familial et les soins psychiatriques dont il bénéficiait.

Interrogé par les agents de l'Immigration, Melo reconnut être l'ami de l'ex-boxeur Joe Dinardo. Ce personnage notoire du monde interlope avait été inculpé une trentaine de fois pour incendie criminel, cambriolage, possession de fausse monnaie et possession d'arme. Questionné par les autorités, Melo ne renia jamais ses amis du milieu, faisant valoir qu'ils ne lui avaient jamais tourné le dos. Il admit que Volpato était le parrain d'une de ses filles, et être lui-même le parrain de la fille d'Arviv, celui qui devait être son gérant. On lui demanda s'il accepterait d'éviter de revoir des types de la trempe des Cotroni, Volpato et Arviv si on l'autorisait à rester au Canada. Melo se trouvait cette fois dans les cordes: « Eh bien, voyez-vous, ça m'est pas mal difficile de les éviter parce que, comment dire ? Ce n'est pas juste qu'on est amis, ça fait vingt ans qu'on se connaît. Ils ont peut-être fait des choses, mais qui suis-je pour en juger ou pour les faire payer pour la société ? Ils ont toujours été corrects avec moi. Ils ne m'ont jamais demandé de faire quoi que ce soit de criminel, ou de pas correct. Ils m'ont toujours soutenu dans ce que j'avais à faire. Alors, comprenez-vous, je ne peux pas leur faire ce que eux ne m'ont jamais fait. »

Tandis qu'il menait son combat pour rester à Toronto, Melo continua à jouer les célébrités. On le retrouve, en 1998, dans la galerie de portraits du Festival du film de Toronto en compagnie de sa nouvelle conjointe, Rhonda Sullivan, que la presse qualifiait de clone de Pamela Sue Anderson. Melo laissa entendre qu'il occupait maintenant un poste tout à fait légitime, vendant des actions dans une compagnie minière de la Colombie-Britannique. Il expliqua aux agents de l'immigration qu'il recevait des soins psychiatriques, et qu'il prenait deux médicaments, sorte de camisole chimique, pour contrôler sa colère, celle qui l'avait si bien servi dans le ring.

À l'approche de la quarantaine, Melo fit amende honorable à son passé de brutalité. Il acheta des bancs à l'église Saint-Helen, dans le quartier portugais de Toronto – l'église où Eduardo Jr, le fils qu'il avait eu de Rhonda, avait été baptisé. Eduardo et Rhonda, ainsi que le temps, semblaient avoir un effet apaisant sur le boxeur. Il se plaisait maintenant à télécharger gratuitement de la musique sur Napster, la belle Rhonda sur ses genoux. Le samedi matin, on les retrouvait au Golden Griddle, où Eduardo Jr s'empiffrait de ses frites préférées. Après des années passées à se sculpter un corps d'airain, véritable machine de guerre, voilà qu'il se jardinait un melon et un goût pour la cochonnerie, se faisant presque chaque soir, au lit, un festin de pizza et de viande fumée. La fois où il répondit au téléphone en disant : « Allô, ici la morgue », sa mère éclata de rire. Sa vie reprenait-elle un cours normal ?

Avec un tel passé, il n'est pas facile de vieillir sans histoire. Il s'en trouvait toujours un, assoiffé de gloire, à vouloir lui mettre son poing à la figure ou, mieux, une balle dans la tête. « Si je pouvais seulement vivre une vie normale, dit un jour Melo, avec nostalgie. On dirait que j'ai un don pour me foutre dans la merde, me faire provoquer, ou quoi. Je n'ose plus sortir. Partout où je vais, ça vire en bataille. »

Parlant de bataille, celle de l'immigration dura des années. Il se plaignit à la Commission de l'immigration et du statut de réfugié que les tracasseries policières lui faisaient perdre de la clientèle dans son commerce de machines à sous. La police rétorqua que ses associés, eux, réussissaient plutôt bien. Cet emploi était-il une couverture? Melo déclarait des revenus de 24 000 $ par année, très précisément. Or, il parvenait à défrayer des dépenses de copropriété de 2 000 $ par mois pour sa demeure sur Lakeshore Ouest; plus un autre 1 500 $ de pension mensuelle pour son ex-épouse; plus un montant indéterminé pour un condo sur Queens Quay, sans compter les paiements sur son véhicule sport utilitaire et sa somptueuse Jaguar.

En ce début d'avril 2001, Rhonda se sentait légèrement déprimée. Sensible à son état, Eddie avait choisi de prendre une journée de congé de son nouvel emploi de courtier en valeurs mobilières sur Bay Street, pour lui tenir compagnie. Le vendredi 6 avril, lendemain de l'anniversaire de son conjoint, Rhonda se sentait mieux. Assez, du moins, pour aller luncher avec un ami avocat au restaurant *Movenpick*, sur la rue York. Après avoir pris un café, Eddie et Rhonda se dirigèrent vers la garderie pour y chercher leur fils, Eduardo Jr. « Je me souviens, dirait-elle, que nous étions arrêtés à l'angle de Richmond et University, quand je lui ai pris la main pour lui dire combien je l'aimais. Et lui dire que je lui pardonnais pour tout ce qu'il avait pu faire. Tout. Il m'avait tellement aidée... Je n'avais jamais dit ça auparavant, vous savez. C'est étrange. »

De retour vers les cinq heures, à leur maison sur le lac Ontario, Eddie annonça qu'il prenait le Cherokee pour aller voir un ami au café Amici près du Queen Elizabeth Highway – un endroit où, selon Rhonda, il avait l'habitude d'aller prendre des capuccino. Il ne tarderait pas, car Rhonda et lui avaient des billets pour aller voir le ténor Andrea Bocelli au Centre Air-Canada. Peu après 19 heures, Rhonda reçut un coup de téléphone de sa mère, qui lui posa des questions inhabituelles à propos de son véhicule. Puis ce fut le tour de sa sœur: « Ra (c'est ainsi qu'elle l'appelait), où est Eddie? » Rhonda répondit qu'il était au Amici. « Est-ce qu'il y est allé avec le Cherokee? » demanda la sœur. Devant la réponse affirmative, la sœur de Ra demeura un moment silencieuse. Après avoir demandé son numéro de plaque et constaté qu'il concordait avec celui de la voiture d'Eddie, elle cracha le morceau : il y avait eu double meurtre.

Rhonda Sullivan raconterait que sa famille avait appris la nouvelle par une cousine qui se trouvait par hasard sur les lieux : « Ma cousine Pam, que je ne vois jamais. Elle était là, au magasin d'alcool. En entendant les coups de feu, elle est sortie, puis s'est approchée... Elle a alors dit au policier : "Mon Dieu, ça ressemble au Jeep de ma cousine." Et ils ont demandé : "C'est qui, votre cousine ?" Pam a dit : "Rhonda, Rhonda Sullivan. Elle est mariée à Eddie Melo." C'est alors qu'elle a appelé ma mère et que ma mère m'a appelée. » Au bord des larmes, Rhonda ajouterait : « C'est trop étrange. Quinze minutes après, je savais ce qui s'était passé. Il était toute ma vie. On avait nos hauts et nos bas, mais on s'aimait. Je ne trouverai plus jamais un amour comme ça. Jamais. »

Eddie Melo avait quitté le Amici ce soir-là à 18 h 25, avec son ami Joao Pavao, dit Johnny, un chauffeur de camion de Mississauga, près de Toronto. Melo et Pavao se connaissaient depuis toujours. L'enquête ne dit pas si le rendez-vous était arrangé ou si les amis s'étaient rencontrés par hasard. Quoi qu'il en soit, un homme armé s'approcha du véhicule et tira plusieurs coups de feu avant de s'emparer, à la pointe du revolver, d'une Honda Civic rouge, modèle 1990, et de prendre la fuite. Indemne, le conducteur de la Honda fut cependant terrorisé. Les circonstances laissèrent les enquêteurs perplexes. Il s'agissait vraisemblablement d'une exécution. Mais pourquoi l'avoir fait devant autant de témoins ? Pure bravade ? Démonstration de force ? Improvisation ? Le meurtrier n'avait même pas de véhicule pour s'enfuir.

On supposa que Frank Cotroni pourrait obtenir une permission de un jour pour assister aux funérailles de Melo. Cotroni avait alors 69 ans, souffrait d'obésité morbide et avait de la difficulté à marcher. « Frank adorait Melo », dirait une source montréalaise proche de Cotroni. Et Ron Sandelli, ancien chef des renseignements de la police de Toronto, croyait « qu'il [Cotroni] irait [aux funérailles], à cause de tout ce qu'Eddie avait fait pour lui ». Selon un enquêteur d'expérience de la police de Toronto, Cotroni était « plus près [de Melo] que de ses propres fils ». Pensif, il ajouterait : « Eddie, c'était le genre à foncer, à se battre. »

En attendant les funérailles, les hypothèses fusèrent. Quel était donc le motif du crime ? On parla de cet ami avec qui il s'était brouillé, après avoir monté avec lui un racket de valeurs mobilières, et puis des Hells Angels, qui envahissaient Toronto. On dressa la liste des truands qui avaient essayé, au fil des ans, de l'éliminer sans y parvenir ; on se souvint du cambriolage de cette bijouterie, dans laquelle 100 000 $ avaient été subtilisés. Au salon même, des proches de Melo laissèrent planer ce motif supplémentaire : une liaison, que Eddie aurait eue avec la femme d'un officier de police de Toronto. Une parmi d'autres, semblait-il, ce qui multipliait les maris jaloux. La police avait même examiné l'hypothèse – parce que le Cherokee était un véhicule extrêmement populaire – qu'on ait pu tenter de s'en emparer de force. Mais, comme le dit Tom Slinger, chef de la brigade des homicides du service de police de la région de Peel, peu après l'attentat : « Je ne mettrais pas cette hypothèse en haut de ma liste. »

Attendait-on Melo au Amici ? Il avait si peu de temps avant la représentation de Bocelli au Centre Air-Canada. Qu'est-ce qui pouvait tant presser ? Le détective Steve Gormley, du Service de police de la région de Peel, se demanda : « Quelqu'un l'avait-il suivi ? Le tueur l'a-t-il plutôt aperçu là, par hasard ? » Melo se trouvait toujours menacé d'une façon ou d'une autre, mais la police n'avait rien remarqué de particulier au cours des semaines précédant le crime. Une enquête débute normalement par l'interrogatoire des proches, famille et amis, puis on élargit le cercle. Dans le cas de Melo, on avait largement de quoi s'occuper avec les amis. « Il y en a, des affaires », grommela Gormley. On imagina même qu'un homme de chiffres ait pu s'improviser assassin. Melo ne faisait-il pas maintenant dans les valeurs mobilières ?

Une source proche de Melo laissa entendre que ce dernier avait probablement rendez-vous avec son assassin chez Amici. « Il [Melo] le connaissait, et plutôt bien. Sans ça, il ne se serait jamais approché », de dire l'acolyte, requérant l'anonymat. Quant à Pavao, il aurait été tué parce qu'il connaissait également le tueur. Selon la source, Melo avait « de nombreux ennemis » et se comportait en conséquence. « Il n'était pas paranoïaque, mais prudent. Quand il allait au restaurant, il s'assoyait toujours à une place d'où il pouvait observer la salle », précisa l'acolyte. Discret sur l'époque où il travaillait pour Frank Cotroni, Eddie Melo gardait tout de même une photo de lui-même en compagnie du

« Gros » bien en vue dans sa demeure. La police trouva enfin dans son condominium un faire-part pour les obsèques de Paul Cotroni. Mais selon l'ancien associé de Melo, « Cotroni n'avait pas été longtemps dans la vie de Melo ».

Ironiquement, Melo serait peut-être encore vivant s'il n'avait pas gagné la bataille contre Immigration Canada. Au Portugal, il n'était certes pas célèbre, mais personne n'aurait cherché à lui faire la peau, non plus.

Harold Arviv se trouvait en vacances au moment de l'attentat. Les deux hommes ne se voyaient plus tellement et Arviv n'écourta pas son séjour pour assister aux funérailles. On demanda aux ex-boxeurs torontois, George Chuvalo et Nicky Furlano, de porter le cercueil. Chuvalo, qui donnait une conférence antidrogue à l'extérieur de la ville, ne pourrait être présent aux obsèques. Trois de ses fils étaient morts de toxicomanie, et cet engagement était sacré pour le boxeur vieillissant. Chuvalo disait toutefois qu'il lui suffisait de fermer les yeux pour revoir Melo, neuf ans, s'amusant dans le gymnase avec ses fils. « Mes fils, qui sont morts, avaient à peu près son âge, murmurerait-il. Quand je pense à lui, je ne peux m'empêcher de le voir enfant. […] C'était l'innocence. »

« Il aurait été un boxeur de classe mondiale – son rêve ! – s'il avait pu mûrir », ajouta Chuvalo. « Il méritait mieux ça. […] À 25 ans, il était brûlé. Ça n'a pas de sens d'être brûlé à 25 ans. […] Moi, je le vois comme un jeune, un jeune qui aurait dû y arriver. »

Les funérailles eurent lieu à l'église Saint-Helen, sur Dundas Ouest. Eduardo y avait été baptisé quatre ans plus tôt, et Chuvalo, 63 ans, y avait déjà été enfant de chœur. On ne dit que du bien de Melo durant le service, à la fois serein et empreint d'émotion. Quatre cents personnes s'entassèrent dans la nef, dont les boxeurs Nicky Furlano, Clyde Gray et Spider Jones. En revanche, on ne remarqua aucun représentant notoire de la pègre, pas même Frank Cotroni. Aucun Hells Angels n'était présent, bien que Melo eût frayé dans leurs rangs pendant une bonne dizaine d'années. Par contre, une demi-douzaine de policiers en civil scrutaient la foule pour y repérer de vieilles connaissances.

À un moment donné, le révérend Fernando Couto, s'adressant directement aux trois enfants de Melo (Jessica, 19 ans; Élise, 14 ans, et Eduardo Jr, quatre ans), dit: « Votre père vous aimait, et il a fait son possible. Souvenez-vous de cela. Souvenez-vous du bien qu'il a fait, parce que le reste, on ne sait pas. »

À l'extérieur, les caméramen se bousculaient pour un meilleur angle de vue. Irrité, le jeune frère de Melo, Joey, leur lança: « Salauds, vous voulez encore un bout de mon frère. » Puis, se tournant vers les proches rassemblés sur le parvis de l'église, il les remercia de leur présence, suscitant chez eux une bonne mesure d'approbation.

Rhonda, la veuve de Melo, apprécia pour sa part la présence des médias. Tandis que l'on glissait le cercueil dans le corbillard, et que la famille, éplorée, contenait mal son émotion, elle sautait dans la puissante Jaguar bleue royale, et, s'apprêtant à quitter la scène en direction du cimetière, ne put s'empêcher de sourire aux reporters de l'autre côté de la rue. « Merci d'être là », leur lança-t-elle.

Le cercueil noir étincelant était orné d'oiseaux du paradis, la fleur favorite d'Eddie. Il était aussi recouvert d'un vieux drapeau portugais, celui-là même dont il s'était drapé, des années auparavant, dans le ring. On pouvait y lire: « *Hurricane, Number 1* ». Au cimetière Mount Pleasant, sur le bord de la fosse, son meilleur ami, Joey Bolarino, dit Popeye, qui avait grandi avec lui, évoqua leurs séances d'entraînement: « Le vendredi était notre jour préféré, conclut-il. On pouvait voir des films cochons à la télé. » Surprise, l'assistance éclata de rire et applaudit. « La boxe est corrompue, enchaîna Bolarino. Tout ce qu'Eddie voulait, c'était d'être aimé et accepté. »

Sa fille Jessica, une élégante jeune femme ressemblant trait pour trait à son père, parla de ses bons côtés. Un jour, il avait offert à un sans-abri à Vancouver de lui laver les pieds. Aux compétitions de danse de sa fille Élise, il était le plus enthousiaste des pères. « Tout ce qu'on dit à son sujet est transformé pour épater la galerie, dit-elle. C'était un homme bon, et un bon père. »

Entourés par une douzaine de proches, amis et relations, Rhonda et Joey ouvrirent une bouteille de Cognac Louis XIII millésimée d'une valeur de 6 000 $, en prirent un verre, et vidèrent le reste dans la fosse. Un geste certainement raffiné pour quelqu'un qui ne déclarait que 24 000 $ par année à l'impôt. « Rien que le meilleur pour Eddie », dit Rhonda. À défaut de Cognac, on but du champagne. Une des chansons favorites de Melo, *The Prayer*, interprétée par Andrea Bocelli et Sarah Brightman, jouait en mode « répétition » sur la sono de la Jaguar, toutes portes ouvertes. Au moins une douzaine de fois, les invités purent entendre les paroles :

Let this be our prayer, when we lose our way
Lead us to the place, guide us with your grace
To a place where we'll be safe.

Une année après le meurtre, Rhonda Sullivan, toujours émue, expliquait son espoir de recevoir un coup de téléphone qui « dirait qu'on avait retrouvé la personne qui avait enlevé à mon fils de cinq ans son papa adoré. Un petit garçon a besoin de son père, ajouterait-elle. Eduardo va au soccer et voit tous les autres papas, sauf le sien. »

À ce moment-là, la police avait interviewé plus de 500 personnes, dont certaines plusieurs fois. Les enquêteurs se retrouvaient avec plus de questions que de réponses, à savoir qui avait tué Melo et Pavao, et pourquoi. Ils n'étaient même pas certains que Melo fût la cible visée. Pouvait-on en avoir voulu à Pavao, alors que Melo se serait juste trouvé là par hasard ? L'enquête plongeait au cœur du crime organisé de la région de Toronto. Des douzaines de criminels appartenant à tous les groupes pouvaient y être suspectés. « Difficile de nommer quelqu'un qui ne soit pas un suspect », constaterait le détective Slinger.

Rhonda décrirait la difficulté pour Eduardo d'accepter la disparition de son père : « Tous les jours, il demande son père. Le soir, quand il fait ses prières, [...] il envoie un baiser vers le ciel à son père, qu'il sait être au paradis. » Eduardo avait aussi de la difficulté à voir partir sa mère, demandant chaque fois qu'elle sortait de la maison : « Vas-tu revenir, maman ? »

Frank Cotroni dut souffrir également de cette mort. Après Paul, son fils, voilà qu'il perdait Melo, qu'il chérissait tout autant. Dans les deux cas, le caïd avait été impuissant à les protéger.

Le jour de l'enterrement de Melo, Davey Hilton Jr, le plus talentueux des frères Hilton, passait en cour à Montréal. Il faisait face à la pire inculpation qui ait accablé sa famille : agression sexuelle répétée sur la personne de deux mineures. Un cas à la fois révoltant et pathétique. À un moment donné, Davey Jr avait appelé à la rescousse les New-yorkais Jackie Coonan et Sean Cummiskey, pour témoigner de sa moralité. Ceux-ci racontèrent comment ils avaient été invités en 1999 par Davey Jr, à Las Vegas, à un match de poids lourds. Du coup, la cour apprit qu'ils étaient souvent invités par Hilton au Québec, et qu'ils pouvaient alors « partir sur le *party* » deux semaines par mois, pendant six mois. Les jurés furent heureux d'apprendre que, lors de ces bacchanales, Hilton se comportait en parfait gentleman avec les jeunes filles.

Jusqu'ici, Hilton avait le bénéfice du doute. Mais le procureur demanda à Coonan de parler un peu de son oncle : Jimmy Coonan, sinistre leader du terrible gang des Westies, qui avait fait la pluie et le beau temps dans la Hells Kitchen à New York, dans les années 1970 et 1980. Puis il évoqua le défunt Eddie Cummiskey, dit « le Boucher », un des tueurs préférés de Jimmy Coonan, qui s'adonnait à être le père de Sean. Le paternel avait appris la boucherie en prison. Une fois libéré, il avait été à même de découper ses victimes en petits morceaux avant de les jeter dans la East River.

Le juge finit par déclarer ces considérations hors de propos. Les jurés avaient tout de même eu le temps d'entendre que le jeune Hilton brûlait de rencontrer les deux hommes, et à quel point il était emballé par le crime organisé. Hilton profita d'une pause pour inviter le jury à ne pas tenir compte de ces histoires, protestant qu'il est injuste de faire payer aux enfants les fautes de leurs parents. Mais Davey Jr avait suffisamment de fautes à son actif sans qu'on ait à en chercher ailleurs.

Vif comme l'éclair, touché par la grâce, doté d'une mâchoire d'acier, le jeune Davey possédait le punch redoutable de son père. En 1986, il était un des plus sérieux espoirs contre Aaron Pryor pour le titre de champion mondial poids moyen. Mais Davey se cassa la jambe et un doigt dans un accident de moto. Remis sur pieds, il avait pris 18 kilos. Cinq ans plus tard, Dave Jr et Matthew étaient arrêtés pour un crime particulièrement idiot : un vol à main armée dans un comptoir de beignes, qui leur avait rapporté 160 $.

Le talent de Davey Jr dans le ring était tel qu'il survécut à la stupidité qu'il manifestait à l'extérieur. L'entraîneur montréalais

Russ Amber le disait promis à la gloire : « On avait déjà demandé à Angelo Dundee [un célèbre entraîneur] qui était, selon lui, le meilleur welter au monde. Il avait répondu : "Davey Hilton Jr". C'était un vrai prodige. Kilo pour kilo, c'est le meilleur boxeur que le pays ait jamais produit. »

Enfin, en décembre 2000, 19 ans après la rencontre manquée avec Aaron Pryor, Hilton était de nouveau sur le ring, avec le Sud-Africain Dingaan Thobela. Davey Jr avait dû grimper d'une classe pour ce combat. Thobela était plus grand, plus lourd, mais Hilton, 37 ans, gagna par décision partagée. « Ce n'était même pas sa classe ; pour gagner un championnat du monde à 37 ans, c'est phénoménal », s'exclamerait Amber. « C'est vous dire le talent qu'il a. »

Quatre mois plus tard, Hilton faisait de nouveau les manchettes. Le jury l'avait reconnu coupable des neuf chefs d'accusation qui pesaient contre lui, pour agression sexuelle sur la personne de deux jeunes filles mineures. Le Conseil mondial de la boxe le dépouilla de son titre. Condamné à sept ans de prison, il ne pouvait visiblement pas le défendre. La saga des Hilton, entamée dans la confiance et l'expectative, prenait une allure irrémédiablement sinistre. Pour Frank Cotroni, cela représentait une nouvelle source de déception.

Le 25 juillet 2001, Frank Cotroni ne se présenta même pas à son audition pour une libération conditionnelle. Non pas qu'il dédaignât la liberté. Loin de là. Mais à 70 ans, il n'aimait pas perdre son temps. Il savait qu'on lui refuserait autant la semi-liberté que la libération conditionnelle totale. Par le passé, il avait profité de permissions de sortir sans escorte pour visiter des repaires de la pègre et on doutait de sa motivation à se réadapter. Un rapport de la Commission avait statué : « Votre groupe de gestion de cas ne décèle pas chez vous la moindre motivation de modifier votre attitude ou votre comportement criminel. » Le rapport précisait que, en 1998, Cotroni avait profité de permissions pour se rendre, selon les forces policières, dans des lieux « fréquentés par le crime organisé italien ». Le rapport en arrivait à la conclusion que, « même à 70 ans, et considérant sa situation familiale et son état de santé », la Commission ne pourrait pas autoriser sa libération.

Cotroni s'y attendait et ne s'en fit pas outre mesure. Il serait de toute façon libéré d'office dans quelques mois, après avoir purgé les deux-tiers de sa peine de sept années. La Commission n'aurait plus aucun pouvoir sur lui, et on ne posait à la libération d'office que les conditions de résider dans une région donnée et de présenter chaque mois un état de son avoir. Les criminels canadiens ne purgent, en moyenne, que 32 % de leurs sentences fédérales avant d'avoir droit à la semi-liberté, et que 39,8 % avant la libération conditionnelle totale. Cotroni avait souvent profité de ce laxisme.

Le 3 décembre 2001, Frank Cotroni quitta l'établissement à sécurité minimale Montée Saint-François à Laval. Les seules contraintes auxquelles il devrait se plier étaient liées à sa santé, mais elles étaient sérieuses. À 70 ans, ayant de la difficulté à se mouvoir, il avait déjà été autorisé à circuler en voiturette de golf à l'intérieur du pénitencier.

Chapitre 30

Et vogue la galère

Il s'est littéralement évanoui.
Le médecin de Joe Bonanno.

Les mafiosi de la vieille école, comme Vic Cotroni, l'aîné de la famille, ne se sont jamais sentis très à l'aise avec les motards criminalisés. Quel genre d'hurluberlu, en effet, peut bien vouloir se promener avec un écusson dans le dos indiquant qu'il est un bandit ? Cela manque de finesse, de tact. Il y a là quelque chose de douteux, de tête brûlée, une violence gratuite. Pourquoi chercher le trouble ? Le monde de Cotroni en était un d'influence, d'infiltration, alors que les motards agissaient sans subtilité, de façon ouvertement provocatrice.

Les motards, en revanche, avaient traditionnellement respecté la séniorité de la Mafia dans le milieu. Du temps de Vic Cotroni, la famille se procurait la drogue, et les motards la distribuaient. Quand la famille avait besoin de quelqu'un pour collecter une dette, ou tuer quelqu'un, les motards savaient se montrer d'une redoutable efficacité. Et peu à peu, ils s'étaient organisés. En 1977, la plus importante bande de motards criminalisés au monde, les Hells Angels d'Oakland en Californie, octroyèrent aux Popeyes de Montréal les couleurs du club. Huit ans plus tard, en 1985, sept chapitres de la puissante organisation jalonnaient le pays d'un océan à l'autre. À une exception près : l'Ontario, où une douzaine de bandes indépendantes leur bloquaient l'entrée.

Au moment de la libération de Frank Cotroni, à la fin de 2001, le milieu avait subi d'importants bouleversements. Au terme de six années d'une guerre sans merci, les Hells Angels du Québec avaient pratiquement éliminé leurs rivaux. Les Rock Machine, notamment, qui avaient dû s'affilier aux Bandidos du Texas pour ne pas y laisser leur peau. Efficaces, les Bandidos travaillaient de préférence avec Internet, dont ils appréciaient l'instantanéité et le caractère impitoyablement transnational. Les forces intégratives à l'œuvre dans le monde restructuraient maintenant le milieu à la vitesse de l'éclair.

Une année plus tôt, les Hells avaient fait une percée en Ontario, parvenant à se rallier 170 membres de bandes rivales. Après n'avoir longtemps compté que deux Hells dans toute la province, l'Ontario avait l'honneur, en décembre 2000, d'avoir la plus forte concentration de « suppôts » au monde. Une demi-douzaine de chapitres se trouvaient à moins de une heure de moto de la tour du CN. Les Hells firent leur offre aux bandes rivales en grande pompe, c'est-à-dire au sommet de la tour en question. Du jour au lendemain, la région de Toronto comptait autant de Hells que l'ensemble de la province de Québec. Un an plus tard, on recensait en Ontario 200 membres en règle et 200 membres associés au célèbre gang. Il n'y avait aucun club-école en Ontario avant l'arrivée des Hells. Maintenant ils pullulaient, attestant de la soif des jeunes motards d'en découdre, pour avoir l'honneur de devenir des « Anges ».

Le 26 février 2001, le journaliste Adrian Humphreys signait la une du *National Post* avec ce titre : « Menacée par les Hells, la Mafia lance un appel à l'unité. » L'article faisait référence à une rencontre, qui avait eu lieu en janvier 2001, au nord de Toronto. On y jetait les bases d'une alliance entre les familles de l'Ontario, du Québec, de la Colombie-Britannique et peut-être de New York, pour faire front commun contre les Hells Angels et les Bandidos. On expliquait que des caïds siciliens de Montréal faisaient régulièrement le voyage à Toronto pour tenter de rassembler les familles du Golden Horseshoe (région du Niagara) et du nord des États-Unis. Les mafiosi devaient décider s'ils allaient sévir contre les motards. Ils décidèrent d'attendre.

Ce qu'il y avait de paradoxal dans cette situation, c'est que les Montréalais étaient en partie responsables de la puissance des motards et du climat de tension qui régnait entre eux. À l'origine, la famille avait concédé la distribution de la drogue dans le centre-ville de Montréal aux Hells Angels. Forts de cette autorisation, ces derniers avaient entrepris d'asservir les gangs québécois, ce qui ne se fit pas sans heurts. Refusant de se soumettre, un assortiment de *dealers* se regroupa pour combattre les Hells. La Rock Machine était née.

Une génération auparavant, le groupe Siderno, d'obédience ndranghettiste, avait employé le Satan's Choice Cecil Kirby, comme tueur et homme de main. C'était alors la coutume chez les mafieux qui ne voulaient pas salir leurs habits, d'utiliser des motards pour accomplir le sale boulot. La majorité des « Choice » étant devenue des « Anges », le groupe Siderno fut contraint de leur vouer un nouveau respect, d'autant plus que les motards n'étaient guère impressionnés par les jeunes caïds de la Mafia.

Après la mauvaise publicité que leur valut la fusillade du 13 septembre 2000 contre Michel Auger, les Hells Angels et les Rock Machine s'engagèrent dans des négociations très médiatisées pour refaire leur image. Mom Boucher des Hells Angels et Fred Faucher des Rock Machine se rencontrèrent le 26 septembre 2000 au palais de justice de Québec pour en arriver, le 8 octobre, à un accord de paix entre les deux bandes. L'opération fut largement documentée dans *Allô Police*.

Les habitués du milieu doutèrent d'un tel accord : celui-ci devait avoir été orchestré par les Siciliens de Montréal, qui, jadis, avaient facilité l'ascension des Hells Angels. « Il [le chef du gang des Siciliens] a probablement eu quelque chose à voir avec ça », supposa Guy Ouellette, sergent de police à la retraite, spécialiste des bandes de motards criminalisés. « Il a dû être informé que le gouvernement allait passer une loi. » Avant que quoi que ce soit n'éclate entre la Mafia et les Hells Angels, on arrêta, en mars 2002, les principaux chefs des Hells du Québec.

Ces événements ne devaient pas avoir laissé Vito Rizzuto indifférent, malgré sa richesse et son apparente bonne santé. En juillet 2001, deux hommes furent inculpés de complot pour le tuer, pour éliminer Francesco Arcadi, et pour kidnapper Frank Martorana, une de leurs connaissances. Dans la demeure d'un des accusés, la police trouva un fusil automatique de type Kalashnikov, deux pistolets 9 mm, un 357 magnum, deux vestes antiballes, plusieurs lames-chargeurs et des walkies-talkies. En février 2002, on découvrit encore une bombe près d'un club social fréquenté par Vito Rizzuto. Les enquêteurs privilégièrent la thèse du règlement de compte plutôt que celle de la manœuvre politique.

Pendant que motards et mafiosi cherchaient à se positionner sur l'échiquier du vice, un homme faisait les manchettes pour être mort *sans* avoir été assassiné. Joseph Bonanno, le gangster notoire (qui détestait suprêmement son surnom : « les bananes », ou « le friqué »), s'éteignait naturellement à l'âge de 97 ans. Déjà remarquable chez un homme ordinaire, cette longévité relève du prodige pour un homme de sa condition, ayant fréquenté Al Capone, Lucky Luciano et Meyer Lansky. Joe Bonanno aurait vécu deux fois plus longtemps que Paolo Violi, qui voyait le jour en 1931, quelques mois avant que Bonanno ne contribue à mettre sur pied la Commission. Quant à Eddie Melo, il n'était même pas né lorsque, en 1955, Vic Cotroni et Luigi Greco étaient nommés chefs de la branche canadienne de la famille Bonanno, ou quand Bonanno se rendit à Palerme, en 1957, pour réorganiser le trafic mondial de l'héroïne. Le vieux avait survécu à tous les autres, morts de façon accidentelle, naturelle, ou par balle. Au bout du compte, le patron et bienfaiteur de Cotroni « s'est littéralement évanoui », ainsi que le constata son médecin, le Docteur David Ben-Asher.

Contrairement à ce que pensaient les policiers, Bonanno avait toujours nié son implication dans des activités aussi méprisables et « indignes d'un homme véritable » que le commerce de la drogue ou la prostitution. Il se décrivait plutôt comme un « investisseur en capital risque » privilégiant les entreprises dont les propriétaires pouvaient bénéficier de ses contacts. Le récit de sa mort donne à penser que le vieux avait en quelque sorte trouvé la paix. Admirable contraste avec la turbulence de Montréal ou la vie d'un Frank Cotroni, le dernier frère encore vivant de la plus vieille famille du crime au Canada.

Au moment d'être libéré, le 3 décembre 2001, Frank Cotroni avait vécu presque 30 années en prison. Même au sommet de sa carrière, il ne put jamais prétendre avoir été le *capo decina* que son frère Vic avait été. Et Frank n'était plus à son meilleur. « Il a le nom, mais pas le prénom », ironiserait un habitué du milieu. Ce dernier, lucide, demanderait toutefois que son nom ne soit pas mentionné. Frank devait apprécier d'être toujours vivant dans ce climat de tensions entre les Siciliens et les bandes de motards. Plusieurs de ses soldats l'avaient quitté : certains étaient morts, d'autres étaient emprisonnés, d'autres, enfin, étaient passés aux Siciliens. « Il a pas mal ralenti ses activités », constatait un policier d'expérience. « Son organisation est en lambeaux, si on peut appeler ça une organisation. »

En cette ère de l'information, Frank Cotroni garde néanmoins un pouvoir qui ne saurait être négligé, même s'il paraît difficile de croire qu'il puisse s'en servir. Cotroni, en effet, en sait assez sur le milieu pour avoir un impact énorme comme informateur de police. Mais cela ne se produira pas : « Pas lui », d'affirmer un officier de la police qui le connaît bien. « Ça fait trop longtemps qu'il est là-dedans. » Si longtemps, en effet, qu'il finit par retourner en prison, le 3 juin 2002, pour bris de condition. Il avait discuté avec un homme dans un restaurant de la métropole, lequel était ensuite allé voir d'anciens associés des Cotroni.

Dans ce contexte, ce que confiait Frank Cotroni, en 1991, au journaliste Yves Chartrand du *Journal de Montréal*, à savoir qu'il renonçait à sa vie de criminel pour se consacrer à sa famille, souhaitant voir ses enfants et petits-enfants grandir, a soudain l'allure d'une fabulation pure et simple, ou alors d'une blague d'une ironie cinglante.

Sources

Chapitre 1

Ce chapitre puise à différentes sources, notamment dans les comptes rendus de la presse sur les funérailles de Vic Cotroni. Un des ouvrages qui m'ont le plus servi est celui de Pino Arlacchi : *Mafia et compagnies : l'éthique mafiosa et l'esprit du capitalisme* (PUG, Saint-Martin-d'Hères (Isère), 1986). Les observations sur le complexe honte-virginité dans la Mafia se trouvent au début de cet ouvrage. J'ai également eu la chance de rencontrer Arlacchi à Rome. La réaction de Vic Cotroni à l'arrivée des caméramans de la télévision m'a été racontée par James Dubro, de la série *Connections* à la chaîne CBC.

J'ai visité la maison de Vic Cotroni pendant deux heures lors de sa mise en vente en juillet 1989. Quant à la place qu'occupait Vic Cotroni dans la pègre, je l'ai établie à partir de rapports de police et d'interviews confidentielles avec des policiers.

Le journaliste palermitain Daniele Billitiere, un vieil observateur de la Mafia, m'a aidé à m'y retrouver, notamment en ce qui concerne les tensions entre mafiosi siciliens et calabrais.

Chapitre 2

Les articles de Robert F. Harney, « Montreal's King of Italian Labour : A Case Study in Padronism », in *Labour/Le Travailleur* (n° 4, 1979, p 57-84), et « The Padrone and the Immigrant », *Canadian Review of American Studies* (vol. 5, n° 2, automne 1984, p. 101-117), m'ont grandement aidé à comprendre King Cordasco. Aussi, le *Rapport du commissaire et preuve*, de la Commission royale d'enquête sur l'immigration de travailleurs italiens à Montréal et sur les allégations de pratique frauduleuse de la part des agences d'emploi (J.N.O. Winchester, commissaire), publié par le ministère du Travail (Imprimeur du Roi, Ottawa, 1905).

La lettre de la Main noire à Cordasco a été publiée dans *La Presse* le 3 septembre 1904. Le dossier sur Salvatore Tino se trouve à la section RG 13 des archives nationales, ainsi que d'autres documents sur la Main noire que j'ai pu consulter pour la première fois, dont une condamnation de 1913 de Frank Rocco pour complot illicite, et une autre de 1914 où Joseph Ranieri était reconnu coupable d'avoir envoyé des lettres de menace. Les minutes du procès de Tony Frank se trouvent également dans la section RG 13 à Ottawa.

La seconde commission d'enquête, sous la présidence du juge Louis Coderre, était publiée *in extenso* dans *Le Devoir*, le 14 mars 1925. Jean-Paul Brodeur fait une analyse détaillée des commissions d'enquête au Québec au XXe siècle, dans son ouvrage, *La Délinquance de l'ordre: recherches sur les commissions d'enquête*, vol. 1 (Hurtubise, Québec, 1984).

On trouvera des détails sur les démêlés des Cotroni avec la justice dans plusieurs causes entendues au Palais de justice de Montréal, dont: Le Roi c. Vincent Coutroni, le 16 avril 1928; Commission des liqueurs du Québec c. Joseph Catoni, le 18 avril 1928; Commission des liqueurs du Québec c. Nick Catroni, le 11 septembre 1928; Le Roi c. Nick Catroni, le 10 août 1928; Le Roi c. Wm. Tanguay (alias Lucien Lacoste), le 16 avril 1928; Rex c. Emilia Millano Catroni, le 6 juin 1931; Le Roi c. John Catoni (alias Catroni) et Fran Searpabegga, le 1er février 1934; Regina c. Jos Catroni et Paul Gauthier, le 10 septembre 1937; Rex c. Vincenzo Catroni, le 16 février 1938; Regina c. Giuseppe Cotroni, le 19 octobre 1959.

Le portrait de Montréal à l'arrivée des Cotroni provient de l'ouvrage de Bruno Ramirez et de Michael del Balso, *The Italians of Montreal: from Sojourning to Settlement, 1900-1921* (Les Éditions du courant, Montréal, 1980).

L'estimation du nombre de bordels dans l'ancien quartier des Cotroni vient de l'ouvrage de Jean-Pierre Charbonneau, *La Filière canadienne* (Éditions de l'Homme, Montréal, 1975), et des pages 147 et 174 de *Pax: lutte à finir avec la pègre*, de Alain Stanké et Jean-Louis Morgan (La Presse, Montréal, 1972). Toute personne écrivant sur le crime organisé à Montréal doit une fière chandelle à Charbonneau, qui a survécu à un attentat d'un acolyte de Cotroni, alors qu'il faisait des révélations dans *Le Devoir*. Bordels, jazz et tord-boyaux, et l'atmosphère qui régnait à Montréal à l'époque, sont finement décrites dans *Swinging in the Paradise: The Story of Jazz in Montreal* (Vehicule Press, Montréal, 1988), de John Gilmore.

J'ai aussi pas mal ratiboisé les *Maclean's* et les *Saturday Night* de cette période. Les livraisons du 11 et du 25 septembre 1909, du 2 mars 1912 et du 1er mars 1926 du *Saturday Night*, et celle du 1er mars 1926 du *Maclean's* sont particulièrement intéressantes. Le *Saturday Night* s'est beaucoup intéressé au « péril national » que représentait la contrebande dans ses livraisons du 22 novembre 1924 et du 3 janvier 1925, ainsi que dans celles du 13 et du 17 juin, et du 26 décembre 1925.

Ordeal by Fire: Canada, 1910-1945, du journaliste Ralph Allen, cinquième tome de la série *Canadian History*, publiée chez Doubleday à Toronto, en 1961, nous a également instruit sur le scandale des douanes canadiennes.

Les annales sur les détentions durant la Seconde Guerre mondiale ont été trouvées par James Dubro et Robin F. Rowland dans la section RG 18 des Archives nationales du Canada, quand ces auteurs se documentaient pour leur *King of the Mob: Rocco Perri and the Women Who Ran His Rackets* (Viking, Toronto, 1987).

Chapitre 3

La *Loi d'accès à l'information* des États-Unis m'a permis de trouver des renseignements inédits sur Carmine Galante.

La valeur en dollars du trafic d'héroïne aux États-Unis provient des pages 63 et 65 de *Organized Crime and Illicit Traffic in Narcotics*, un rapport d'opération du sous-comité permanent du Sénat des États-Unis, publié par le Government Printing Office, Washington, 1965.

Les malheurs de Salvatore Giglio, Frank Petrula et les autres, ainsi que l'ascension de Vic Cotroni et les activités de Carmine Galante à Montréal dans les années 1950, ont été décrits par Jean-Pierre Charbonneau (*op. cit.*) et par Alan Phillips dans une série de cinq articles parus dans le magazine *Maclean's* les 24 août, 21 septembre, 5 octobre et 2 décembre 1963, et le 7 mars 1964. Le défunt *Star Weekly*, supplément hebdomadaire de plusieurs quotidiens, dont le *Toronto Star* et le *Montreal Star*, publia également une intéressante rubrique de Pax Plante et David MacDonald, intitulée : « The Shame of my City : Crime in Montreal ». Celle-ci parut en 1961, dans les livraisons du 24 juin (p. 2-6), 1er juillet (p. 6-11), 8 juillet (p. 10-13), 15 juillet (p. 14-17), et 22 juillet (p. 6-11).

J'ai eu la chance d'interviewer Mario Latraverse, ancien chef de la brigade antigang de la police de Montréal, ainsi que d'autres officiers de police spécialisés dans le crime organisé. Ils se sont confiés à moi sous le couvert de l'anonymat. J'ai aussi eu accès à des dossiers de la police relatifs à cette période.

Chapitre 4

La conversation entre Pep Cotroni et l'agent du FBI provient mot pour mot des minutes du procès.

Concernant le fait que Vic Cotroni n'ait jamais été condamné pour trafic de drogue, je dois préciser qu'il fut inculpé en février 1960 à Miami pour complot relativement à des affaires de drogue, mais que les chefs furent abandonnés pour manque de preuves.

La rencontre de Palerme, en 1957, a été décrite par Tim Shawcross et Martin Young dans *Men of Honour : The Confessions of Tommaso Buscetta, the Man who Destroyed the Mafia* (Collins, Londres, 1987). J'ai eu la chance de m'imprégner de l'atmosphère des rencontres, en séjournant à l'hôtel des Palmes, en Sicile.

Chapitre 5

Ma visite de la résidence de Lavaltrie m'a bien aidé, ici. J'ai aussi bénéficié de certains dossiers de police et d'une conversation avec le rédacteur en chef qui avait passé la nuit en prison avec Frank Cotroni. Celui-ci préfère garder l'anonymat.

Chapitre 6

Bien qu'elle encense le principal intéressé, l'autobiographie de Joseph Bonanno, *Un homme d'honneur* (Presses de la cité, Paris, 1984), donne une idée des relations qu'il entretenait avec son cousin Stephano Magaddino de Buffalo. J'y ai trouvé la citation sur Carlo Gambino et sa description de la prison à Montréal. Les documents du ministère de l'Immigration des États-Unis auxquels j'ai eu accès, grâce à la *Loi d'accès à l'information* de ce pays, m'ont renseigné sur son séjour à Montréal, et sur celui de son fils, Salvatore. Il est intéressant de noter que ces documents contredisent l'affirmation de Bonanno à l'effet qu'il ne souhaitait pas s'établir à Montréal.

La version de Bonanno sur les motifs de son exil nordique viennent, en partie, d'une interview de Mike Wallace pour le magazine *60 Minutes*, réalisée le 28 mars 1983. Sam DeCavalcante, dit le Plombier, a involontairement contribué à ce chapitre par les bons soins de Henry A. Zeiger, dont l'ouvrage, *Sam the Plumber* (Signet, New York, 1970), a fourni aux pages 43, 44 et 138, les citations relatives aux événements survenus à Montréal.

Honor Thy Father, de Gay Talese (Simon and Schuster, New York, 1983), nous éclaire sur la vie dans la Mafia, à partir de l'exemple de Salvatore Bonanno, le fils de Joe. Martyn Burke de la CBC a réalisé l'entrevue avec Salvatore Bonanno sur l'importance de la famille, dans le cadre de la série *Connections*. Le matériel utilisé provient de la page 17 de l'audioscript de l'émission du 12 juin 1977.

D'importantes révélations sur le cas Saputo viennent de dossiers d'enquête et de la page 15 de l'audioscript du 12 juin 1977 de la série *Connections*. Certains dossiers sur les opérations de la famille Saputo me sont demeurés fermés, aux termes de la *Loi d'accès à l'information*, mais j'ai eu accès à certains dossiers confidentiels de la police sur ces opérations. James Dubro m'a aussi généreusement ouvert ses filières, où j'ai mis la main sur l'audioscript d'une émission sur les fromages Saputo, diffusée le 10 juillet 1978 à la chaîne WCAX-TV, de Burlington, au Vermont. Jonathan Kwitny, auteur de *Vicious Circle: The Mafia in the Marketplace* (W.W. Norton & Company, New York, 1979), m'a autorisé à consulter certains documents. La Commission ontarienne de commercialisation du lait conserve à Guelph, en Ontario, une copie de la défense de Giuseppe Saputo à des allégations de collusion mafieuse. Celui-ci s'y présente comme une victime de la Mafia, prétendant qu'il avait quitté la Sicile pour fuir la terrible organisation. S'il avait si bien réussi dans les fromages, c'était, selon lui, à cause de l'immense popularité de la pizza.

Comme toujours, des sources policières anonymes m'ont été d'un grand secours.

Chapitre 7

Je remercie James Dutton, reporter au *Toronto Star*, de m'avoir laissé faire une copie des transcriptions d'écoute électronique de l'opération «Orbit», qui avaient lieu dans la maison de Giacomo Luppino.

L'ouvrage d'Arlacchi (*op. cit.*) fut de nouveau, ici, extrêmement important, pour comprendre l'aspect «homme de la rue» du mafioso. Je me suis servi des articles d'Allan Phillips. Jocko Dutton, reporter aux affaires criminelles pour le *Toronto Star*, m'a accordé plusieurs entrevues. L'accès aux dossiers et des sources policières requérant l'anonymat m'ont encore une fois été d'un grand secours. Comme preuve que Paolo Violi n'était pas, au début de sa carrière, un important joueur dans le milieu, la police dit qu'en 1962, il n'avait même jamais rencontré Vic Cotroni.

Les journalistes Lee Lamothe et Rob Lambertini ont fait une intéressante série d'articles sur Rocco Zito, publiée dans le *Sun* de Toronto du 19 au 22 mai 1988. Un *must* pour toute personne intéressée par le personnage.

Nous avons puisé à des sources gouvernementales, dont : le rapport d'audience du 18 mars 1963 de la Commission royale d'enquête sur la criminalité, présidée par le juge Wilfrid Roach ; le rapport du 31 janvier 1964 de la Commission de police de l'Ontario sur le crime organisé, présidée par le juge Bruce Macdonald ; et le tome 3, *Crime, justice et société,* du rapport de la Commission d'enquête sur l'administration de la justice dans les affaires pénales et criminelles au Québec, 1969.

Dubro a bien voulu prendre le temps de me raconter Giacomo Luppino. La mesure de la subtilité du mariage de sa fille Grazia et de Paolo Violi m'a été donnée par des rapports confidentiels de police, des interviews, et par l'audioscript du 12 juin 1977 de la série *Connections*, où il était fait mention du caractère «politique» de ce mariage.

Au fil de discussions avec des policiers, je me suis fait une idée du statut de Paolo Violi dans la pègre. La série *Connections* soulignait le rôle clé de Violi dans le milieu canadien, tandis que Wade Rowland fournissait dans son *Making Connections* (Gage, Toronto, 1979) un organigramme très utile pour situer les protagonistes. La série *Connections* a inspiré de nombreux journalistes, dont votre serviteur.

En plus du meurtre de Brigante, on a interrogé Violi sur un autre meurtre survenu à Toronto en 1969, celui de Filippo Vendemini, un immigré calabrais qui faisait des livraisons d'alcool pour Violi et qui s'occupait d'un magasin de chaussures sur la rue Bloor.

Chapitre 8

Mes premières sources sur le FLQ ont été *L'exécution de Pierre Laporte* de Pierre Vallières (Québec-Amérique, Montréal, 1977); un ouvrage de Nicholas Regush, *Pierre Vallières: The Revolutionary Process in Quebec* (Fitzhenri & Whiteside, Toronto, 1973), et le livre de Louis Fournier, *FLQ: anatomie d'un mouvement clandestin* (Lanctôt éditeur, Outremont, 1998). Fournier y relate une rencontre entre Cotroni et Vallières, où Cotroni essaie de comprendre ce que la référence à sa famille signifie dans le manifeste.

Les explications de Simard sur sa désillusion par rapport au processus électoral se trouvent à la page 113 de son ouvrage, *Pour en finir avec octobre* (Stanké, Montréal, 1982). Le calvaire de Laporte est décrit aux pages 54, 62 et 65 de l'ouvrage, et sa réflexion sur le choix de Laporte comme victime, à la page 32.

L'ouvrage de Harold Crooks, *Dirty Business: The Inside Story of the New Garbage Agglomerate* (James Lorimer, Toronto, 1983), présente des renseignements utiles sur les contacts politiques des truands montréalais. Je me suis personnellement servi des articles de Robert McKensie et Ronald Lebel, parus dans le *Toronto Star*. Ceux-ci portaient, le 7 juillet 1973, sur les élections sur la rive sud de Montréal; les 7 et 12 juillet 1973, sur la surveillance policière de la rencontre entre Laporte et les mafiosi; le 4 août 1973, sur le projet de « confession » forcée de Laporte ; le 16 mars 1973, sur la confession alléguée de Rose ; et, enfin, les 16 janvier, 2 mars et 16 mai 1974, sur la relation entre Gagnon et D'Asti. Le magazine *Canadian* relata en détail, peu après la mort de Laporte, la grande affection qu'il éprouvait pour son épouse.

On parle du scandale de la viande avariée dans *L'Introduction frauduleuse de viande impropre sur le marché de la consommation humaine et la fraude en rapport avec la viande chevaline : rapport intérimaire de l'enquête sur le crime organisé* (Centre de reproduction, ministère de la Justice, Montréal, le 16 octobre 1975) ; et de l'affaire Laporte dans le *Rapport d'enquête sur l'étude des liens possibles entre Nicola di Iorio, Frank D'Asti, membres du crime organisé, Pierre Laporte, ministre, René Gagnon, chef de cabinet, et Jean-Jacques Côté, organisateur politique* (Commission de police du Québec, Sainte-Foy, 1974). Pour celles et ceux qui croiraient que la Mafia ne nuit qu'à ses semblables, rappelons que la société Reggio Food de Vic Cotroni et Paolo Violi avait déjà été fermée pour vente de viande impropre à la consommation.

Chapitre 9

Cette curieuse conférence de presse de Frank Cotroni a été décrite en détail le 18 février 1971 par Wade Rowland du *Telegram*. Des photos ont aidé pour les détails physiques. Le 5 novembre 1967, l'hebdomadaire *Allô Police* relatait en détail l'arrestation. Bien qu'il s'agisse d'un journal à sensation, il possède un large lectorat et puise aussi bien à des sources policières que dans le monde interlope. Plusieurs criminologues le considèrent comme une source de renseignements fiable.

Ici encore, j'ai eu accès au matériel de James Dubro, ainsi qu'au souvenir que A.J. Campbell avait conservé du procès.

La carrière de Jean-Paul Sainte-Marie s'est terminée de façon encore plus pitoyable. En 1978, on l'inculpa pour avoir détourné 112 654 $ déposés en fiducie par un client, ce qui lui valut d'être radié à vie du Barreau du Québec. En 1979, on le condamna à 23 mois de prison. Il finit par travailler comme chauffeur de taxi et comme administrateur d'une association montréalaise de chauffeurs de taxi.

À nouveau, des sources policières requérant l'anonymat et l'accès à certains dossiers m'ont été d'un grand secours.

Chapitre 10

L'agent d'infiltration montréalais Bob Menard, l'ancien chef de la brigade antigang de la police de Montréal, Mario Latraverse, et un membre de cette brigade, le sergent Normand Ostiguy, m'ont aidé ici, en plus de sources policières requérant l'anonymat. Le 8 avril 1988, la *Gazette* de Montréal publiait un article très sensible de William Marsden sur la composante sicilienne du crime organisé montréalais. Quant à la participation possible de Violi au kidnapping de Getty, l'équipe de la série *Connections* en parla pour la première fois le 28 mars 1979. C'est enfin Arlacchi qui, dans son ouvrage *Mafia et compagnies* (*op. cit.*), devait nous éclairer sur le virage résolument capitaliste de la Mafia.

J'ai eu accès au Tribunal d'Agrigente de 1936 sur la Mafia, via la *Loi d'accès à l'information*. Le dossier avait apparemment été transféré des archives du Secrétariat d'État à celles du ministère de la Citoyenneté et de l'Immigration.

La reconstitution de la scène où Desormiers écoutait *Les Portes du pénitencier*, peu avant sa mort, m'est venue d'un très bel article de Martha Gagnon, paru le 15 octobre 1982 dans *La Presse*.

Selon certains rapports confidentiels de la police, Paolo Violi aurait dit que, si c'était à refaire, il aurait éliminé les frères Dubois avant qu'ils ne deviennent trop puissants.

Arlacchi, dans *Mafia et compagnie* (*op. cit.*), laisse entendre que Violi aurait été impliqué dans le trafic de drogue, même si ce dernier n'a jamais été inculpé sous ce motif au Canada. Le livre révèle qu'un mafioso du sud de la Calabre aurait déclaré aux agents américains qu'il pouvait leur obtenir de l'héroïne par « son ami » Paolo Violi, un mafioso italo-américain bien connu résidant à Toronto. Il est étrange que l'homme ait fait référence à Violi comme à un résident de Toronto alors qu'il habitait déjà Montréal.

Chapitre 11

Je me suis renseigné sur Giuseppe Catania et Tommaso Buscetta dans Shawcross et Young (*op. cit.*), et des policiers requérant l'anonymat m'ont aussi aidé à ce sujet. Le fait que l'avocat de D'Asti lui ait été fourni par l'aide juridique laisse planer des doutes sur le fait que les truands faisant autorité soient tous riches.

La tentative de lobby de D'Asti à Ottawa vient de dossiers d'enquête confidentiels.

Chapitre 12

Les montages financiers de William Obront sont répertoriés dans *Le crime organisé et le monde des affaires : Rapport de la Commission de police du Québec à la Commission d'enquête sur le crime organisé du Québec, et recommandations*, publié le 2 août 1977. Je me suis également servi de *Crime, justice et société*, le troisième tome du rapport de la Commission d'enquête sur l'administration de la justice dans les affaires pénales et criminelles au Québec, 1969; du *Rapport de la Commission d'enquête sur l'exercice de la liberté syndicale dans le domaine de la construction*, commission présidée par Paul Cliche, assisté de Brian Mulroney et de Guy Chevrette, publié le 2 mai 1975. On trouve dans les livraisons des 8 et 9 novembre 1988 du *Financial Post*, sous la plume de Philip Mathias, avec l'aide de Tessa Wilmott, une analyse des liens de William Obront avec l'homme d'affaires Gerald Pencier.

La dynastie des Bronfman, de Peter C. Newman (Éditions de l'Homme, Montréal, 1979), traite des relations qu'entretenait Mitchell Bronfman avec William Obront.

Derrière le prix qu'a remporté le *Toronto Star* pour avoir retracé Greta Munsinger en Allemagne, se cache Jack Granek, un éditeur germanophone qui a donné des centaines de coups de téléphone pour la retrouver. On oublie souvent de l'en remercier.

Selon des dossiers classés de la police, le spécialiste américain du crime organisé, Ralph Salerno, aurait suggéré que la police canadienne fasse enquête sur Vic Cotroni, Luis Greco, Willie Obront et Joe DiMaulo. Salerno recommanda d'utiliser des tables d'écoute et de se servir d'organigrammes pour situer les protagonistes. Il semble qu'on l'ait écouté, et avec grand profit. Salerno avait mentionné le danger de communiquer des renseignements sensibles aux médias, ceci risquant d'entraîner des poursuites, comme celle de Vic Cotroni contre *Maclean's* et plusieurs autres contre le magazine *Life*.

Chapitre 13

Personne à l'extérieur de la Mafia ne connaissait mieux Paolo Violi que Bob Menard. C'est ainsi que l'agent m'a été d'une aide précieuse. Il a fait appel à sa mémoire pour les conversations rapportées dans ce chapitre. Une source policière requérant l'anonymat m'a aidé pour les détails de la noce de Violi. Un article d'Eddie Collister sur l'officier de police Nick Guerra, paru le 25 octobre 1980 dans la *Gazette* de Montréal, montre que Bob Menard n'était pas le seul brave à s'attaquer au groupe Cotroni.

J'ai aussi grandement apprécié l'article d'Ann Charney, « The Life and Death of Paolo Violi », paru dans *Weekend Magazine*, le 20 janvier 1979.

La situation à Saint-Léonard durant la saga linguistique de la fin des années 1960 au Québec, est présentée par Paul-André Linteau dans son article « The Italians of Quebec : Key Participants in Contemporary Linguistics and Political Debates », in *Arrangiarsi : The Italian Immigration Experience in Canada*, sous la direction de Roberto Perrin et Franc Sturino (Guernica, Montréal, 1989). Tim Burke a fait une excellente couverture des funérailles de Paolo Violi, le 28 janvier 1978, dans la *Gazette* de Montréal. On y raconte, comme l'avait fait Charney (*op. cit.*), la façon dont Violi avait « protégé » un défenseur du fait anglais au Québec.

Chapitre 14

Mario Latraverse et d'autres sources policières m'ont été très précieux ici, comme l'ont été les rapports de commission d'enquête mentionnés au chapitre 12 et certains rapports de police confidentiels. Celles et ceux qu'intéresse l'affaire de la Buffalo Gas and Oil, consulteront avec profit l'ouvrage de Diane Francis, *Contrepreneur* (Macmillan, Toronto, 1988).

Il est à remarquer qu'une rage d'attentats à la bombe et de passages à tabac s'est emparée de l'industrie italienne de la crème glacée à Montréal, après que Violi eût relâché son emprise sur celle-ci. C'était le sujet d'un article paru le 12 janvier 1985 dans la *Gazette*.

L'« affaire » pour laquelle une connaissance de Violi était allée en Italie, tel que révélé par l'enquête, concerne un entrepreneur italien qui avait des problèmes avec la pègre. Violi avait promis de lui régler son problème moyennant 10 millions de lires (environ 17 000 $), plus 10 % de ses contrats à venir dans les chemins de fer. Envoyé en Italie pour négocier l'affaire, un soldat avait fait référence au téléphone au montant du contrat comme à « 10 caisses de tomates ». La police de Montréal ne fut pas informée des résultats de l'opération, mais le soldat devait être arrêté pour avoir tué le procureur général de la province de Contenzo, tel que révélé dans la *Gazette* de Montréal, le 29 novembre 1975.

Chapitre 15

La liste des affections de Vic Cotroni a été soumise à la cour à son procès pour extorsion, alors que la citation de Vincenzo Macri a été prise dans *Mafia et compagnies* (*op. cit.*), d'Arlacchi. Mario Latraverse, chef de la brigade antigang de la police de Montréal, fut encore une fois extrêmement utile pour ce chapitre. La déclaration lapidaire de Papalia vient de la diffusion du 12 juin 1977 de la série *Connections*. Je peux témoigner de l'humour primaire de Papalia, ayant moi-même été traité de « parasite » lorsque je l'avais approché pour une interview. Peter Moon du *Globe and Mail* parvint toutefois à interviewer le grossier personnage, pour un article devant paraître le 28 novembre 1986.

Charbonneau explique dans *La Filière canadienne* (*op. cit.*) que Papalia avait travaillé pour Carmine Galante et Louis Greco.

Chapitre 16

J'ai bénéficié ici des sources policières ci-haut mentionnées, ainsi que de l'épisode du 27 mars 1979 de la série *Connections*, qui présente une amusante interview de Martyn Burke avec

Vincenzo Randisi. Le commentaire de l'associé sur la vie de Paolo Violi en prison se trouve à la page 12 de l'audioscript de la première émission de la seconde série *Connections*, diffusée en mars 1979. L'échange entre Vic Cotroni et Paolo Violi m'a été raconté par Bob Menard, qui l'aurait obtenu d'un contact.

L'article d'Ann Charney dans *Weekend Magazine* (*op. cit.*) était fascinant, particulièrement son interview avec Grazia Luppino.

Les déplacements de Vic Cotroni et Joe DiMaulo à la suite du meurtre de Paolo Violi ont été enregistrés par la police, de même que la réaction de Vic Cotroni. La formule voulant que le risque augmente en fonction du temps passé dans la Mafia provient d'une étude de Gilbert Cordeau et Pierre Tremblay, *The Occupational Hazard of Doing Crime: Deterrence Theory Reconsidered* (Centre international de criminologie comparée, université de Montréal, octobre 1988).

Les déplacements des tueurs de Paolo Violi sont notés dans des dossiers confidentiels de la police, ainsi que les motifs probables de son assassinat. Dossiers policiers et sources policières requérant l'anonymat sont à l'origine de la théorie voulant que Vic Cotroni et le beau-frère de Violi, Jimmy Luppino, aient été avertis de l'attentat.

On interprétera bien sûr, pour une large part, l'assistance record aux funérailles de la mère de Vic Cotroni, comme une marque de respect envers sa progéniture.

Chapitre 17

La *Loi d'accès à l'information* du Canada m'a été utile ici, ainsi que les articles suivants: Lucinda Franks, « An Obscure Gangster Is Emerging as the Mafia Chieftain in New York » (*New York Times*, 20 février 1977); William Federici et Paul Meskil, « Galante Climbing Mob Hill » (*Sunday News*, 20 février 1977); Paul Meskil, « Meet the New Godfather » (*New York*, 28 février 1977); et Michael Daly, « Death of a Godfather: Anatomy of a Gangland Murder » (*Rolling Stone*, 23 août 1977).

Le portrait de Galante mentionné ici nous a été extrêmement utile, ainsi que les autres sources sur Galante utilisées dans le chapitre 4. *Wise Guy: Life in a Mafia Family*, de

Nicholas Pileggi (Pocket Books, New York, 1985), nous a fourni la description de la vie à la prison de Lewisburg. Cet ouvrage a aidé la police de Montréal à comprendre pourquoi Frank Cotroni avait de nouvelles fréquentations à sa sortie de prison : il était simplement resté fidèle à ses amis de Lewisburg. Dressant un portrait de John Gotti pour le *New York Times*, le 3 avril 1989, Selwyn Raab affirme que Galante avait été impressionné par le jeune Gotti, mais qu'il s'était fait dire qu'il « appartenait à Dellacroce ».

Faisant contrepoint aux différents articles sur Galante, celui de Thomas Plate, « The Making of a Godfather : Leaked Federal Intelligence Report Prompts Press Promotion of Galante as New Mafia Don », paru en juin 1977 dans le magazine *More*, est à la fois fascinant et très éclairant.

Un article très intéressant de Harry Levinson, « The Abrasive Personality », paru dans l'édition de mai-juin 1978 de la *Harvard Business Review*, donne des explications sur l'incapacité de Galante de se maintenir au pouvoir. On y présente un type de gestionnaire irascible et caustique, féru de perfection, voulant tout contrôler et qui décourage la discussion. Excellent à se gagner le pouvoir, il s'avère nul à l'exercer, quoique les conséquences pour lui ne soient pas toujours aussi tragiques qu'elles le furent pour Galante.

Encore une fois, le *Mafia et compagnie* d'Arlacchi (*op. cit.*) nous a aidé à comprendre le substrat d'affaires sous-tendant la frénésie d'activité sur la rue. On y trouve aussi l'observation que les anciens codes de la Mafia sont remplacés par l'argent.

La description du côté professoral de Galante vient de Dubro, qui a eu le génie de capter le petit homme sur pellicule dans une église.

Chapitre 18

Des sources policières requérant l'anonymat m'ont énormément aidé ici, autant par leurs commentaires qu'en me donnant accès à certains dossiers. Charbonneau fut aussi très précieux. Louis Freeh, du bureau du procureur de South Manhattan, m'a expliqué la connexion New York-Canada. Ralph Blumenthal du *New York Times* m'a aidé à planifier mon voyage en Sicile. Je me suis également servi de son ouvrage, *Last Days of the Sicilians : The FBI Assault on the Pizza Connection* (Times Book, New York, 1988).

J'ai interviewé Réal Simard pendant plus de trois heures. Son autobiographie, *Le neveu* (Québec-Amérique, Montréal, 1987), écrite en collaboration avec Michel Vastel, est complaisante mais néanmoins intrigante. Simard est également le centre d'intérêt du documentaire, « Broken Honour : The Making of a Mafia Hitman » (producteur délégué : Greg Foad), diffusé le 25 mai 1989 sur la chaîne CHCH-TV de Hamilton.

J'ai aussi interviewé des policiers chargés de s'occuper de Simard et épluché des dossiers le concernant.

Chapitre 19

Toute personne intéressée par le milieu sicilien de Montréal devrait lire la série d'articles de William Marsden, parue dans la *Gazette* de Montréal, les 7 et 8 avril 1988.

Des sources policières requérant l'anonymat m'ont beaucoup aidé ici, de même que Pino Arlacchi que j'ai interviewé à Rome.

Chapitre 20

Dossiers confidentiels et interviews sous le couvert de l'anonymat m'ont beaucoup aidé. Des sources policières à Toronto et la lecture de dossiers internes m'ont permis de comprendre la relation existant entre Paul Volpe et Frank Cotroni, et entre Volpe et le mouvement Cotroni à Toronto.

L'économie de la danse aux tables dans le sud de l'Ontario au début des années 1980 vient d'une source policière torontoise requérant l'anonymat.

Mob Rule : Inside the Canadian Mafia (Macmillan, Toronto, 1985) de James Dubro est une percée journalistique dans son genre. Toute personne intéressée par Volpe ou par la Mafia canadienne gagnerait à le lire. *Mafia Assassin : The Inside Story of a Canadian Biker, Hitman and Police Informer* (Methuen, Toronto, 1986) de Cecil Kirby et Thomas C. Renner, donne un aperçu du milieu torontois dans les années 1970 et 1980.

L'hypothèse voulant que les Cotroni aient été à l'origine du meurtre de Volpe se trouve aux pages 235 et 236 de ce livre.

En mars 1988, le procès à Toronto de Richard Clément, inculpé en rapport avec l'attaque du Seaway, s'est avéré plein de rebondissements. Couvrant l'événement, Darcy Henton a rapporté à la une du *Sunday Star*, le 16 juillet 1989, que Hétu avait été inculpé de quatre chefs d'agression sexuelle depuis qu'il s'était fait donner une nouvelle identité dans le cadre du programme de protection des témoins. Henton rapporta que Hétu s'était également vanté d'avoir tué quatre personnes.

La section sur le syndicat vient d'un article que j'ai écrit pour le *Toronto Star*, le 18 juin 1989. L'histoire avait exigé trois mois de travail et quelque 25 entrevues. D'autres articles ont suivi dans le *Star*, les 23 novembre et 31 décembre 1989.

Le syndicat hôtelier n'était pas la première incursion de Cotroni dans le monde des relations de travail, tel que souligné par le *Rapport de la Commission d'enquête sur l'exercice de la liberté syndicale dans le domaine de la construction*, commission présidée par Paul Cliche, assisté de Brian Mulroney et de Guy Chevrette. Le rapport note que Cotroni soutenait « une armée de casseurs, comme il s'en est rarement vu dans l'histoire des relations de travail au Québec ». On retrouve ici Francesco Fuoco, un des hommes inculpés d'avoir creusé un tunnel vers la Montreal City and District Savings Bank sur le boulevard Décarie. La commission note que Fuoco, en 1973, avait offert de la « protection » à un entrepreneur, en présentant ainsi ses lettres de créance : « J'étais un soldat dans la Mafia de Montréal. Un petit soldat dont la *job* était d'obéir et de se taire. En 1966, le patron a décidé d'organiser le plus gros vol de banque jamais fait au Canada [...] Si vous avez besoin de quoi que ce soit, je peux toujours utiliser mes contacts. »

Les relations existant entre les Luppino, les Violi et Volpe en Ontario, sont décrites dans *Report of the Royal Commission on Certain Sectors of the Building Industry* (Imprimeur de la Reine pour l'Ontario, Toronto, 1974), commission présidée par le juge Harry Waisberg.

Chapitre 21

Des rapports internes de la police m'ont ici beaucoup aidé. J'ai également interviewé Dave Hilton senior, Henri Spitzer, Simard, George Cherry, et certaines sources policières. La remarque de Pauline Desormiers a été trouvée dans le *Allô Police* du 25 mars 1984. L'ouvrage de Claude Jodoin, *Qui a tué Frank Shoofey ?*, est plus un hommage à son ami Shoofey qu'un modèle d'objectivité, mais est néanmoins intéressant. La remarque de Dave Hilton senior concernant le partenariat avec Don King vient de l'édition du 4 février 1985 de la *Gazette* de Montréal, tandis que le commentaire de Jacques Beauchamp est paru dans le *Journal de Montréal*, le 13 mars 1984.

Notons que les liens entre la pègre et le monde de la boxe ne datent pas d'hier au Canada. Les gangs utilisaient déjà des boxeurs professionnels pour saccager des bars à des fins d'extorsion dans les années 1950.

Chapitre 22

L'ouvrage de Shawcross et Young sur la confession de Buscetta (*op. cit.*) m'a ici été très utile.

Je me suis servi du rapport annuel 1983 du Governor's Council on Organized Crime, de l'État de la Floride. Mes collègues Cal Millard et Don Dutton du *Toronto Star* m'ont fait bénéficier de leur aide pour la section sur la Floride. J'ai aussi profité de leur article du 6 mai 1974 dans le *Star*, ainsi que d'un intéressant article d'Eddie Collister, paru le 19 octobre 1983 dans la *Gazette* de Montréal. Selwyn Raab a écrit le 2 janvier 1984 dans le *New York Times* sur les gangs canadiens en Floride. *The Canadians* (Paperjacks, Toronto, 1985), d'Andrew Malcolm, traite aux pages 358 et 359 de la pègre canadienne en Floride.

Les exemples de la générosité de Cotroni en prison viennent de *La Filière canadienne*, de Charbonneau (*op. cit.*), tandis que le surprenant épisode du concert avait déjà fait l'objet d'un article dans le *Sun* de Toronto, le 28 mai 1988. Simard et des sources policières ont aidé pour la section sur les malheurs de Rizzuto. Diane Francis (*op. cit.*) parle avec émotion du projet de loi C-61 et je me suis servi de la *Loi d'accès à l'information* pour consulter des études de l'Association du Barreau canadien et de l'Association des banquiers canadiens sur le projet de loi. Le 8 juillet 1989, Marsden publiait dans la *Gazette* de Montréal un article intitulé « Police Are Slow to Put Bite on Drug Dealers'Assets », lequel démontrait que le projet de loi C-61 n'était pas utilisé à son plein potentiel. J'ai aussi obtenu le point de vue des policiers sur le projet de loi.

Je me suis familiarisé avec le rôle des Iraniens dans le milieu de l'héroïne à Montréal, en regardant *Busting the Heroin Peddlars*, un reportage de Sheila MacVicar produit par Brian McKenna, diffusé le 18 avril 1989 pour de *The Fifth Estate*. Bob Perreault, un spécialiste du crime organisé de la police de Montréal, m'a également aidé à m'y retrouver.

Chapitre 23

Yves Chartrand du *Journal de Montréal* a partagé avec moi les souvenirs de sa rencontre en prison avec Frank Cotroni.

La sortie de prison de Frank Cotroni pour le mariage de son fils Francesco a fait l'objet d'un article d'Eddie Collister, paru le 4 septembre 1991 en page A3 de la *Gazette* de Montréal, sous le titre « Cotroni Must Wait till'93 for Parole : Prison Official Rebuff Hopes for Early Release ».

Chapitre 24

De nombreux éléments de ce chapitre ont été traités dans mon ouvrage, *Deadly Silence: Canadian Mafia Murders* (Macmillan Canada, Toronto, 1993), réalisé en collaboration avec Antonio Nicaso.

Gerlando Sciascia n'a survécu à Joe Lopresti que pour être assassiné à son tour à New York, en mars 1993.

Chapitre 25

J'ai publié le 6 juillet 1993, en page A1 du *Toronto Star*, un article en rapport avec l'interview de DiMaulo : « Mafia's Casino Interests Run Deep ».

Je me suis servi avec profit de l'article d'Andrew McIntosh, « How the RCMP Helped "Push" Two Billion Worth of Cocaine », paru le 11 juin 1998 dans le *Ottawa Citizen*. J'ai rencontré à plusieurs reprises Mahmood Adolaymi et interviewé le procureur général Richard Starck.

Le matériel concernant le *party* d'adieu de Cotroni en prison vient d'un article d'André Cédilot, paru dans *La Presse* le 28 avril 1995, sous le titre « Le "party" d'adieu de Frank Cotroni gâché par ses geôliers ». Il est intéressant que Cotroni ait obtenu une libération conditionnelle alors qu'il était inculpé de complot de trafic de drogue par les autorités américaines, au début des années 1990. Le complot avait été éventé alors qu'il se trouvait en prison dans les années 1980.

Je me suis aussi servi d'un article de Paul Cherry, paru le 18 août 2001 en page A1 de la *Gazette* de Montréal.

Chapitre 26

Les réminiscences de Ken Murdock de la journée de l'assassinat de Johnny Papalia ont fait l'objet d'un reportage de Barbara Brown, journaliste au *Hamilton Spectator*. Son article a été publié le 5 février 2002 dans le *Toronto Star* et le *Hamilton Spectator*.

La vie de Papalia est le sujet d'un ouvrage d'Adrian Humphrey, intitulé *The Enforcer; Johnny Pops Papalia; A Life and Death in the Mafia* (Harper Collins Publishers, Toronto, 1999).

Chapitre 27

L'histoire de la famille Cuntrera-Caruana a fait l'objet d'un ouvrage de Lee Lamothe et Antonio Nicaso, *Bloodlines: Project Omerta and the Fall of the Mafia's Royal Family* (Harper Collins Publishers, Toronto, 2001), et d'un article de Tom Blickman, « The Rothschilds of the Mafia on Aruba », paru dans *Transnational Organized Crime* (vol. 3, n° 2, été 1997). La référence à la Commission des libérations conditionnelles concernant Caruana se trouve à la page 381 de *Bloodlines* (*op. cit.*).

L'ouvrage de Mario Possamai, M*oney on the Run: Canada and How the World's Dirty Profits Are Laundered* (Viking, Toronto, 1992), traite du blanchiment d'argent au Canada et, conséquemment, d'Alfonso Caruana.

L'anecdote de la libération rapide d'Antonio LaRosa a été rapportée par Michael Harris dans *Con Game; The Truth About Canada's Prisons* (McClelland & Stewart, Toronto, 2002). Michel Auger m'a raconté qu'Alfonso Caruana était admissible à la libération conditionnelle le jour même où il avait plaidé coupable.

Chapitre 28

Je me suis servi pour ce chapitre d'un article de George Kalogerakis, paru le 11 avril 2001 dans la *Gazette* de Montréal, et d'un article de Daniel Sanger, paru en avril 2002 dans le *Saturday Night*, sous le titre « Dead Man Talking ».

Michel Auger parle en détail de son aventure avec les motards dans *L'Attentat* (Les Éditions Trait d'union, Montréal, 2001).

Chapitre 29

J'ai consulté le dossier de Melo à la Commission de l'immigration et du statut de réfugié, et à la Section d'appel de l'immigration, soit le dossier # T94-07953, qui contenait les commentaires de Melo, de ses amis, de la famille et de la police.

J'ai interviewé les membres du Service de police régional de Peel qui enquêtaient sur le meurtre de Melo, soit l'inspecteur Tom Slinger, le sergent-détective Frank Roselli et le détective Steve Gormley. J'ai également interviewé l'officier de police à la retraite Guy Ouellette, spécialiste des motards criminalisés.

Les détails des funérailles de Melo se trouvent dans un article rédigé en collaboration avec Andrew Chung, intitulé « $ 6,000 Last call as slain ex-fighter buried – Louis XIII Cognac poured on casket of Eddie Melo ». Il a été publié le 17 avril 2001 en page A1 du *Toronto Star*.

Les remarques de George Chuvalo sont reprises de « Melo burned out too soon: Chuvalo », que j'ai signé pour le *Toronto*

Star, le 11 avril 2001. Celles de Rhonda Sullivan proviennent de «Melo's widow relives agony», article de Jack Lakey paru le 9 avril 2001 en page A2 du *Toronto Star*, et de «Melo shooting unsolved a year later – Police Issue appeal for public help after 400 interviews» de Bob Mitchell, paru le 5 avril 2002 dans le *Toronto Star*.

George Kalogerakis a écrit le 12 février 2001 dans la *Gazette* et le *National Post* à propos de l'idée de Dave Hilton junior d'inviter des New-Yorkais du gang des Westies à témoigner de sa moralité. Bill Beacon a écrit, le 17 mars 2001, un excellent article dans le *Toronto Star* sur les «Fighting Hiltons», leurs démêlés avec la justice et leurs victoires dans le ring.

André Cédilot a publié le 8 novembre 2001 dans *La Presse* un article intitulé «Frank Cotroni recouvre la liberté», où il était fait mention que Cotroni se servait d'une voiturette de golf en prison. Les statistiques sur le séjour moyen en prison avant d'être admissible à la libération conditionnelle proviennent de l'ouvrage de Harris (*op. cit.*).

Chapitre 30

Le 26 février 2001, Adrian Humphrey écrivait en page A1 du *National Post* : «Mafia begins unity drive : Canadian leaders face common threat from Hells Angels».

Je me suis servi de plusieurs entrevues avec des officiers de police pour ma conclusion sur Frank Cotroni.

Bibliographie

Pour la rédaction de cet ouvrage, l'auteur s'est servi des livres et des documents suivants:

ALBINI, Joseph L., *The American Mafia: Genesis of a Legend*, Appelton-Century-Croft, New York, 1971.

ALLEN, Ralph, *Ordeal By Fire; Canada 1910-1945*, Volume 5 de la série *Canadian History*, Thomas B. Costain Editor, Doubleday Canada Ltd, Toronto, 1961.

ARLACCHI, Pino, *Mafia et compagnies: l'éthique mafiosa et l'esprit du capitalisme*, PUG, Saint-Martin-d'Hères (Isère), 1986.

ARLACCHI, Pino, *Mafia Peasants and Great Estates: Society in Traditional Calabria*, Cambridge University Press, Cambridge, 1983.

BARZINI, Luigi, *The Italians: A Full-length Portrait Featuring Their Manners and Morals*, Atheneum, New York, 1986.

BLOCK, Alan, *East Side-West Side: Organizing Crime in New York 1930-1950*, University College Cardiff Press, Cardiff, 1980.

BLOK, Anton, *The Mafia of a Sicilian Village, 1860-1960: A Study of Violent Peasant Entrepreneurs*, William Clowes & Sons, London, 1974.

BLUMENTHAL, Ralph, *Last Days of the Sicilians: The FBI War Against the Mafia*, Pocket Books, New York, 1989.

BONANNO, Joseph, *Un homme d'honneur*, Presses de la cité, Paris, 1984.

BRODEUR, Jean-Paul, *La Délinquance de l'ordre: recherches sur les commissions d'enquête I*, Hurtubise, Québec, 1984.

CHARBONNEAU, Jean-Pierre, *La Filière canadienne*, Éditions de l'Homme, Montréal, 1975.

DUBRO, James, *Mob Rule: Inside the Canadian Mafia*, Macmillan, Toronto, 1985.
DUBRO, James, et Robin F. ROWLAND, *King of the Mob: Rocco Perri and the Women Who Ran His Rackets*, Viking Canada Ltd, Markham, 1987.
FOURNIER, Louis, *FLQ: Histoire d'un mouvement clandestin*, Lanctôt éditeur, Outremont, 1998.
FRANCIS, Diane, *Contrepreneurs*, Macmillan of Canada, Toronto, 1988.
GILMORE, John, *Swinging in Paradise: The Story of Jazz in Montreal*, Vehicle Press, Montréal, 1988.
GRAY, James H., *Booze*, Macmillan of Canada, Toronto, 1972.
HOBSBAWM, E. J., *Primitive Rebels: Studies in Archaic Forms of Social Movement in the 19th and 20th Century*, Manchester University Press, Manchester, 1959.
IANNI, Francis A., et Elizabeth REUSS-IANNI (directeurs), *The Crime Society: Organized Crime and Corruption in America*, New American Library, New York, 1976.
JODOIN, Claude, *Qui a tué Frank Shoofey?*, Les Éditions de l'Époque, Montréal, 1985.
KIRBY, Cecil, et Thomas C. RENNER, *Mafia Assassin: The Inside Story of a Canadian Biker, Hitman and Police Informer*, Methuen, Toronto, 1986.
KWITNY, Jonathan, *Vicious Circles: The Mafia in the Marketplace*, W.W. Norton & Company, New York, 1979.
LEWIS, Norman, T*he Honored Society: The Sicilian Mafia Observed*, Eland Books, London, 1984.
MCKENNA, Brian, et Susan PURCELL, *Drapeau*, Penguin Books, Markham, 1981.
MOORE, Robin, *French Connection*, Presses Pocket, Paris, 1977.
NELLI, Humbert S., *The Business of Crime: Italians and the Syndicate of Crime in the United States*, The University of Chicago Press, Chicago, 1976.
NEWMAN, Peter C., *La Dynastie des Bronfman*, Éditions de l'Homme, Montréal, 1979.
PILEGGI, Nicholas, *Wise Guy: Life in a Mafia Family*, Pocket Books, New York, 1985.
PISTONE, Joseph D., et Richard WOODLEY, *Donnie Brasco: My Undercover Life in the Mafia*, New American Library, New York, 1987.

PLANTE, Pacifique Roy (Pax), *Montréal sous le règne de la pègre*, Éditions de l'Action nationale, Montréal, 1950.

RAMIREZ, Bruno, et Michael DEL BALSO, *The Italians of Montreal: From Sojourning to Settlement, 1900-1921*, Les Éditions du Courant, Montréal, 1980.

REGUSH, Nicholas M., *Pierre Vallières: The Revolutionary Process in Quebec*, Fitzhenry & Whiteside, Toronto, 1973.

ROWLAND, Wade, *Making Connections: The Behind-the-scenes Story*, Gage, Toronto, 1979.

SALERNO, Ralph, et John S. TOMPKINS, *The Crime Confederation: Cosa Nostra and Allied Operations in the Organized Crime*, Doubleday and Company, Garden City, NY, 1969.

SHAWCROSS, Tim, and Martin YOUNG, *Men of Honour: The Confessions of Tomasso Buscetta, the Man who Destroyed the Mafia*, Collins, London, 1987.

SIMARD, Francis, *Pour en finir avec octobre*, Stanké, Montréal, 1982.

SIMARD, Réal, et Michel VASTEL, *Le Neveu*, Québec-Amérique, Montréal, 1987.

TALESE, Gay, *Honour Thy Father*, Dell, New York, 1981.

TERESA, Vincent, et Thomas C. RENNER, *My Life in the Mafia*, Doubleday and Company, Garden City, NY, 1973.

VALLIÈRES, Pierre, *L'Exécution de Pierre Laporte*, Québec-Amérique, Montréal 1977.

Documents

« Report of the Commisioner and Evidence », Commission royale d'enquête sur l'immigration de travailleurs italiens à Montréal et sur les allégations de pratique frauduleuse de la part des agences d'emploi (J.N.O. Winchester, commissaire), Imprimeur du Roi, Ottawa, 1905.

« Rapport sur l'administration de la Ville de Montréal », L.J. Cannon, commissaire, *La Presse*, Montréal, 1908.

« Rapport d'enquête sur la police de Montréal », Louis Coderre, commissaire, *Le Devoir*, Montréal, le 14 mars 1925.

« Rapport d'enquête sur la moralité », François Caron, commissaire, publié dans la *Gazette* de Montréal, le 9 octobre 1954, et dans Le *Devoir*, le 16 octobre 1954.

« Royal Commission on Crime », Wilfrid D. Roach, commissaire, 1963.

« Report of the Ontario Police Commission on Organized Crime », Bruce Macdonald, commissaire, 1964.

« Organized Crime and Illicit Traffic in Narcotics : Report of the Committee on Government Operations, United States Senate » (préparé par le sous-comité permanent aux enquêtes du Sénat des États-Unis), U.S. Government Printing Office, Washington, 1965.

« Rapport du commissaire », l'Honorable Frederic Dorion, juge en chef de la province de Québec, juin 1965.

« Crime, justice et société », tome 3 du « Rapport de la Commission d'enquête sur l'administration de la justice dans les affaires pénales et criminelles au Québec », juge en chef adjoint, Yves Prévost, Québec, 1969.

« Rapport d'enquête sur l'étude de liens possibles entre Nicholas Di Iorio, Frank D'Asti, membres du crime organisé, Pierre Laporte, ministre, René Gagnon, chef de cabinet, et Jean-Jacques Côté, organisateur politique », Commission de police du Québec, Sainte-Foy, 1974.

« Report of the Royal Commission on Certain Sectors of the Building Industry », commission présidée par le juge Harry Waisberg, Imprimeur de la Reine pour l'Ontario, Toronto, 1974.

« Rapport de la Commission d'enquête sur l'exercice de la liberté syndicale dans le domaine de la construction », commission présidée par Paul Cliche, assisté de Brian Mulroney et de Guy Chevrette, publié le 2 mai 1975.

« L'Introduction frauduleuse de viande impropre sur le marché de la consommation humaine et la fraude en rapport avec la viande chevaline : Rapport intérimaire de l'enquête sur le crime organisé », Centre de reproduction, ministère de la Justice, Montréal, 1975.

« La Lutte au crime organisé au Québec », Commission de police du Québec, 1976.

« Le crime organisé et le monde des affaires : Rapport de la Commission de police du Québec à la Commission d'enquête sur le crime organisé du Québec, et recommandations », Québec, 1977.

« CECO : la lutte au crime organisé au Québec : Rapport de la Commission de police du Québec à la Commission d'enquête sur le crime organisé du Québec, et recommandations », Éditeur officiel du Québec, 1977.

« The Sicilian Connection ; Southwest Asian heroin en route to the United States », rapport du sénateur Joseph R. Biden au Comité sur les relations étrangères et au Comité aux affaires judiciaires du Sénat des États-Unis, Government Printing Office, Washington, 1980.

« Organized Crime in America », audiences du Comité des affaires judiciaires, 98e congrès, première session : le crime organisé en Amérique, du 20 mai au 11 juillet 1983 (n° J-98-2, 2e partie).

« Governor's Council on Organized Crime ; State of Florida 1983 Annual Report », Eugene T. Withmore, président, 1983.

« Hotel Employees and Restaurant Employees International Union », sous-comité permanent aux enquêtes du Comité des affaires gouvernementales des États-Unis, U.S. Government Printing Office, 1984.

Articles

AUGER, Michel, « Frank Cotroni et la boxe », *Journal de Montréal*, 11 et 13 mars, et 14 avril 1984.

AUGER, Michel, et Dan BURKE, « Frank Cotroni et la boxe », *Sunday Express*, 11 mars 1984.

CHARNEY, Ann, « The Life and Death of Paolo Violi », *Weekend Magazine*, 20 janvier 1979.

EDWARDS, Peter, « Metro's Powerful Hotel Union Boss Laughs at Link with Mafia Kinpin », *Sunday Star*, 18 juin 1989.

HARNEY, Robert F., « Montreal King of Italian Labour : A case Study in Padronism », *Labour/Le Travailleur*, vol. 4, n° 4, 1979, p. 57-84.

HARNEY, Robert F., « The Padrone and the Immigrant », *Canadian Review of American Studies*, vol. 5, n° 2, automne 1974, p. 101-117.

LAMOTHE, Lee, et Rob LAMBERTI, série d'articles sur Rocco Zito, *Sun*, Toronto, 19 au 22 mai 1988.

LEBEL, Ron, et Robert MCKENSIE, couverture du *Toronto Star* de la crise d'octobre, 16 mars, 7 et 12 juillet, 4 août 1973 ; 16 janvier, 2 mars, 16 mai 1974.

LINTEAU, Paul-André, « The Italians of Quebec : Key Participants in Contemporary Linguistics and Political Debates », in *Arrangiarsi : The Italian Immigration Experience in Canada*, sous la direction de Roberto Perrin et Franc Sturino, Guernica, Montréal, 1989.

MARSDEN, William, « Police Gear Up to Seize Drug Mob's Assets », *Montreal Gazette*, 3 décembre 1988.

MARSDEN, William, série de deux articles sur la famille Cuntrera, *Montreal Gazette*, 7 et 8 avril 1988.

MATHIAS, Philip, série d'articles sur William Obront, avec la collaboration de Tessa Wilmott, *Financial Post*, 8 et 9 septembre 1988.

MILLAR, Cal, et Don DUTTON, portrait de Paolo Violi, *Toronto Star*, 6 mai 1984.

PHILLIPS, Alan, série sur la Mafia au Canada, *Maclean's*, 24 août, 21 septembre, 5 octobre, 2 décembre 1963, et 7 mars 1964.

PLANTE, Pax, et David MACDONALD, « The Shame of my City : Crime in Montreal », *Star Weekly* (supplément au *Toronto Star* et au *Montreal Star*), 24 juin, 1er, 8, 15, 22 juillet 1961.

PLATE, Thomas, « The Making of a Godfather : Leaked Federal Intelligence Report Prompts Press Promotion of Galante as New mafia Don », *More*, juin 1977.

TÉTREAULT, Bernard, « Frank Cotroni et la boxe », *Allô Police*, 25 mars 1984.

Remerciements

Cet ouvrage concerne les Cotroni, sans doute la plus puissante famille mafieuse au Canada. On y découvre la façon dont ils ont conquis et conservé le pouvoir. Vincenzo Cotroni (Vic, dit l'Œuf) était intelligent et dur. Par ailleurs, quelque chose de typiquement canadien permet d'expliquer son pouvoir: il représentait à Montréal les intérêts de la famille Bonanno, une des cinq familles mafieuses de New York, et avait de ce fait accès au marché new-yorkais, le plus important en Amérique du Nord.

Je souhaite que ce livre ne soit pas interprété comme anti-italien. Si les Cotroni, comme les autres familles de la Mafia, sont de souche italienne, de nombreux officiers de police, ainsi que la plupart des victimes des Cotroni, le sont également. Depuis la première édition en langue anglaise de ce livre, le juge Giovanni Falcone et son épouse, Francesca, sont morts, victimes de la Mafia. Travaillant sur ce livre, j'ai souvent eu à l'esprit cette remarque d'un officier de police spécialisé dans la lutte antigang, à l'effet que, bien qu'il soit né en Italie, on le considère toujours comme un policier « canadien », tandis que Frank Cotroni, né à Montréal, est étiqueté « italien ». La Mafia, en fin de compte, n'est qu'une des multiples facettes du crime organisé.

Pour rédiger cet ouvrage, j'ai utilisé des entrevues avec des policiers, des criminels, des journalistes, des universitaires, etc. Mes recherches m'ont conduit à Montréal, New York, Marseille, Rome et Palerme. Dans la mesure du possible, j'ai visité les lieux que je décris, y compris les résidences des criminels, les lieux où les crimes furent commis, et les restaurants favoris des truands. Les citations proviennent d'enregistrements de tables d'écoute, de minutes de procès et d'enquêtes, et de sources dignes de confiance. Aucune n'a été modifiée pour en augmenter l'effet dramatique.

À plusieurs reprises, l'avocat de Frank Cotroni nous refusa une entrevue avec son client. Moins diplomate, le caïd hamiltonois John Papalia (Johnny Pops, l'Exécuteur) fit de même, en ces termes : « Dégage, parasite. »

En général, je fus bien accueilli, et cela me rappelle Blanche Dubois dans *Un tramway nommé Désir* : « Qui que vous soyez, j'ai survécu grâce à la bienveillance des étrangers », déclare-t-elle.

Certains de ces étrangers sont devenus des amis. James Dubro de Toronto, un pionnier au Canada du journalisme d'enquête sur le crime organisé, et Pierre Tremblay, de l'université McGill et de l'université de Montréal, ont parcouru les premières ébauches de ce livre, offrant des commentaires brillants et utiles.

Plusieurs personnes m'ont aidé, notamment Michel Auger, le premier à qui j'ai parlé de publier cet ouvrage en français. Les Éditions Trait d'union acceptèrent et nous ajoutâmes une nouvelle section couvrant les années 1990 à aujourd'hui. Le monde journalistique, et tous les Canadiens, doivent énormément à Michel Auger pour son courage et pour son excellent travail, lesquels ont contribué à faire de ce pays un endroit où il fait bon vivre.

S'il devait demeurer des erreurs ou des opinions discutables dans cet ouvrage, elles seraient le fait de l'auteur (ou de son traducteur, *n.d.t.*).

Diane Girard nous a été d'un précieux secours pour la publication de cet ouvrage en français. Qu'elle en soit remerciée.

Nous exprimons également notre reconnaissance à Antonio Nicaso, Pino Arlacchi, Daniele Billitiere, Ralph Blumenthal, Yves Chartrand, Sandro Contenta, Lee Davis Creal, Don Dutton, Rocky Graziano, Jonathan Kwitny, Mario Latraverse, Lizette LeGal, Carol Lindsay, Bob Menard, Cal Millar, Barry Moody. Nicholas Pileggi, Stephen Rodger, le surintendant principal Ben Soave, Richard Strak, Bernard Tétreault, le sergent Joe Tomeo, et Gwynn Thomas, dit Jocko.

J'ai eu beaucoup de plaisir à travailler avec mon premier éditeur, Jennifer Glossop, qui m'a beaucoup appris. Et je remercie infiniment feu Wayne Braun, du *Toronto Star*, qui me laissait enquêter sur les scoops les plus fumants quand il s'en présentait.

Des officiers de police réclamant l'anonymat ont été parmi mes meilleures sources de renseignements. Je tiens à leur exprimer ma gratitude et mon plus grand respect pour leur travail.

Enfin, je remercie du fond du cœur Barbara, James et Sarah, pour leur soutien indéfectible et leur amour inconditionnel.

Peter Edwards,
Toronto, 2002.

Table des matières

Préface 7
Présentation des personnages 13

I
LA MONTÉE DES COTRONI

Chapitre 1
Mort du parrain 17

Chapitre 2
Débuts 25

Chapitre 3
M. Lilo 37

Chapitre 4
Qui gagne gros risque gros 45

Chapitre 5
Garder le fort 55

II
LE MAINTIEN AU POUVOIR

Chapitre 6
Le patron débarque 63

Chapitre 7
Des liens à l'ouest 75

Chapitre 8
Mort d'un ministre... 83

Chapitre 9
Réputation 93

Chapitre 10
Paolo au front 103

Chapitre 11
Cocaïne Blues 111

Chapitre 12
Spécialité : l'argent 115

Chapitre 13
Tout de miel enrobé 125

Chapitre 14
Ombre et lumière 133

Chapitre 15
Coincés 141

Chapitre 16
Paolo sur la sellette... 147

Chapitre 17
Le retour de Carmine... 159

III
SOULÈVEMENT

Chapitre 18
Les années quatre-vingt... 171

Chapitre 19
Menace sicilienne 177

Chapitre 20
Go west, young man 183

Chapitre 21
Le Cyclone 189

Chapitre 22
La revanche de l'Oncle Sam 201

IV
CONVERGENCE

Chapitre 23
Vieillir 209

Chapitre 24
World Inc. 213

Chapitre 25
Promesses en l'air 221

Chapitre 26
Mort de Johnny Pops 229

Chapitre 27
Comme un sou neuf 237

Chapitre 28
Nouvelle donne 243

Chapitre 29
Knock-out 249

Chapitre 30
Et vogue la galère 263

Sources 269
Bibliographie 291
Remerciements 297

Cet ouvrage
composé en caractères Century corps 11
a été achevé d'imprimer
sur les presses de l'imprimerie Gauvin
à Hull
le dix-neuf septembre deux mille deux
pour le compte des ÉDITIONS TRAIT D'UNION.

Imprimé au Québec